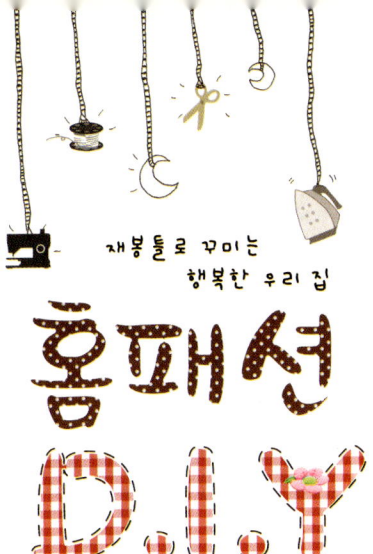

재봉틀로 꾸미는
행복한 우리 집

홈패션
D.I.Y

Foreign Copyright:
Joonwon Lee
Address: 3F, 127, Yanghwa-ro, Mapo-gu, Seoul, Republic of Korea
        3rd Floor
Telephone: 82-2-3142-4151
E-mail: jwlee@cyber.co.kr

재봉틀로 꾸미는
행복한 우리 집

홈패션 D.I.Y

2006. 8. 17. 초판 1쇄 발행
2020. 8. 28. 초판 17쇄 발행

지은이 | 청강아카데미
펴낸이 | 이종춘
펴낸곳 | BM (주)도서출판 성안당
주소 | 04032 서울시 마포구 양화로 127 첨단빌딩 3층(출판기획 R&D 센터)
     | 10881 경기도 파주시 문발로 112 출판문화정보산업단지(제작 및 물류)
전화 | 02)3142-0036
     | 031)950-6300
팩스 | 031)955-0510
등록 | 1973.2.1. 제406-2005-000046호
출판사 홈페이지 | www.cyber.co.kr
ISBN | 978-89-315-8247-5 (13630)
정가 | 23,000원

이 책을 만든 사람들

기획 | 최옥현
진행 | 이구, 홍지영
교정 | 안세현
북 디자인 | 오정화, 김희정
홍보 | 김계향, 유미나
국제부 | 이선민, 조혜란, 김혜숙
마케팅 | 구본철, 차정욱, 나진호, 이동후, 강호묵
마케팅 지원 | 장상범, 조광환
제작 | 김유석

청강아카데미 강사 | 전희숙(청강아카데미 회장), 박미자(영주지부), 박소영(동두천지부), 박영애(상주지부),
                서영희(금산지부), 서옥주(천안지부), 심상분(청주지부), 이인행(대전지부), 정금숙(대구지부),
                정호정(종로지부)
협찬 | 대양미싱총판(www.dymising.com)
촬영협조 | DANAM company(www.danamtec.com), 삼화상회(www.samwha4u.com)

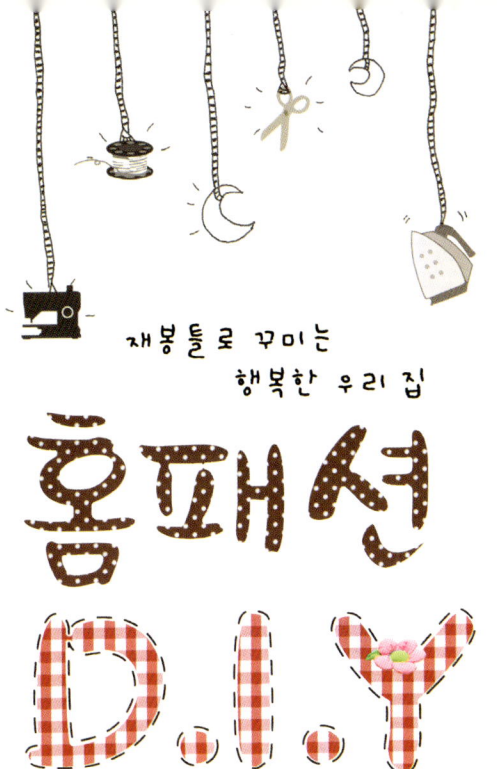

재봉틀로 꾸미는
행복한 우리 집

홈패션
D.I.Y

청강아카데미 지음

BM (주)도서출판 성안당

FORWARD

바느질.
그리고 홈패션과 재봉틀

신혼 초 뱃속에 있는 아기를 위해 직접 무언가를 해주고
싶다는 생각에 만든 아기 이불. 동대문을 뒤지며 무작정 천을 구입해
아기 이불을 손바느질로 만들기 시작했어요. 완성된 아기 이불을 보
며 얼마나 흐뭇했는지······. 아직도 잊히지 않네요.
그 후로 얻은 재봉틀을 가지고 이웃 분들께 귀동냥으로
홈패션을 시작한 게 벌써 수많은 세월이 흘렀고, 홈패션 강사라는
타이틀까지 얻게 되었습니다.

홈패션 강의를 하면서

강의를 하다보면 사연을 갖은 많은 분들을 만나게 됩니다.
지난 해 우울증에 힘들어하던 분이 강의를 들으러 오셨어요.
웃음을 잃어버릴 정도의 심각한 분이었는데, 작품을 하나하나 완성해가면서 서서히 웃음을 찾아갔답니다.
홈패션 교육 기간이 끝날 무렵 재봉틀을 시작하면서 우울증이 많이 좋아졌다며 웃는 모습이 잊히지 않아요.
사실 강의를 하면서 내내 그분이 걱정되었었는데, 막바지에 이르러 웃음을 찾았다고 하니 너무 기분이 좋았어요.
사람에게 있어 가장 중요한 것은 '자신이 즐겁게 할 수 있는 일' 이 아닐까 깨닫게 되는 순간이었어요.
홈패션이 주는 행복이 너무나도 고맙기만 했지요.

정성이 깃든 작은 선물

시집보낸 딸에게 무언가를 해주고 싶은 마음에 직접 이불과 베개를 만들어주었어요.
직접 만든 이불과 베개를 보고, 머나먼 타향에서 부모를 만나듯
딸이 울먹이자 저도 눈시울이 붉혀지더군요. 제가 시집갔을 때 어머니께서 손수 바느질해
만들어주었던 것이 생각나기도 했어요. 시대가 급격하게 변화되고 있지만,
아직 이런 감성만은 남아있게 해주는 것이 홈패션의 또 다른 매력이 아닐까 생각해요.
아기의 백일이나 돌잔치, 혹은 집들이 선물로 손수 재봉틀이나 바느질로 만든 물건을 선물해보세요.
받은 사람들은 그 어떤 선물들보다 소중하게 받아들일 테니까요.

홈패션은 **창업**과
직업이 되기도 해요.

처음 홈패션은 집안의 부족한 인테리어 소품을 만들기 위해
시작하는 분들이 대부분이었어요.
하지만 최근에는 반짝이는 아이디어와 고급스러운 디자인으로 창업과 강사 등
다양한 직업이 생겨났답니다.
지금 가까운 마트나 백화점, 그리고 문화센터에 들러 홈패션을 접해보세요.
홈패션의 매력에 금방 중독 될 거예요.

재봉틀을 **처음**
접하는 분들에게.

이 책은 실생활에 밀접한 관계가 있는 아이템을 소개하고, 재봉틀을 처음 접하는 분들도
쉽게 이해할 수 있도록 하는데 중점을 두었습니다. 그를 위해 전국에서 강의하고 있는
9분의 선생님들이 모여 각각의 아이템을 수집하고, 책으로 담기 위해 많은 생각들을 나누었답니다.
다양한 천의 소개보다는 자주 쓰이고 세탁에도 편리한 아이템을 담기 위해 동대문을 뒤지고,
강의하면서 회원들과도 수없이 상의하여 아이템을 선정했어요.
비교적 어렵지 않은 디자인과 실용성 있는 작품들을 수록함으로써 홈패션을
처음 접하는 분들도 쉽게 이해할 수 있도록 노력했답니다. 책에 수록되어 있는
50개의 아이템들을 따라 만들다 보면 홈패션을 어렵게만 생각하지는 않게 될 것이라고 확신해요.

마지막으로...

작품들은 작가의 혼이 깃들고, 아름다운 변화를 준 경이로운 일입니다.
수많은 조형과 색채의 변화, 그리고 창작을 거듭한 끊임없는
실험정신에서 온 것이리라 믿습니다. 이 책에 수록되어 있는 작품들이 생활 속에서
시간(time), 장소(place), 목적(occasion)에 맞도록 많이 응용되어
현대적인 아름다운 생활공간 속에 표현되기를 바랍니다.
또한 무한한 작품의 세계와 홈패션의 많은 발전을 기약해봅니다.

청강아카데미 종명회 회장 정희주 외 9명

CONTENTS

Sewing Machine & Home Fashion

재봉틀과 홈패션

답답한 공간을 산뜻하게

어느 날 집에 들어왔는데 집안이 너무 답답하게 느껴질 때,
내손으로 맘에 드는 원단을 사다가 소파 위 쿠션, 식탁보, 의자 커버링, 커튼, 침구 세트를 만들어 집안 분위기를 바꾸고 싶을 때,

홈패션은 집을 보기 좋게 꾸미는 일을 말하는데요. 어릴 적 어머니가 실과 바늘을 이용해 떨어진 옷과 양말을 손수 꿰매어 주시던 모습을 상상해 보셨나요?
이런 바느질이 생계수단으로 이어지면서 공업용 재봉틀이 들어오게 되었고 상업화가 되고, 발전되면서 다양한 원단을 재봉할 수 있게 되었답니다. 원단과 재료가 많아지면서부터 취미로 많은 사람들이 관심을 가지게 되었고, 소품부터 침구류, 커튼까지 꾸밀 수 있는 홈인테리어로 발전되었어요. 이를 발판삼아 부업이나 창업, 쇼핑몰 등을 하면서 수입을 올리는 분들도 많이 생겼답니다.
재봉틀을 이용하여 나의 행복한 집을 꾸밀 수 있고, 소중한 지인들, 가족들에게 소품을 직접 만들어 선물할 수 있는 기쁨을 주는 홈패션! 아이 옷이나 집안 용품을 간단하게 수선할 수 있어 가사에도 경제적인 도움을 주는 홈패션의 매력에 흠뻑 빠져보세요.

재봉틀이나 바느질을 자주 하다보면 나도 모르게 원단을 자꾸 구입하거나 바이어스 감을 만들어놓는 등 중독성이 강하답니다. 재봉틀과 실, 그리고 천만 있으면 디자인도 해보고 우리 집을 더욱 새롭게 꾸미고 싶은 욕망은 누구나 비슷할 거예요.

선물도 손수 만들어 하세요!
결혼하는 친구나 돌잔치, 그리고 신혼집 집들이 선물 등 나와 소중한 인연을 갖은 분들에게 비싼 제품이나 돈으로만 해결하기보단 특별한 선물을 해보세요.
앞치마, 주방장갑 세트, 쿠션, 신생아 용품, 가방 등 다양한 용품을 만들어 선물한다면 받는 사람도 행복하겠죠.

"
재봉틀을 이용하여
나의 행복한 집을 꾸밀 수 있고,
소중한 지인들,
가족들에게 소품을 직접
만들어 선물할 수 있는
기쁨을 주는 홈패션!
"

원단과 재료구입

요즘은 인터넷을 통해 쉽게 원단을 구할 수도 있고, 수도권이라면 동대문시장에서 수많은 원단을 찾아볼 수가 있어요. 또한 홈패션에 필요한 부자재도 충분히 저렴한 가격으로 구입할 수가 있습니다.

각 원단에는 특성이 있어 사용용도가 조금씩 다릅니다. 함께 사용해도 좋지만 어울리지 않는 경우도 있어요. 주방장갑 같은 경우 좀 두꺼워야 하는데 너무 얇으면 델 염려가 있기 때문에 옥스퍼드원단 같이 두꺼우면서 재질이 거칠어 미끄러지지 않는 원단을 사용하는 것이 좋아요.

특히 여름처럼 더운 경우에는 리넨처럼 마가 섞인 원단을 사용하여 의상을 만들어 입을 수도 있고 커튼을 만들어 시원한 느낌을 내줄 수도 있습니다. 각 원단의 특징만 알고 넘어가도 집의 인테리어에 맞게 색감을 골라 꾸밀 수 있어요.

● 원단

트윌원단 : 트윌원단은 광택이 우수하고 부드러운 장점을 지닌 소재로 세탁시 세균방지의 효과가 탁월하여 주로 침구류나 쿠션, 베개 등의 용도로 사용하면 좋습니다.

광목원단 : 광목원단에는 생지, 투일, 워싱, 옥스퍼드, 캔버스지 등 다양한 원단이 있고 다양하게 사용할 수 있습니다.

옥스퍼드원단 : 일반 면 보다 두껍고, 재질이 거칠어 미끄럼이 덜한 원단으로 주로 주방용으로 사용하면 좋습니다. 앞치마, 식탁보, 주방장갑, 러너용으로 사용하며 10~20수까지 있습니다.

캔버스 원단 : 질감이 거칠어 자연스러운 구김을 표현할 때 사용하며 원단 자체가 두꺼워 거실의 소파 커버, 소품, 가방, 의자 등에 사용됩니다.

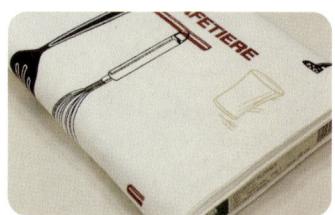

리넨원단 : 면과 마가 섞인 원단으로 통풍성이 좋으며, 시원한 감이 있어 주로 여름에 사용하는 원단입니다. 커튼이나 소품 등에 많이 활용하고 있습니다.

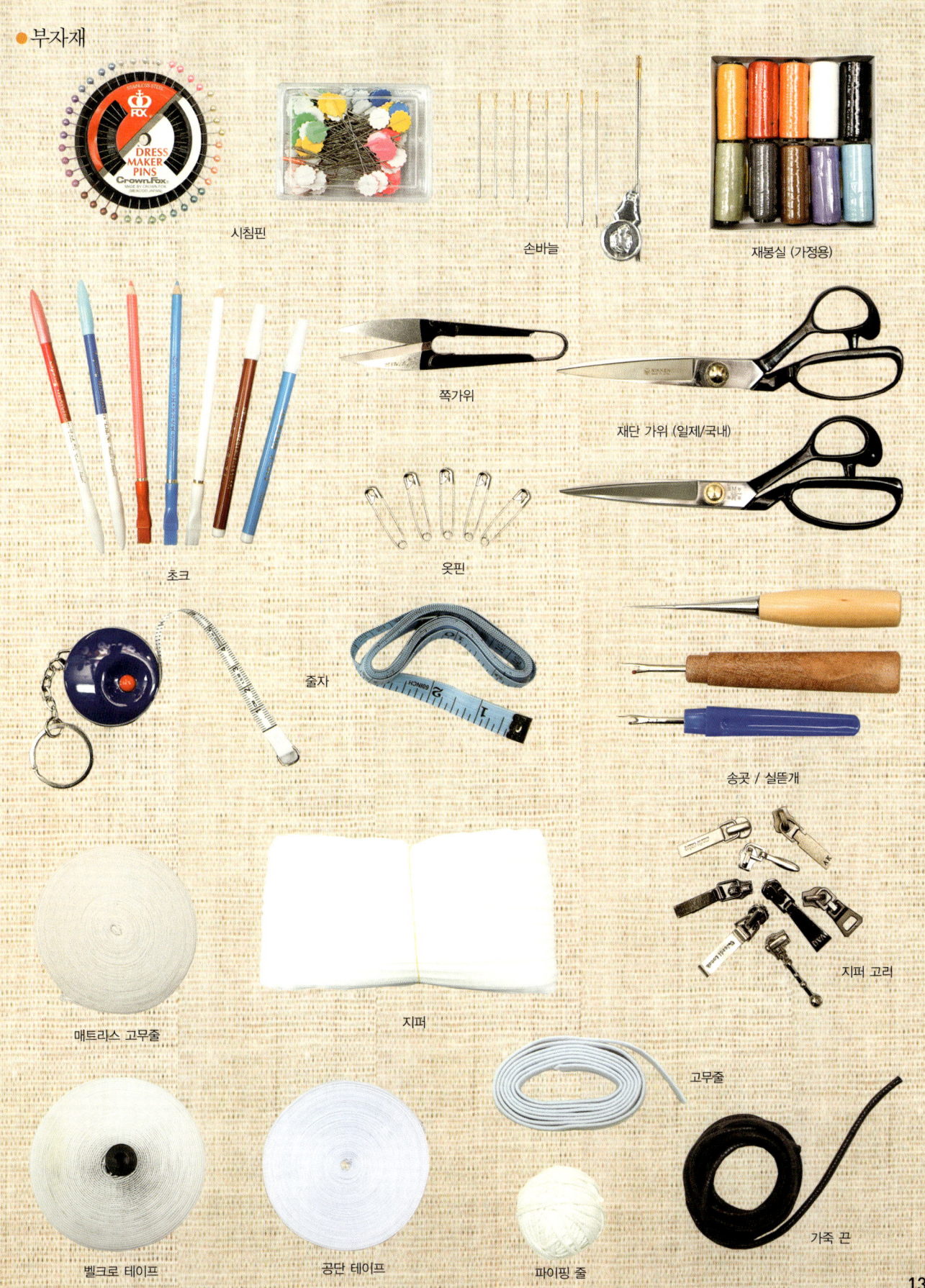

● 부자재

시침핀

손바늘

재봉실 (가정용)

쪽가위

재단 가위 (일제/국내)

초크

옷핀

줄자

송곳 / 실뜯개

매트리스 고무줄

지퍼

지퍼 고리

고무줄

벨크로 테이프

공단 테이프

파이핑 줄

가죽 끈

13

Sewing Machine

재봉틀 알고 가기

가정용 재봉틀만 가지고도 원하는 바느질을 충분히 할 수가 있어요. 단, 오버로크의 기능은 있으나 흉내만 낸다는 게 좀 아쉽지요. 보통 재봉틀을 구입하면 설명서들이 다 들어있기 때문에 여기서는 이 책에서 주로 사용된 간단한 사용법을 확인해보고 갈게요. 책에서 촬영된 재봉틀은 가정용이 아닌, 공업용으로 사용하였으나 바느질 방법은 모두 동일하답니다.

노루발 올림레버를 사용하면 여러 겹의 원단이나 두꺼운 원단을 노루발 밑에 넣거나 빼내기 위해서는 노루발을 보통 때보다 조금 더 높이 올려주어 원단을 쉽게 이동시킬 수 있어요.

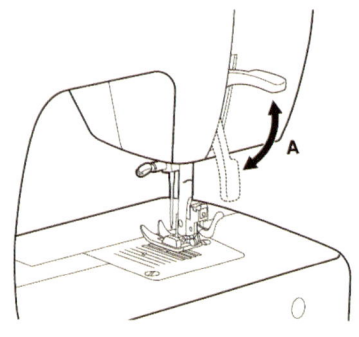

바느질 패턴 선택하기

재봉틀 전면에 있는 패턴을 확인하여 원하는 패턴을 선택할 수 있어요. 패턴 선택 다이얼(c)을 돌리면서 윗줄의 검은색 패턴을 선택하여 바느질 할 수 있답니다. 이때 땀길이 조절 다이얼(b)을 이용하여 땀길이를 조절하면 원하는 바느질을 할 수 있습니다. 남는 천으로 패턴모양을 확인해 본 후 사용하세요.

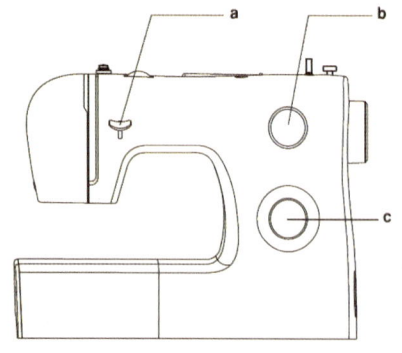

a. 후진 바느질 레버
b. 땀길이 조절 다이얼
c. 패턴 선택 다이얼

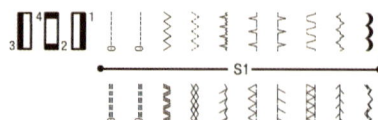

가정용 재봉틀로 오버로크는 어떻게 하나요?

가정용 재봉틀에는 오버로크 기능이 있는 재봉틀도 있으나 보통 지그재그 모양
으로 오버로크 모양을 박음질한 후 끝부분을 잘라냅니다.

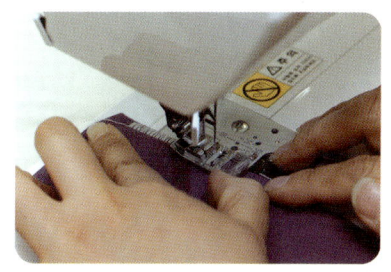

노루발 교환하기

노루발을 교환하기 전에는 반드시 전원을 꺼놓은 후 교환하세요. 가정용 재봉틀
마다 노루발 교환하는 방법의 차이가 있으니 각 재봉틀의 교환방법은 설명서를
참고하세요.

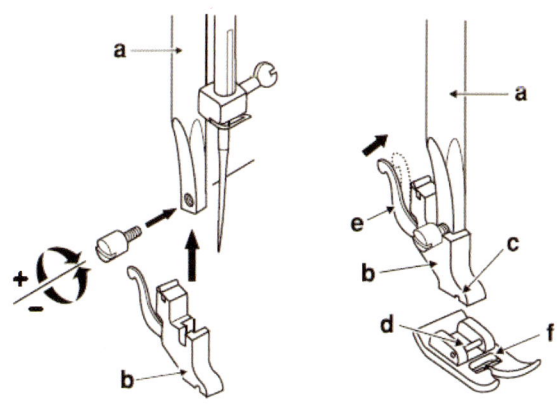

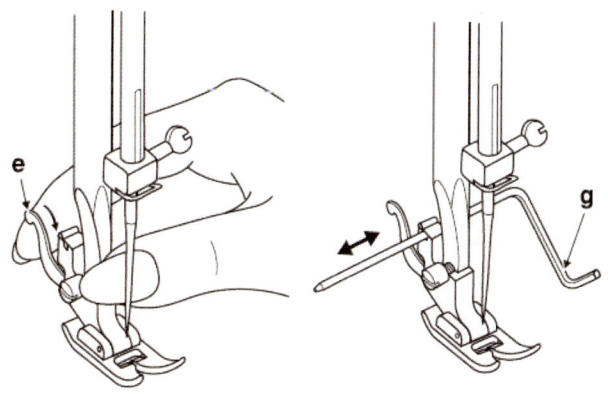

그림 1. 노루발대(a)를 노루발 올림레버로 올려 원터치 노루발 교환기(b)를 부
착한 후 노루발 올림레버를 내리고 나사를 돌려 고정시키세요.

그림 2. (c)의 홈 부분이 (d)의 핀 위에 정확히 맞도록 하여 노루발 올림레버를
내려주면 동으로 끼워지고 한 번에 끼워지지 않으면 (e)부분을 살짝
위로 올려줍니다.

그림 3. 노루발 올림레버를 위로 올리고 그림의 (e)를 살짝 위로 올리면 기존의
노루발이 분리됩니다.

그림 4. 누비기 가이드(g)를 끼웁니다. 바느질 용도에 맞게 조절하여 사용하세요.

● 공업용 부자재

공업용 북도리

공업용 북집

공업용 평 노루발

공업용 지퍼 노루발

공업용 파이핑 노루발

공업용 말아박기 노루발

공업용 노루발들

공업용 주름 노루발

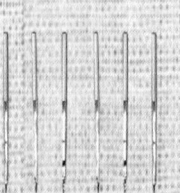

공업용 바늘
(11호~16호까지 바늘 두께에 따라 다양함)

가정용 북도리(반달가마/쇠, 수평가마/플라스틱)
북집

가정용 평 노루발

가정용 말아박기 노루발

가정용 주름 노루발

가정용 지퍼 노루발

가정용 파이핑 노루발

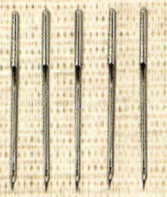

가정용 바늘
(11호~16호까지 바늘 두께에 따라 다양함)

가정용 노루발들

바이어스 만들기

바이어스는 주로 다른 천을 이용해 천의 테두리를 감싸주어 튼튼하게 해주거나 디자인 효과로도 사용이 되요. 바이어스는 바느질이나 재봉틀에서 가장 많이 사용되기 때문에 만드는 법과 사용하는 방법을 익혀두면 좋겠지요. 그럼 바이어스 재단하는 법부터 연결, 접기, 감싸기, 뒤집기 등 다양한 방법을 살펴보고 가요.

바이어스 재단하기

바이어스용 천은 그냥 일자로 자르는 것이 아니라, 45° 각도로 폭 3.5cm로 잘라줍니다.
올이 풀리는 것을 방지하고, 원형이나 라운드로 박을 시 편리하기 때문입니다.

바이어스 연결하기

바이어스 끈을 겉과 겉이 사선처럼 마주하게 놓고 사선방향으로 박음질합니다.
시접을 남기고 사선 끝 부분을 자릅니다.
길이에 따라 연결하여 사용할 수 있습니다.

바이어스 감싸기

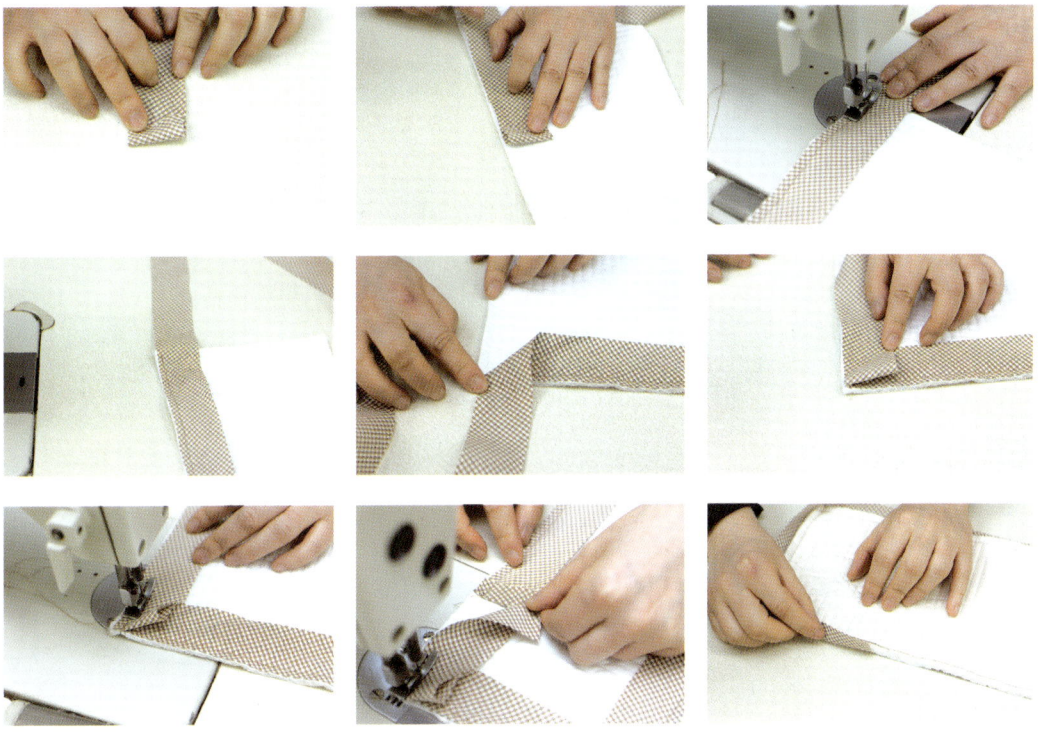

시작할 때 1cm정도를 접고 원단 가장자리에 바이어스를
놓고, 노루발 간격으로 박음질합니다.
모서리는 0.5cm 전까지 박고 사선으로 올려 접은 후
옆으로 넘겨서 노루발 간격으로 전체를 박음질합니다.
마무리시 시작할 때 접은 1cm의 끝선에 맞춰 자르고
바이어스를 앞으로 넘겨 두 번 접어서 끝박음질합니다.

바이어스 접기

바이어스를 3등분으로 나눠 위아래를 접고
반을 접어서 끝박음질합니다.
각종 끈으로 사용하세요.

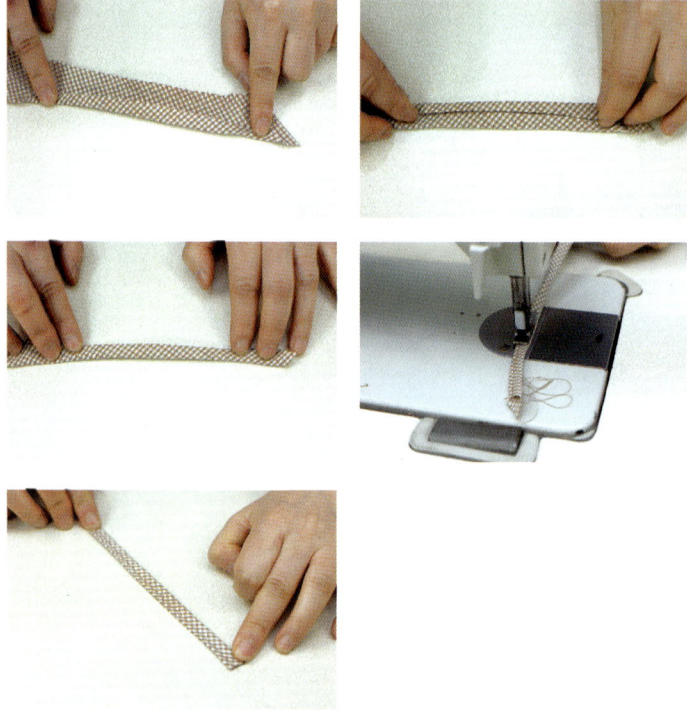

바이어스 뒤집기

약간 큰 바늘에 실을 넣어 귀퉁이에 실을 살짝 꿰고
실 중간에 바늘을 통과시켜 매듭을 지어준 다음,
바늘 귀 부분을 바이어스 안으로 집어넣어서
잡아당기면 쉽게 뒤집을 수 있습니다.

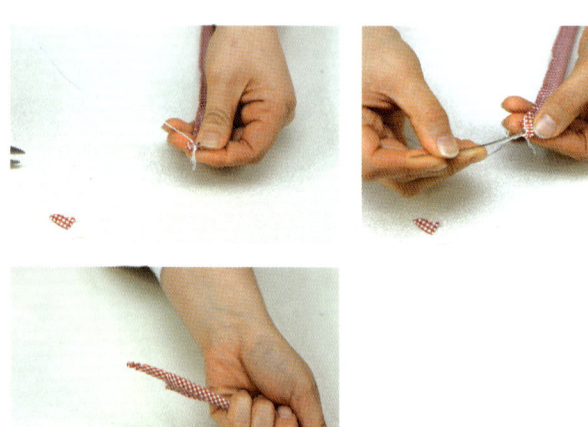

파이핑 만들기

파이핑 줄의 끝을 한번 묶어줍니다.
바이어스 위에 파이핑 줄을 놓고 반을 접습니다.
파이핑 노루발로 교체 후, 파이핑 끝에 맞춰 박음질합니다.

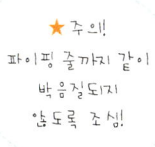

★ 주의!
파이핑 줄까지 같이
박음질되지
않도록 조심!

두 번 접어 박기

1cm로 두 번 접어서 끝박음질하는 것을 말합니다.

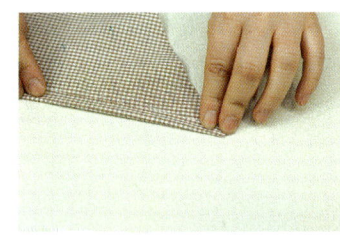 

Hand sewing

손바느질

재봉틀에 앞서 바느질은 기본적으로 알아두어야겠죠. 재봉틀과 바느질에서 사용하는 용어는 모두 같아요. 많이 사용되는 용어이기 때문에 알고가면 많은 도움이 될 거예요.

❶ 시접 : 접혀서 속으로 들어간 옷솔기의 한 부분. 바느질하는 선부터 천 끝까지의 천의 나비를 말합니다.

❷ 홈질 : 홈질은 가장 기본적인 바느질로 일정한 간격을 두고 3땀~5땀 정도를 연속으로 떠줍니다. 일정한 간격으로 틀어지지 않게 하는 것이 포인트입니다.

❸ 감침질 : 감침질에는 바늘을 사선으로 어슷하게 꽂은 후, 대각선으로 감아준다는 느낌으로 감침질해주세요.

  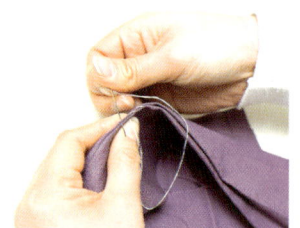

❹ 공그르기 : 공그르기는 실이 보이지 않게 하는 바느질입니다. 바늘을 안에서 꽂은 후 양쪽의 시접분을 위 아래로 번갈아가면서 떠주세요. 이때 땀을 좁게해서 뜨는 것이 좋답니다.

솔기하기

'솔기' 하는 방법에는 통솔, 가름솔, 곱솔, 쌈솔 등 4가지가 있는데, 재봉틀 바느질에서도 솔기를 튼튼하게 할 필요가 있을 때 이 방법을 이용합니다.

❶ 통솔 : 올이 잘 풀리는 옷감에 사용하는 방법으로, 겉에서 0.2~0.3cm 시접을 남기고 박음질한 다음, 시접을 꺾어 넣고 안에서 0.3~0.5cm 시접을 두고 다시 박음질하는 방법입니다.

❷ 쌈솔 : 위의 천으로 밑의 천을 감싸준다고 해서 쌈솔이라고 합니다. 쌈솔은 시접의 한쪽을 0.3~0.5cm 정도를 더 남겨두고 박음질 한 후, 넓은 시접으로 좁은 시접을 감싼 후 눌러박는 방법입니다. 안쪽에서는 박음선이 2줄로 보이고, 겉에서는 박음선이 1줄로 보이게 됩니다.

❸ 가름솔 : 원단을 이은 후 남은 시접 부분을 처리하는 방법입니다. 시접을 두고 박음질한 상태에서 남겨진 시접을 좌우 양쪽으로 갈라놓으면 됩니다.

Part 1

선물하고 싶은
소품만들기

everyday Sewing, happy gifts

큰 천에 박음질을 잘못하면 버릴 수도 있기 때문에
처음 재봉틀을 시작한다면 간단하고 작은 것부터 만드는 것이 좋습니다.
사용하지 않거나 버리는 천이 있다면 재봉틀 연습을 해두는 것도 좋겠지요.
만들기가 부담스럽지 않은 소품은 실생활에 필요한 것도 많고
멋도 낼 수 있으며 천도 많이 들어가지 않아 일석이조가 됩니다.

다양한 아이디어를 통해 필요한 제품들을 만들어 보세요.

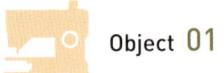

Object 01 |
명함 · 카드지갑

대중교통을 이용할 때 편리한 명함 · 카드지갑!
크기가 작아 휴대성이 좋아요. 현대 사회에 필수인 카드를 정리해줌과 동시에
여기저기 돌아다니는 명함정리에도 좋아 작지만 활용이 큰 지갑입니다.

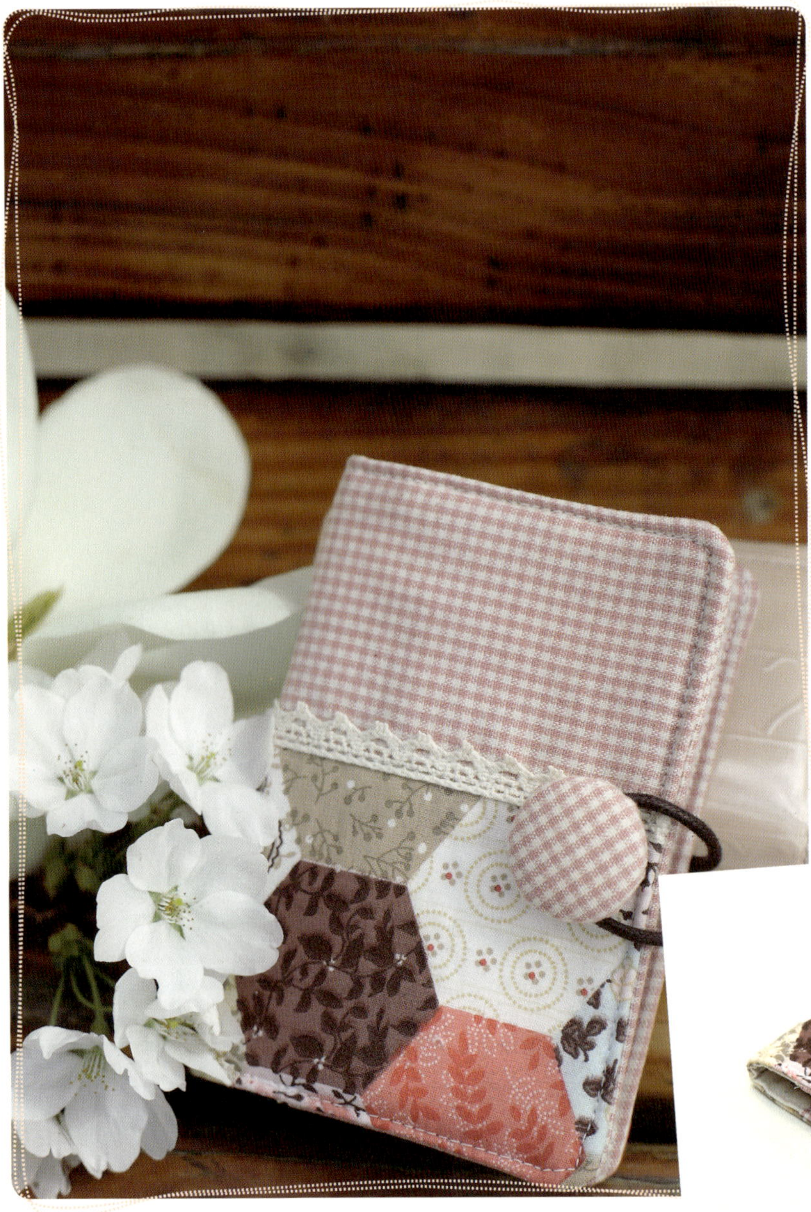

재료

- 선염 체크원단(겉감, 속지)
- 보세원단 (겉감)
- 광목원단 (안감)
- 2온스 접착 솜
- 토숀 레이스
- 가죽 끈
- 싸개 단추

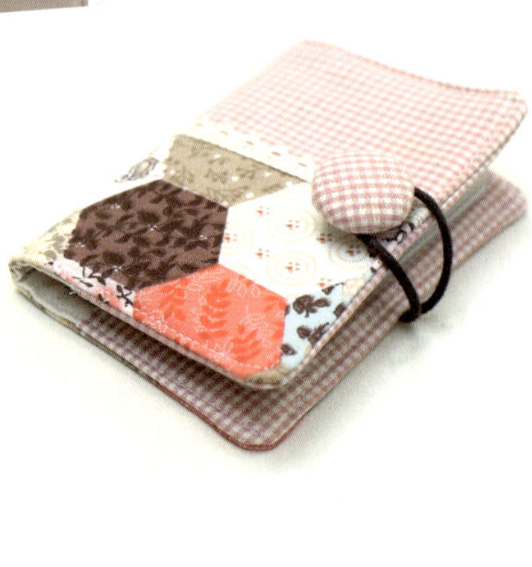

선염 체크원단
(겉감) 18cm×7cm 2장
(속지) 13cm×13cm 2장

보세원단
(겉감) 18cm×8cm 1장

광목원단
(안감) 18cm×13cm 1장
2온스 접착 솜
19cm×14cm 1장

토숀 레이스 18cm
가죽 끈 12cm

싸개 단추 25mm 1개

속지

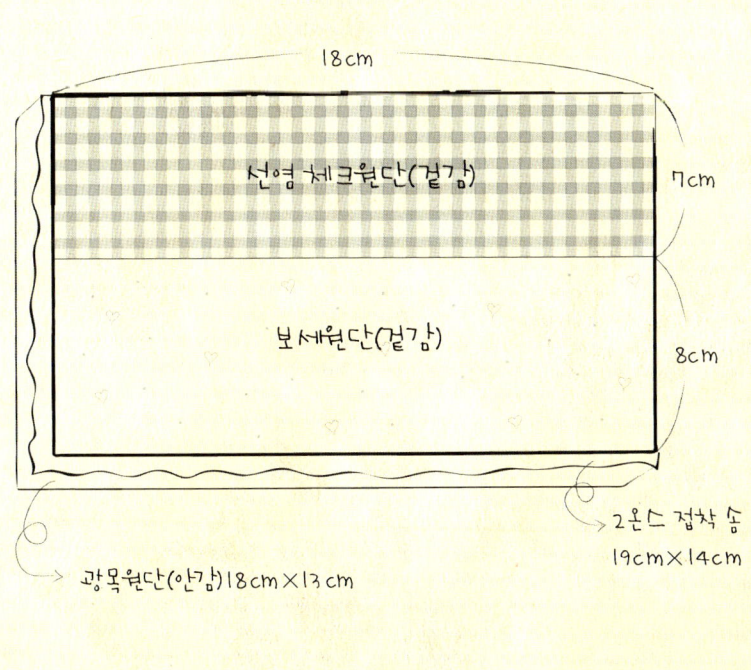

18cm

선염 체크원단(겉감)

7cm

보세원단(겉감)

8cm

광목원단(안감)18cm×13cm

2온스 접착 솜
19cm×14cm

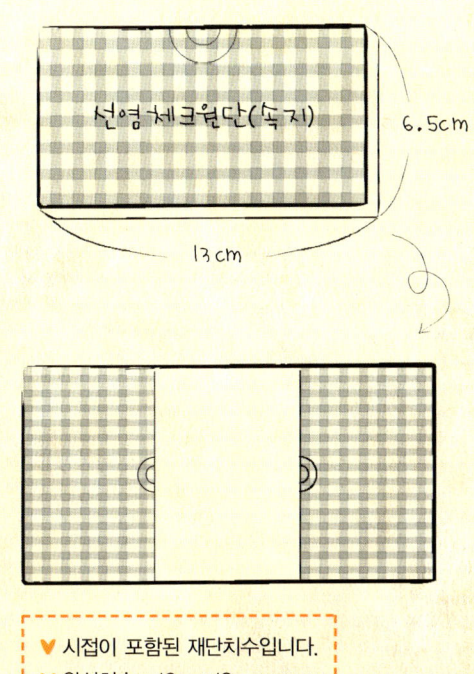

선염체크원단(속지)

6.5cm

13cm

▼ 시접이 포함된 재단치수입니다.
▼ 완성치수 : 16cm×12cm

겉감만들기

1 보세원단과 체크원단을 겉과 겉이 마주보게 놓습니다.

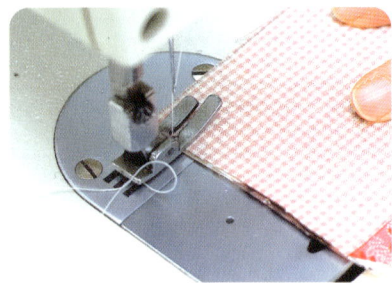

2 마주놓은 원단을 시접 1cm로 박음질합니다.

3 박음질한 원단을 뒤집은 후 시접을 가름솔하여 다림질합니다.

접착 솜은 부드러운 면과 거친 면이 있어요. 거친 면 위에 겉감을 놓고 다림질해주세요! 스팀을 넣지 말고 다림질을 해야 잘 붙습니다.

4 만들어 놓은 겉감을 2온스 접착 솜의 거친 면 위에 놓고 다림질해 접착합니다.

오버로크가 없을 때에는 0.5cm 간격으로 전체 박음질합니다.

5 가장자리를 전체를 오버로크 처리합니다.

레이스와 가죽 끈 부착하기

레이스의 세모모양이 체크쪽으로 가게하면 예뻐요!

1 오버로크 처리한 겉감 중심에 토숀 레이스를 올려놓습니다.

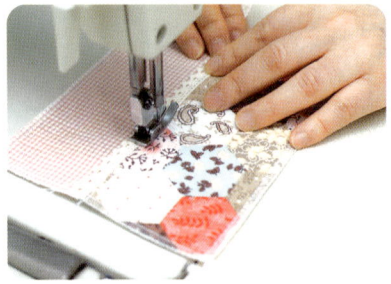

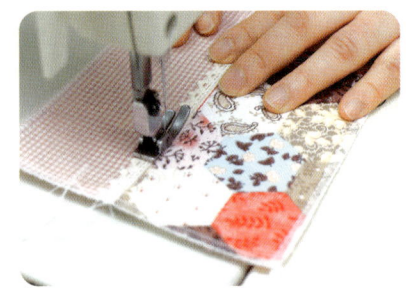

2 레이스의 직선 부분과 세모 부분에 두 번 박음질합니다.

3 겉감 위 중앙에 가죽 끈을 반을 접어 고리 부분이 안쪽으로 향하게 올려놓고,

4 끝부분을 박음질합니다.

겉감과 안감 합폭하기

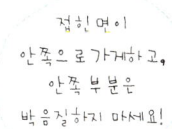

겹친 면이 안쪽으로 가게하고, 안쪽 부분은 박음질하지 마세요!

1 속지(2장)로 쓰일 선염 체크원단을 반으로 접어 만들어진 몸판 겉감 위에 양옆으로 놓은 후,

2 안쪽을 제외한 가장자리를 박음질합니다.

3 만들어진 겉감과 안감 광목원단을 겉과 겉이 마주보게 놓습니다.

4 광목원단의 하단에 창구멍을 남기고,

5 시접 1cm로 전체를 박음질합니다.

6 창구멍을 통해 뒤집은 후,

7 앞뒷면을 다림질합니다.

8 가장자리를 전체를 0.2cm 간격으로 눌러박기합니다.

9 가죽 끈을 앞으로 넘겨 싸개 단추를 달 곳을 표시한 후,

10 싸개 단추를 달아줍니다.

11 속지를 넣으면 완성됩니다.

Object 02 | # 통장 지갑

통장을 깔끔하게 한곳에 정리해주는 실용적인 지갑으로, 소중한 분께 선물한다면
기쁨이 두 배가 된답니다! 원단에 따라 깜찍하거나 중후한 멋을 표현할 수 있어요.
조금만 더 응용하면 다이어리 커버나 북커버 등으로 활용할 수도 있답니다.

재료

- 선염 체크원단 (겉감, 속지)
- 보세원단 (겉감)
- 광목원단 (안감)
- 2온스 접착 솜
- 싸개 단추
- 가죽 끈
- 토숀 레이스
- 속지

선염 체크원단
(겉감) 9cm×18cm 2장
(속지) 18cm×18cm 2장

보세원단
(겉감) 10cm×18cm 1장

광목원단
(안감) 24cm×18cm 1장
2온스 접착 솜
24cm×18cm 1장

싸개 단추 25mm

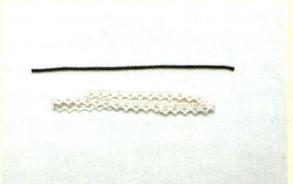

가죽 끈 15cm
토숀 레이스 24cm

속지

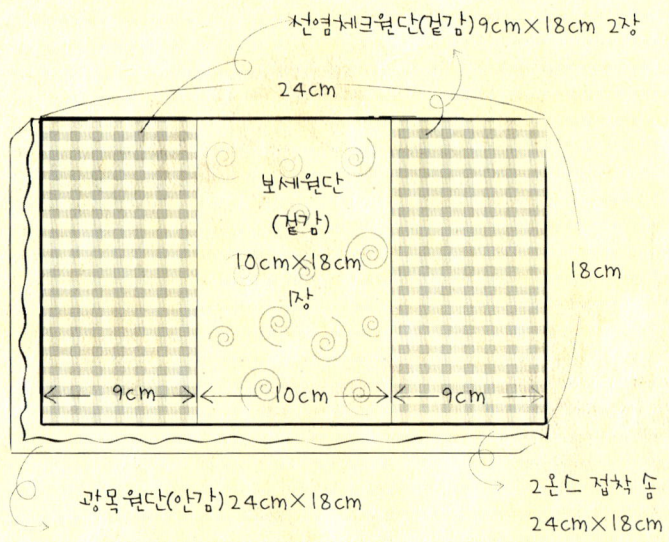

선염체크원단(겉감)9cm×18cm 2장

24cm

보세원단
(겉감)
10cm×18cm
1장

18cm

9cm 10cm 9cm

광목원단(안감)24cm×18cm

2온스 접착 솜
24cm×18cm

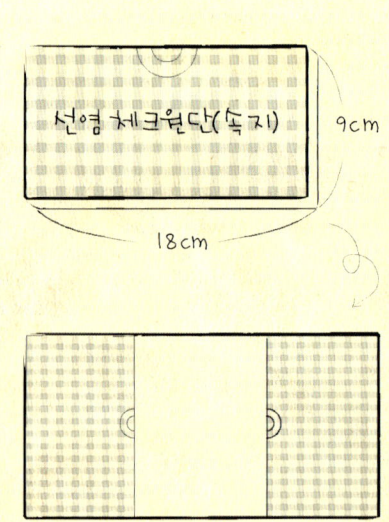

선염 체크원단(속지)

9cm

18cm

♥ 시접이 포함된 재단치수입니다.
♥ 완성치수 : 24cm×18cm

겉감 만들기

1 보세원단과 체크원단을 겉과 겉이 마주보게 놓습니다.

2 마주 놓은 원단을 시접 1cm로 박음 질합니다.

3 반대쪽도 동일한 방법으로 보세원 단과 체크원단을 박음질해 연결합 니다.

4 시접을 가름솔하여 다림질한 후,

5 2온스 접착 솜의 거친 면 위에 놓고,

접착 솜은 스팀을 넣지 않고 붙이며, 거친 면과 부드러운 면 중 거친 면 쪽으로 붙어야 합니다.

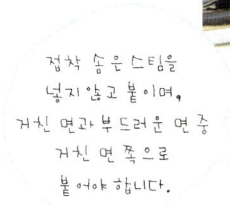

6 다림질해 접착합니다.

7 가장자리를 전체를 오버로크 처리 합니다.

레이스와
가죽 끈 부착하기

레이스는
가로 부분과
세로 부분에 두 번
박음질해주세요

1 만들어 놓은 겉감 중심에 레이스를
양쪽으로 박음질해 장식합니다.

2 겉감을 반으로 접었다 펴서 중앙을
표시합니다.

3 표시한 곳에 가죽 끈을 반을 접어
고리 부분이 안쪽으로 향하게 올려
놓고 끝부분을 박음질합니다.

겉감과 안감 합폭하기

접힌 면이
안쪽으로 가게하고,
안쪽 부분은
박음질하지 마세요!

1 속지로 쓰일 선염 체크원단을 반으
로 접어 다림질 후 몸판 겉감 위에
놓고,

2 안쪽을 제외한 가장자리를 박음질
합니다.

3 겉감과 안감 광목원단을 겉과 겉이 마주보게 놓습니다.

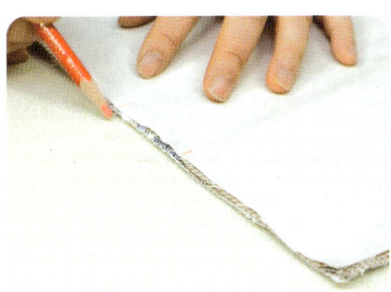

4 하단에 창구멍을 남기고,

5 시접 1cm로 전체를 박음질합니다.

6 창구멍을 통해 뒤집은 후,

7 앞뒷면을 다림질합니다.

8 가장자리 전체를 0.2cm 간격으로 눌러박기합니다.

9 가죽 끈을 앞으로 넘겨 싸개 단추를 달 곳을 표시하고,

10 싸개 단추를 달아줍니다.

11 속지를 넣어주면 완성됩니다.

 숄더백

따뜻한 날 나들이용으로 어울리는 숄더백!
간단한 도시락과 과일을 싸서 가까운 교외로 떠나보세요!
숄더백은 천연적인 면 원단으로 만들어서 손세탁이 용이합니다.

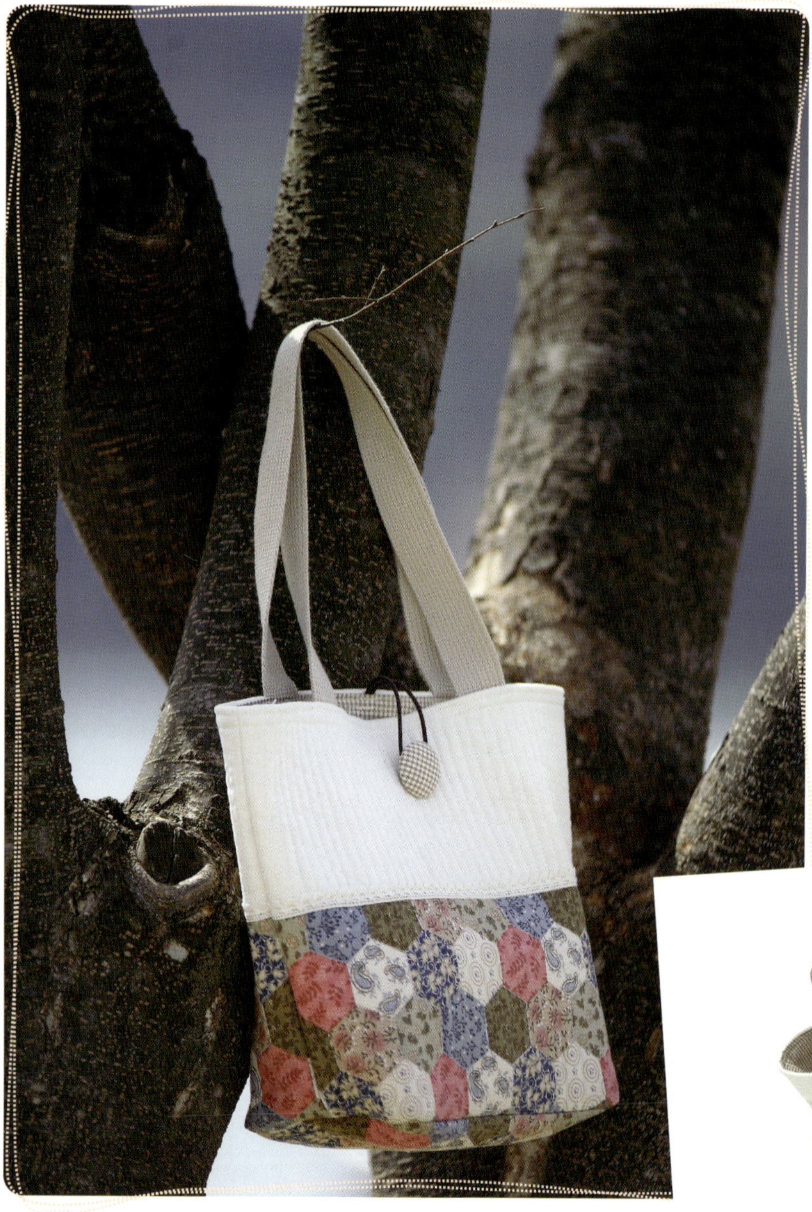

재료

- 누비원단 (몸판, 바닥)
- 선염 체크원단 (몸판 안감, 바닥 안감)
- 보세원단 (몸판, 바닥)
- 면 끈
- 싸개 단추
- 가죽 끈
- 토숀 레이스

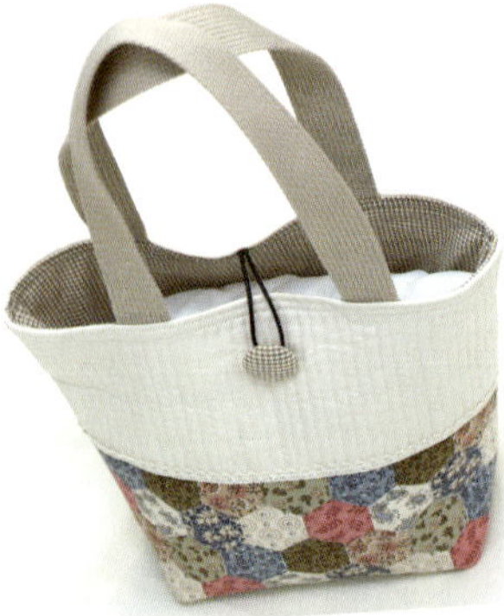

누비원단
(몸판) 32cm×25cm 2장
(바닥) 20cm×13cm 1장

보세원단
(몸판) 32cm×13cm 2장
(바닥) 20cm×13cm 1장

선염 체크원단
(몸판 안감) 32cm×25cm 2장
(바닥 안감) 20cm×13cm 1장

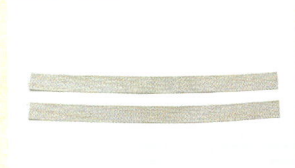

면 끈
폭 3cm, 길이 45cm 2장

싸개 단추 30mm
가죽 끈 17cm
토숀 레이스 32cm 2장

32cm

누비원단 32cm×25cm 2장
선염 체크원단(안감) 32cm×25cm 1장

25cm

보세원단
32cm×13cm 1장

13cm

(몸판)

20cm

누비원단 20cm×13cm 1장
보세원단 20cm×13cm 1장
선염 체크원단(안감) 20cm×13cm 1장

13cm

(바닥)

♥ 시접이 포함된 재단치수입니다.
♥ 완성치수 : 30cm×23cm

겉감만들기

 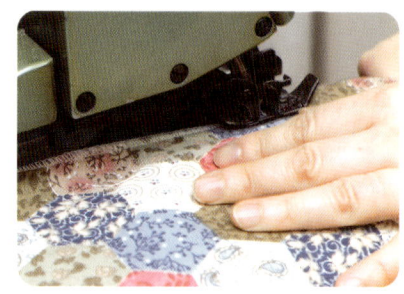

1 겉감 몸판 누비원단과 보세원단의 가장자리를 모두 오버로크 처리합니다.

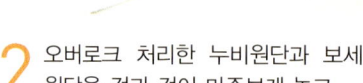

2 오버로크 처리한 누비원단과 보세원단을 겉과 겉이 마주보게 놓고,

3 시접 0.5cm로 가장자리 전체를 박음질합니다.

레이스와 보세원단 누비기

포인트를 주기 위함이기도 하지만 천이 뜨지 말라는 예방차원이기도 해요!

1 만들어놓은 겉감의 박음선 위에 토숀 레이스를 박음질합니다.

2 보세원단의 무늬를 따라 몇 군데를 누벼줍니다.

바닥 만들기

1 몸판 바닥 누비원단 위에 보세원단을 겉과 겉이 마주보게 놓고,

2 시접 0.5cm로 가장자리 전체를 박음질합니다.

3 보세원단의 무늬를 따라 몇 군데를 누벼줍니다.

끈 달기

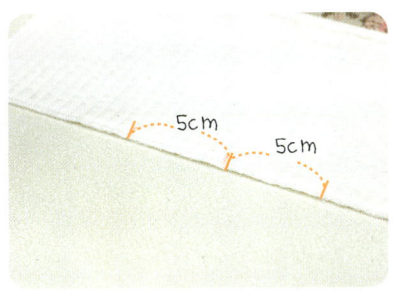

5cm   5cm

1 끈을 부착하기 위해 겉감의 중심을 표시하고,

2 표시한 곳의 좌우 5cm 지점도 표시합니다.

3 좌우 5cm 표시한 지점에 면 끈을 사진과 같이 놓고,

겉감은 두장을
만들어주세요.

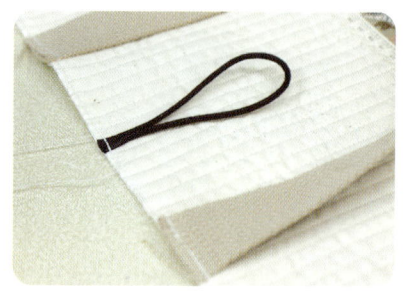

4 면 끈의 끝부분을 박음질합니다.

5 중앙에 표시한 곳에는 가죽 끈을 고리 부분이 안쪽으로 향하도록 올려놓고, 끝부분을 박음질합니다.

how to make 5

겉감 몸판과 바닥 합폭하기

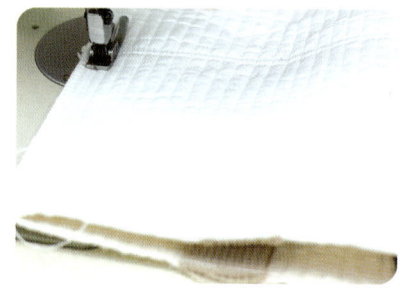

1 완성한 겉감 몸판 두 장을 겉과 겉이 마주보게 놓고,

2 양 옆선을 시접 1cm로 박음질합니다.

3 완성한 겉감 바닥의 짧은 면 중앙을 표시합니다.

4 겉감 몸판 옆선의 중앙과 바닥에 표시한 부분을 겉과 겉이 마주보게 서로 맞대고,

5 시접 1cm로 바닥 가장자리 전체를 박음질합니다.

6 겉감이 완성됩니다.

how to make **6**

안감만들기

  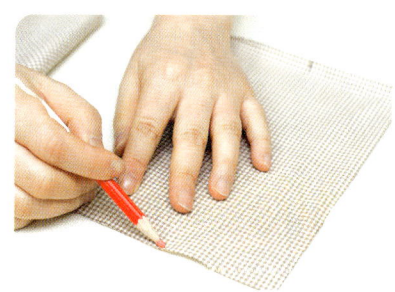

1 몸판 안감 선염 체크원단 두 장을 겉과 겉이 마주보게 놓고,

2 시접 1cm로 양 옆선을 박음질합니다.

3 안감 바닥 선염 체크원단의 중앙을 표시하고,

4 몸판의 옆선 중앙과 바닥의 표시한 부분을 서로 마주 댄 후, 시접 1cm로 전체를 박음질합니다.

5 안감이 완성되었습니다.

겉감과 안감 합폭하기

안감이
끌려 올라오지
않게하기
위함입니다

1 만들어 놓은 겉감과 안감의 바닥을 서로 맞대고,

2 안감 바닥의 양 옆선을 박음질하고 뒤집어줍니다.

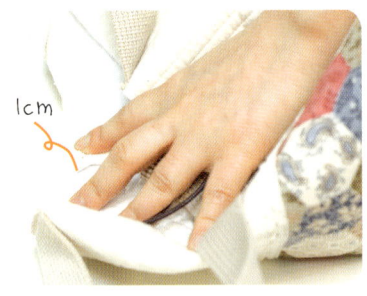

1cm

1cm

3 겉감의 상단을 1cm로 접어서 다림 질합니다.

4 안감의 상단 역시 1cm를 접어서 다 림질합니다.

5 안감과 겉감의 다림질 선에 맞추어

6 안감 쪽에서 2줄로 끝박음질합니다.

7 적당한 위치에 싸개 단추를 달아주 세요.

8 용도에 따라 크기를 달리하거나 주머 니 등을 디자인하여 만들어 보세요.

리넨 숄더백

날씨에 따라 분위기와 멋을 내는 것도 가지가지.
봄, 여름에 원피스와 코디하면 더없이 잘 어울릴 것만 같은 숄더백을 소개합니다.
리넨 소재로 만들어 가벼우며 세탁하기도 쉽답니다.
초록색 꽃무늬 모양이 원피스와 조화를 이루면 청순한 느낌을 주겠죠?
리본으로 묶을 수 있고, 끈 조절이 자유로워 편리한 숄더백이랍니다.

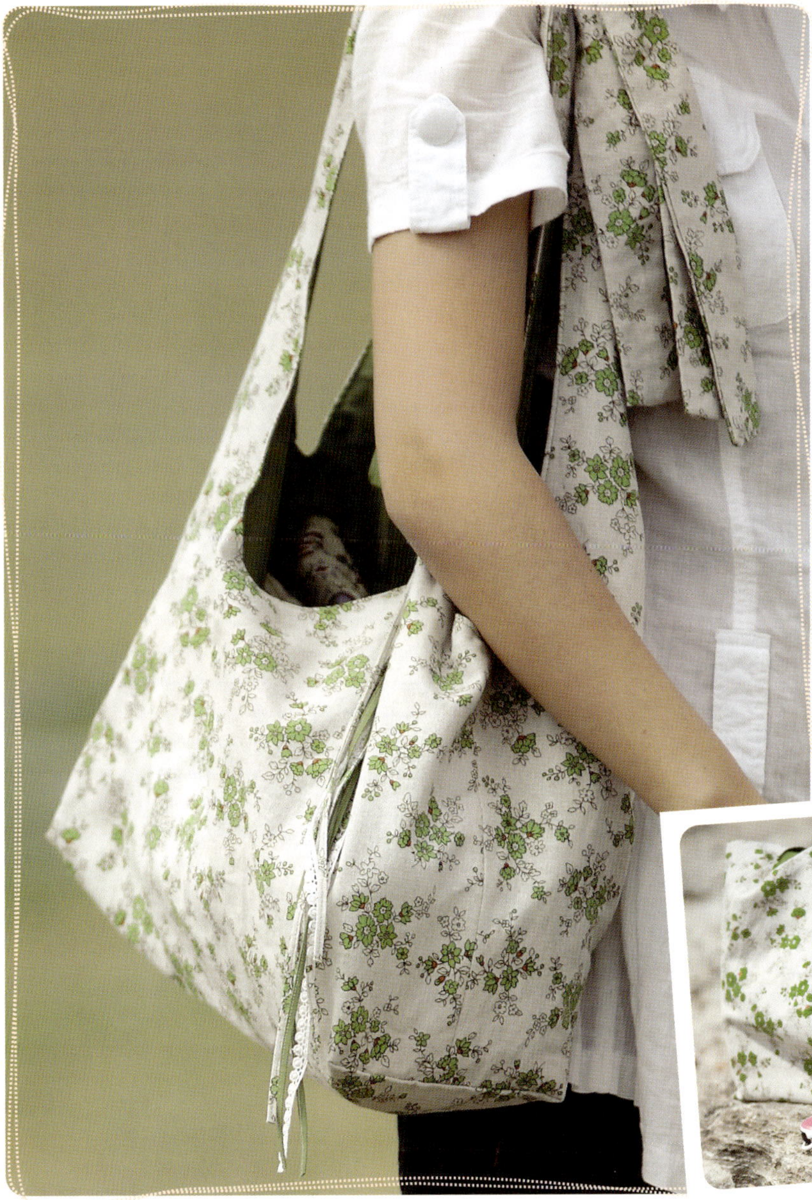

재료

- 리넨 무늬원단 (겉감)
- T/C 원단 (안감)
- 리넨 무늬원단 (가방 끈)

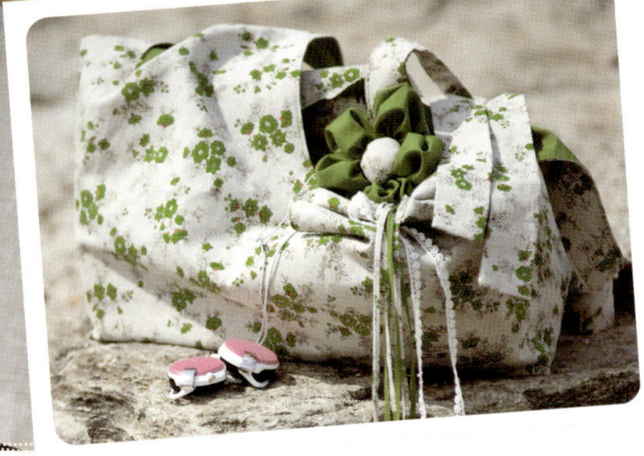

리넨 무늬원단 (겉감) 2장

T/C 원단 (안감) 2장

리넨 무늬원단 (가방 끈)
폭 10cm, 길이 50cm 4장

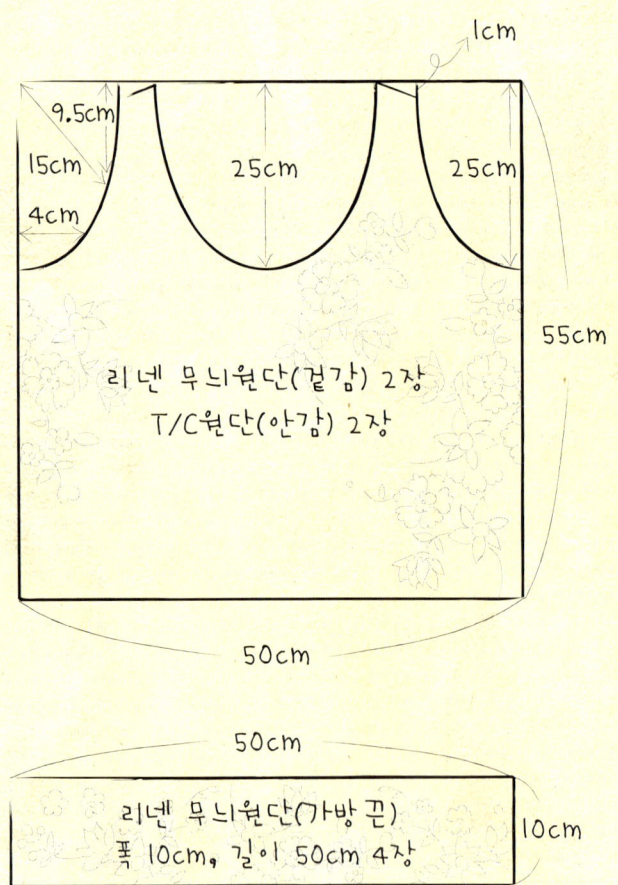

1cm

9.5cm

15cm

4cm

25cm

25cm

55cm

50cm

리넨 무늬원단(겉감) 2장
T/C원단(안감) 2장

50cm

리넨 무늬원단(가방 끈)
폭 10cm, 길이 50cm 4장

10cm

♥ 시접이 포함된 재단치수입니다.
♥ 완성치수 : 50cm×30cm
♥ 실물본을 활용하세요.

끈 만들기

1 가방 끈 리넨 무늬원단을 겉과 겉이 마주보게 반을 접어 다림질합니다.

2 시접 1cm로 밑 부분을 제외한 3면을 ㄱ자 모양으로 박음질합니다.

3 모서리 부분은 사진처럼 가위집을 내줍니다.

4 박음질 한 끈을 기다란 도구를 이용해 뒤집은 후,

5 잘 펴지도록 다림질합니다

6 박음질하지 않은 밑 부분을 사진처럼 주름을 잡듯이 0.5cm 정도를 살짝 접어 박음질합니다.

4장 모두 동일한
방법으로
만들어 주세요.

겉감에 끈 연결하기

1 겉감 리넨 무늬원단 두 장을 겉과 겉이 마주보게 놓고,

2 옆선 좌우를 시접 1cm로 박음질합니다.

4장 모두
박음질해주세요

3 만들어 놓은 끈을 겉감의 어깨 부분에 시접 0.5cm로 박음질합니다.

바닥 만들기

1 안감 T/C 원단 두 장을 겉과 겉이 마주보게 놓고,

2 창구멍을 남기고 시접 1cm로 박음질합니다.

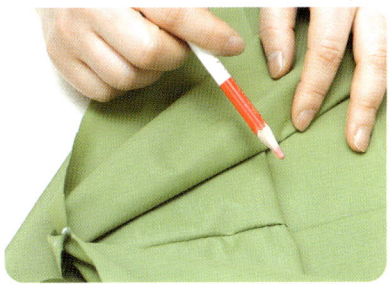

3 안감의 모서리 부분을 사진처럼 접은 후,

4 안감을 벌려서 바닥의 시접선과 모서리 부분의 시접선이 일치되도록 맞춥니다.

5 솔기 중앙부터 좌우 14cm를 표시합니다.

시접은 가름솔한 상태에서 박음질합니다

6 표시한 선을 따라 박음질합니다.

7 겉감도 안감과 동일한 방법으로 모서리 부분을 사진처럼 접고,

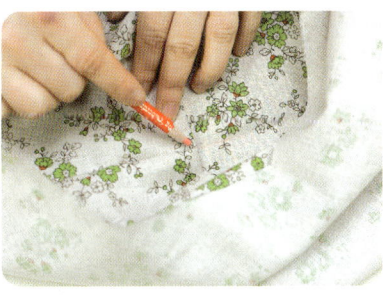

8 겉감을 벌려서 바닥의 시접선과 모서리 부분의 시접선이 일치되도록 맞춥니다.

9 솔기 중앙에서 좌우 14cm를 표시한 후 박음질합니다.

겉감과 안감 합폭하기

1 겉감과 안감의 모서리 박음질한 삼각형 부분을 맞추고,

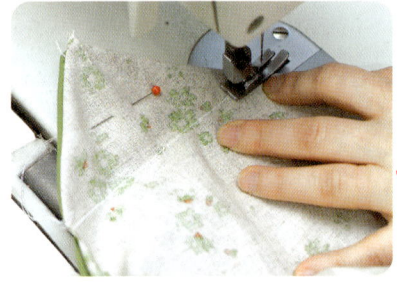

2 박음선을 따라 박음질합니다.

3 겉감과 안감을 겉과 겉이 마주보게 놓고,

4 옆선을 시작으로 가장자리 전체를 노루발 간격으로 박음질합니다.

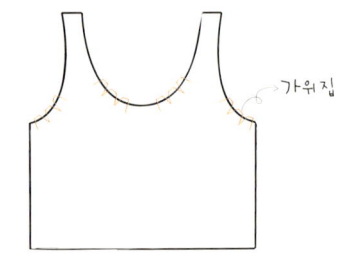

가위집

5 둥근 부분에 가위집을 줍니다.

6 창구멍을 통해 뒤집고, 창구멍은 공그르기합니다.

7 가장자리를 다림질한 후,

8 시접 0.5cm로 전체를 눌러 박습니다.

9 어깨 끈을 묶어주고 코르사주를 달아주면, 리넨 숄더백이 완성됩니다.

다용도 꽂이함

집안 곳곳에 자질구레한 영수증이나 메모지 등이 여기저기 널려있나요?
그렇다면 이번에 소개할 아이템이 꼭 필요할거예요! 현관에 걸어두면 편지 꽂이함으로
아이 방에 걸어두면 작은 장난감 정리함 등으로 사용할 수 있는 다용도 꽂이함이에요.
깔끔한 집을 위한 수납 노하우. 잊지 마세요!

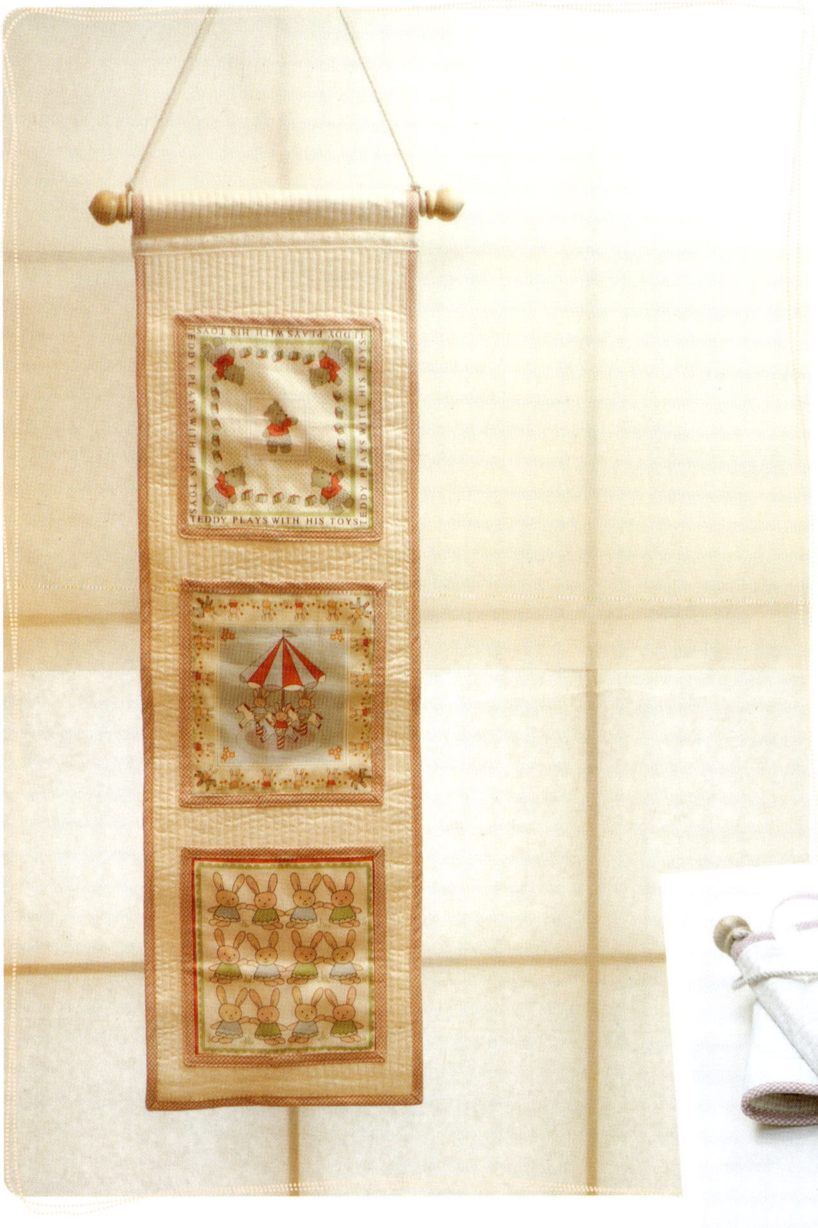

재료

• 광목 누비원단 (몸판)
• 광목원단 (주머니 뒤판)
• 커트원단 (주머니)
• 바이어스
• 띠 레이스
• 파이핑 줄
• 원목 봉

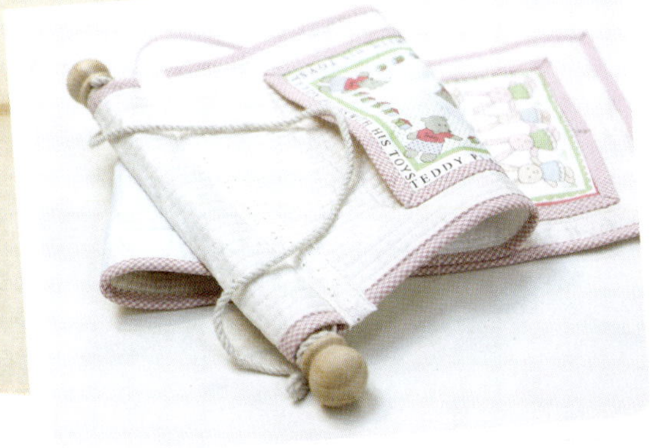

광목 누비원단
(몸판) 25cm×86cm 1장

광목원단 (주머니 뒤판)
19cm×19cm 3장

체크 바이어스
폭 3.5cm, 길이 413cm

띠 레이스 33cm

커트원단(주머니) 19cm×19cm 3장

파이핑 줄 약 413cm

30cm 길이 원목 봉

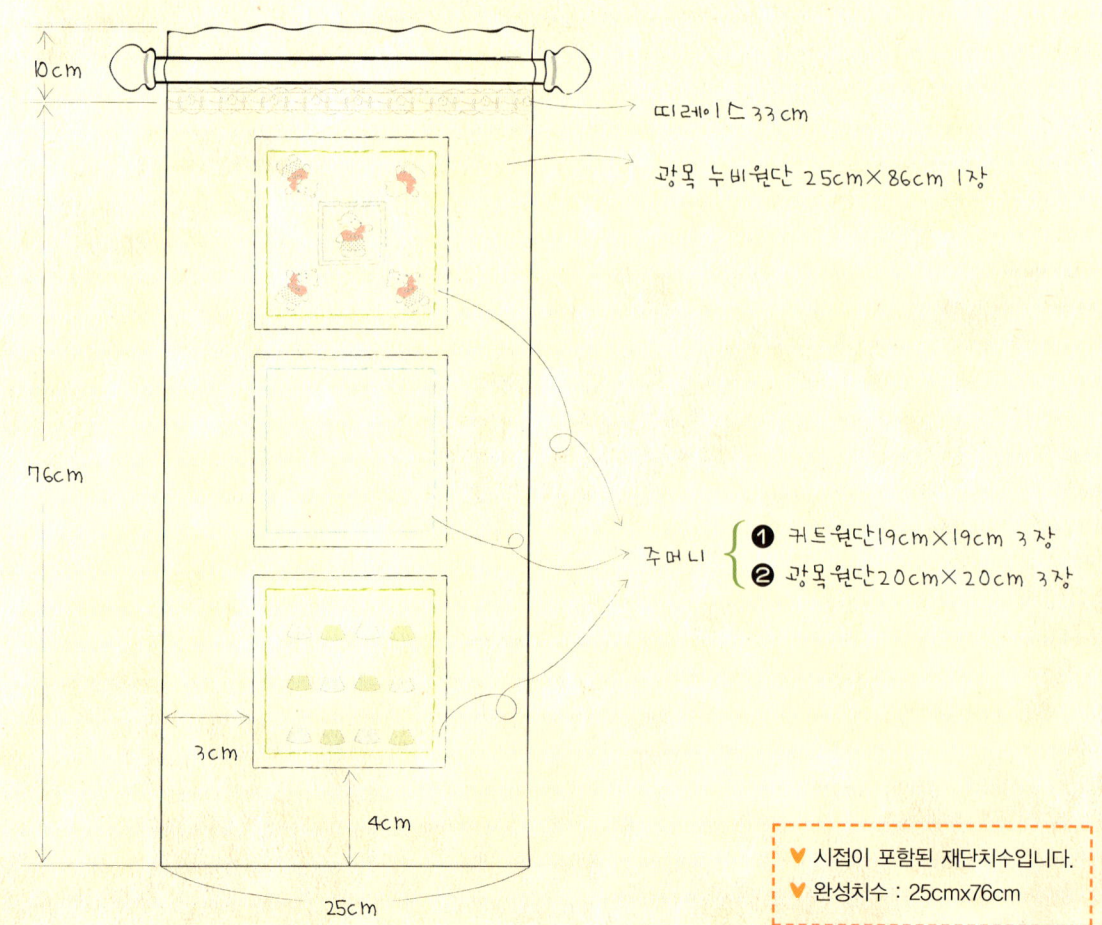

10cm

76cm

3cm

4cm

25cm

띠레이스 33cm

광목 누비원단 25cm×86cm 1장

주머니
  ❶ 커트원단 19cm×19cm 3장
  ❷ 광목원단 20cm×20cm 3장

♥ 시접이 포함된 재단치수입니다.
♥ 완성치수 : 25cm×76cm

how to make **1**

오버로크 처리하기

1 몸판 누비원단 전체를 오버로크 처리합니다.

2 주머니 광목원단 위에 주머니 커트 원단을 올려놓고,

3 가장자리를 오버로크 처리합니다.

how to make **2**

주머니에
바이어스 감싸기

1 오버로크 처리한 주머니 뒷면에 사진처럼 바이어스를 올려놓고 끝부분을 2cm가량 접습니다.

2 노루발을 바이어스 끝에 맞추고 박음질합니다.

| 모서리 부분 정리하기 |

① 모서리 0.5cm 전까지만 박음질하고, 실을 끊은 후,

② 바이어스를 90°로 올려 접은 후,

③ 옆으로 넘겨

시접은
가름솔해 주세요.

④ 박음질합니다. 동일한 방법으로 모서리의 4군데를 박음질해주세요.

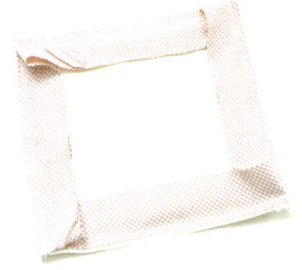

3 바이어스를 모두 박음질 한 후,

4 바이어스를 앞쪽으로 뒤집어주고,

5 두 번 접기해서 끝박음질합니다.

6 모서리 부분은 사선으로 접어서 재봉틀의 바늘을 꽂아놓고 회전해서 박음질합니다.

주머니 3개 모두
동일한 방법으로
만들어주세요.

몸판에 주머니 연결하기

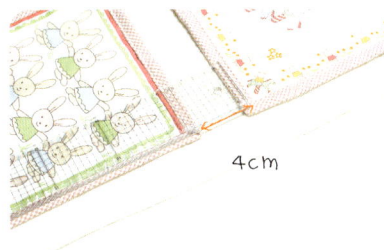

4cm

1 완성된 주머니 3장을 몸판 누비원
단에 올려놓고,

2 각각 4cm 간격으로 배열해놓습니
다.

3 주머니 3장 모두 상단을 제외한 3
면을 박음질합니다.

몸판에
바이어스 감싸기

1 몸판 누비원단 뒷면 끝에 바이어스
를 올려놓고,

2 상단을 제외한 3면을 박음질합니다.

주머니 바이어스
감싸는 방법과
동일합니다.

3 바이어스를 몸판 누비원단의 앞면
으로 넘기고 두 번 접기 한 후,

4 끝박음질합니다.

봉 통로 만들기

1 몸판의 뒷면에 상단에서 10cm 지점을 표시합니다.

2 표시한 선에 맞춰 몸판 상단을 접고,

3 양 옆을 오버로크 처리한 안쪽 선에 맞춥니다.

4 접은 끝부분을 노루발 간격으로 박음질합니다.

5 몸판의 앞면에서 상단의 박음질 선에 맞춰 띠 레이스를 올려놓고 박음질해 포인트를 줍니다.

6 원목 봉을 끼우고 파이핑 줄을 묶어주면 완성됩니다.

 **Object 06** | 미니백

잠시 외출할 때, 혹은 큰 가방을 들고 나가기는 부담스러울 때. 작고 귀여운 미니백을 들어보세요! 아이는 물론 어른들까지도 깜찍하게 들고 다닐 수 있는 디자인이랍니다. 간단한 지갑과 핸드폰 등을 넣을 수 있는 사이즈이며, 리넨 소재를 사용해 가벼울 뿐 아니라 세탁에도 용이하다는 사실! 끈 길이를 길게 하면 크로스백으로도 활용할 수 있어요.

재료

- 리넨원단 (겉감, 안감, 뚜껑, 뚜껑 안감)
- 4온스 접착 솜
- 2온스 접착 솜
- 면 끈
- 자석 단추

리넨원단
(겉감) 25cm×19cm 2장
(안감) 30cm×25cm 2장
(뚜껑 안감) 17cm×15cm 1장

리넨원단
(뚜껑) 15cm×10cm 1장

4온스 접착 솜
30cm×25cm 2장

2온스 접착 솜
17cm×15cm 1장

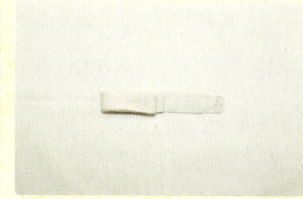

면 끈
폭 2cm, 길이 35cm 2장

자석 단추

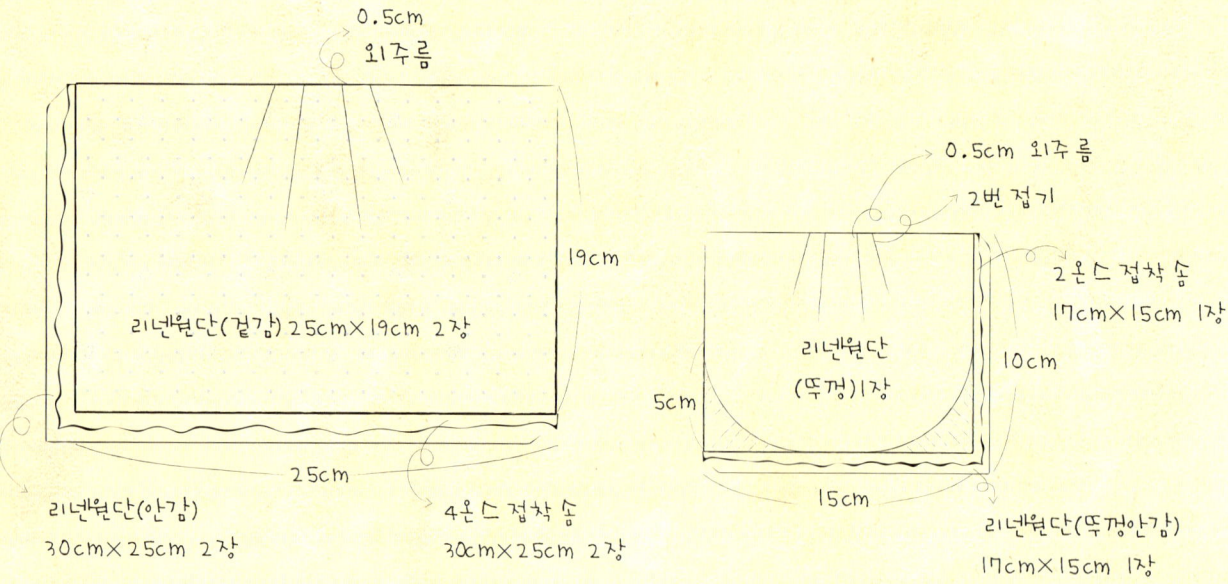

0.5cm
외주름

19cm

리넨원단(겉감) 25cm×19cm 2장

25cm

리넨원단(안감)
30cm×25cm 2장

4온스 접착 솜
30cm×25cm 2장

0.5cm 외주름

2번 접기

2온스 접착 솜
17cm×15cm 1장

10cm

리넨원단
(뚜껑)1장

5cm

15cm

리넨원단(뚜껑안감)
17cm×15cm 1장

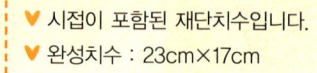

♥ 시접이 포함된 재단치수입니다.
♥ 완성치수 : 23cm×17cm

56

몸판 만들기

1 겉감 리넨 원단 25cm 쪽의 중심을 표시하고,

2 표시한 중심을 기준으로 0.5cm 간격의 주름을 4개를 만들어 끝부분을 박음질합니다.

3 겉감을 4온스 접착 솜의 거친 면 위에 놓고 다림질해 붙입니다.

겉감은 2장을
만들어줍니다.

4 접착 솜의 남는 부분들은 잘라줍니다.

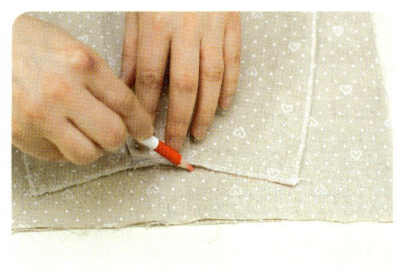

5 같은 모양을 위해 안감 리넨원단 위에 겉감을 올려놓고 모양에 맞춰 표시합니다.

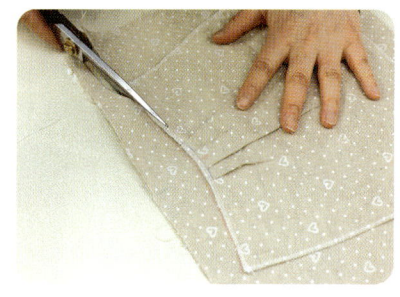

6 표시한 모양대로 잘라낸 후 접착 솜을 붙여주세요.

7 겉감 2장을 겉과 겉이 마주보게 놓고,

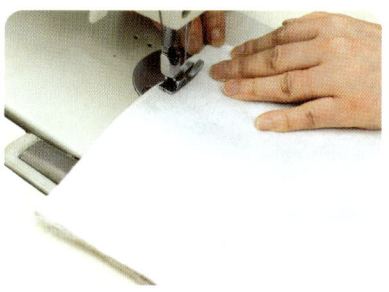

8 상단을 제외한 3면을 시접 1cm로 박음질합니다.

9 바닥의 모서리부분을 삼각형 모양으로 접어서

10 안쪽의 가운데 시접을 맞춘 후,

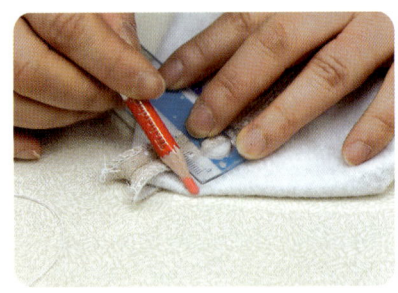

11 접힌 부분의 중앙 시접부분에서 1.5cm, 1.5cm를 표시합니다.

12 표시한 선에 맞춰 박음질합니다.

반대쪽도 동일하게 처리합니다.
★ 안감은 7번 ~12번과 동일한 방법으로 만드세요.

how to make **2**

안감과 겉감 합폭하기

1 안감과 겉감을 옆선끼리 맞대고,

2 모서리의 박음 선을 따라 양쪽 모두 박음질한 후,

3 뒤집어줍니다.

뚜껑 만들기

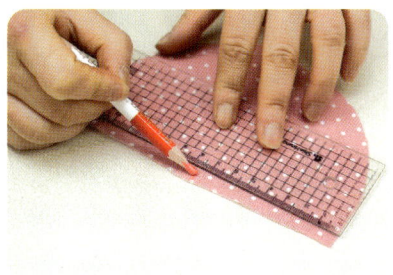

1 뚜껑 리넨원단에도 상단의 중심을 표시하고,

2 0.5cm 간격으로 주름 2개를 만들어 주름의 끝부분을 박음질합니다.

3 뚜껑을 2온스 접착 솜의 거친 면 위에 놓고 다림질해 붙여주고, 남는 부분은 잘라줍니다.

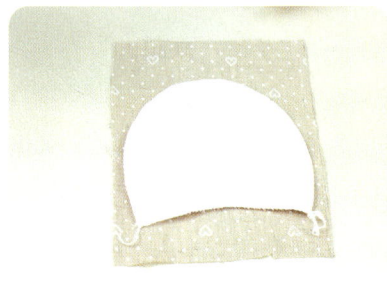

4 뚜껑과 뚜껑 안감을 겉과 겉이 마주 보게 놓고,

5 라운드 부분을 시접 1cm로 박음질합니다.

6 남은 안감은 잘라냅니다.

7 0.5cm 간격으로 라운드 부분에 가위집을 냅니다.

8 뒤집어서 다림질하고,

9 라운드 부분을 눌러박기합니다.

뚜껑과 끈,
자석 단추달기

1 만들어놓은 뚜껑의 상단 중앙을 표시하고,

2 몸판 뒤쪽 중앙에 겉과 겉이 마주보게 놓은 후,

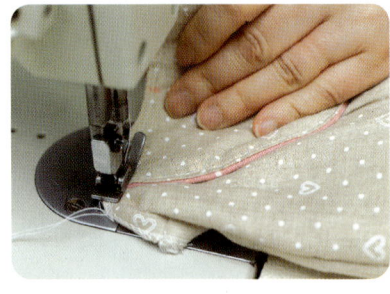

3 시접 0.5cm로 박음질하여 뚜껑을 연결합니다.

4 면 끈 두 장을 겹쳐서,

5 양쪽 가장자리를 박음질합니다.

6 끈을 몸판 옆 시접 부분에 놓고 박음질해 이어줍니다.

7 안감과 겉감을 각 1cm씩 안쪽으로 접어 다림질하고,

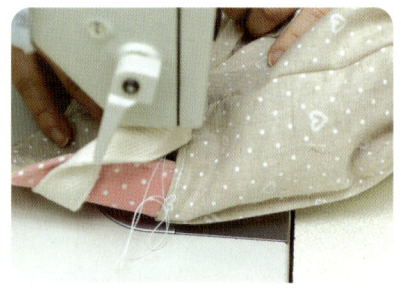

8 옆선부터 시작해서 전체를 끝박음질합니다.

9 자석 단추를 몸판 중앙 위에서 2.5cm 지점에 바느질하고,

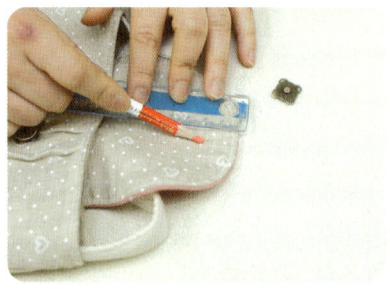

10 자석 단추를 뚜껑 중앙 위에서 2cm 지점에 바느질해 연결합니다.

게임기 가방

요즘은 아이들뿐만 아니라 성인들도 휴대용 게임기를 가지고 다니는 것을 흔하지 않게 볼 수 있어요. 혹시 지금 자신의 가방 속에, 혹은 내 아이의 가방 속에 게임기가 아무렇게나 방치되고 있지는 않은가요? 고가의 게임기 분실하거나 망가지면 속상하죠! 가방 속에 뒹굴어 다니는 게임기에게 예쁘고 안전한 옷을 입혀주세요! 끈 길이를 길게 하면 크로스로 메고 다닐 수 있어 아이들이 게임기를 잃어버리지 않고 들고 다닐 수 있도록 해준답니다.

 재료

- 리넨원단 (겉감)
- 체크원단 (겉감)
- 선염 해지원단 (겉감, 안감, 옆판)
- 2온스 접착 솜
- 끈 감
- 벨크로 테이프

리넨원단
(패치) 4cm×40cm 1장
선염 해지원단
(패치) 6cm×40cm 1장
(옆판) 5cm×12.5cm 4장
(안감) 11.5cm×40cm 1장
체크원단
(패치) 4.5cm×40cm 1장

2온스 접착 솜
13.5cm×42cm 1장

끈
폭 3.5cm, 길이 35cm 1장

벨크로 테이프 8cm

리넨원단
4cm×40cm 1장

체크원단
4.5cm×40cm 1장

선염 해지원단
6cm×40cm
1장

40cm

옆판 4장
5cm
12.5cm

선염 해지원단

끈 1장
3.5cm
35cm

11.5cm

선염 해지원단(안감)
11.5cm×40cm 1장

2온스 접착 솜
13.5cm×42cm 1장

♥ 시접이 포함된 재단치수입니다.
♥ 재료의 사이즈는 만들려는 게임기 크기에
맞춰 재단해주세요.
♥ 예제에 사용된 게임기 가방은 닌텐도 DS
기준입니다.
♥ 완성치수 : 8.5cm×38cm, 폭 3cm

앞판만들기

1 몸판 패치원단 두 장을 겉과 겉이 마주보게 놓고, 시접 1cm로 박음질 합니다.

2 그 위에 한 장 더 겉과 겉이 마주보게 놓고,

3 시접 1cm로 박음질합니다.

4 시접을 가름솔에서 다림질합니다.

5 연결한 패치원단을 2온스 접착 솜 위에 놓고 다림질 후,

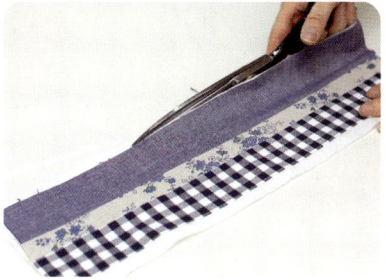

6 남는 부분은 잘라냅니다.

몸판에 벨크로 테이프 부착하기

1 안감 선염 해지원단의 짧은 쪽 상단의 1cm 지점을 표시하고,

2 표시한 부분에 맞춰 벨크로 테이프의 거친 면을 박음질합니다.

3 몸판 역시 짧은 쪽 상단의 2cm 지점을 표시하고,

4 표시한 부분에 맞춰 벨크로 테이프의 부드러운 면을 박음질합니다.

5 벨크로 테이프의 거친 면과 부드러운 면이 서로 반대가 되도록 놓고,

접었을 때 모서리를 깔끔하게 하기 위함입니다.

6 하단을 제외한 3면을 박음질합니다.

7 모서리 부분은 사진처럼 잘라냅니다.

8 박음질하지 않은 하단 부분을 1cm 접어서 다림질하고,

9 뒤집어서 다시 다림질합니다.

how to make **3**

옆판 만들기

1 끈 원단을 바이어스 접기 한 후,

2 끝박음질하여 끈을 만들어줍니다.

3 옆판 선염 해지원단 4장을 2장씩 겹쳐서

4 상단을 제외한 3면을 시접 1cm로 박음질합니다.

5 모서리 부분을 사진처럼 잘라냅니다.

시접은
가름솔해요.

6 박음질하지 않은 상단을 1cm 정도 접어줍니다.

7 1cm 접은 부분을 다림질해서 눌러준 후,

8 뒤집어서 한 번 더 다림질합니다.

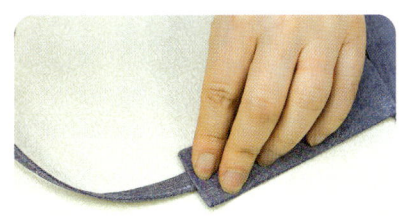

9 만들어 놓은 끈을 옆판의 중앙에 놓고,

10 끝박음질해서 끈과 옆판을 이어줍니다.

11 양쪽 모두 연결합니다.

몸판과 옆판 합폭하기

11.5cm

1 벨크로 테이프의 거친 면이 있는 쪽 에서 위에서 11.5cm를 표시하고,

2cm

2 아래쪽은 2cm를 표시합니다.

표시된 부분에 정확히 맞추지 않으면 틀어지므로 주의하세요!

3 만들어 놓은 옆판을 표시해 놓은 11.5cm 부분에 놓습니다.

4 옆판의 3면을 몸판과 연결시켜준다는 느낌으로 각을 세워 끝박음질합니다.

5 반대쪽의 옆판 역시 동일한 방법으 로 끝박음질하여 완성합니다.

6 다양한 색상의 원단으로 만들어보 세요!

Object 08 | # 별 단추 쿠션

홈 인테리어에 색다른 느낌을 줄 수 있는 개성 만점의 쿠션!
누구나 쉽게 만들 수 있고, 소파 위나 차량에 놓으면 쿠션감이 좋아서 끌어안기에도 포근한
사랑스러운 쿠션이랍니다. 10cm×10cm로 작게 만들면 핀 꽂이가 되며, 80cm×80cm로 크
게 만들면 1인 소파용으로도 좋은 인테리어 효과 만점의 아이템이 되겠지요.

재료

- Y2K 꽃무늬원단 (앞판)
- 옥스퍼드원단 (뒤판)
- 싸개 단추
- 방울 솜

Y2K 꽃무늬원단
(앞판) 45cm×45cm 1장

옥스퍼드원단
(뒤판) 45cm×45cm 1장

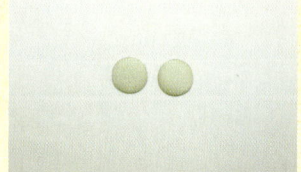

단추 30mm 2개

방울 솜 1kg

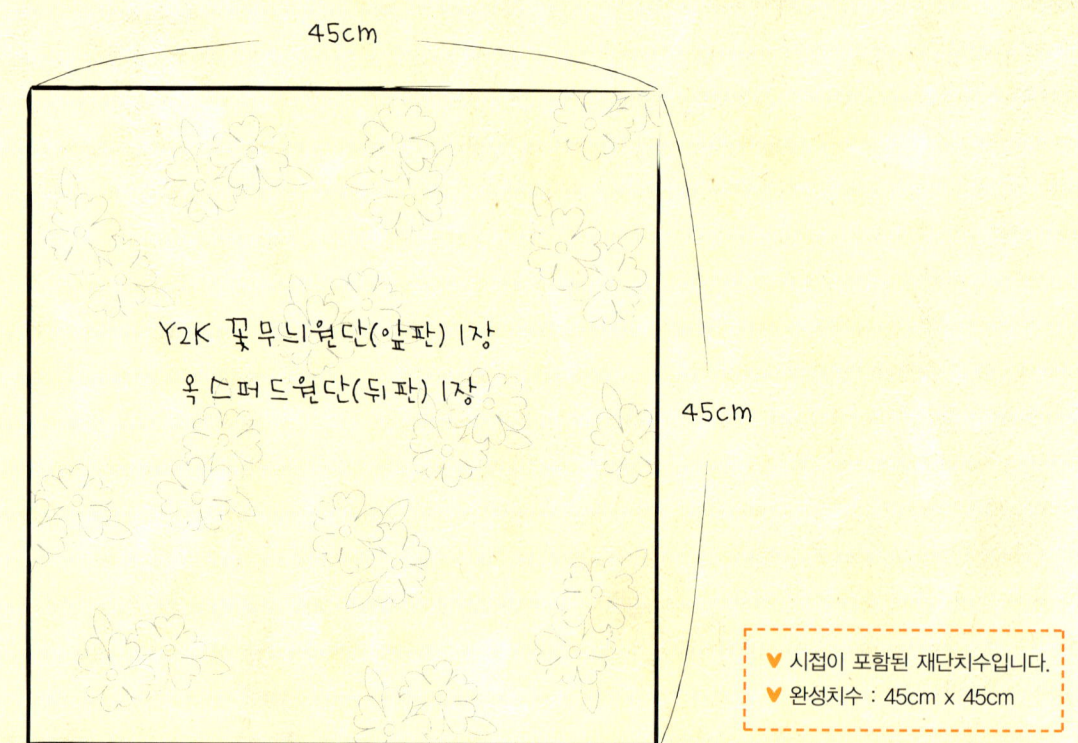

45cm

45cm

Y2K 꽃무늬원단(앞판) 1장
옥스퍼드원단(뒤판) 1장

❤ 시접이 포함된 재단치수입니다.
❤ 완성치수 : 45cm x 45cm

몸판 만들기

1 앞판과 뒤판 모두 4면의 중심을 표시합니다.

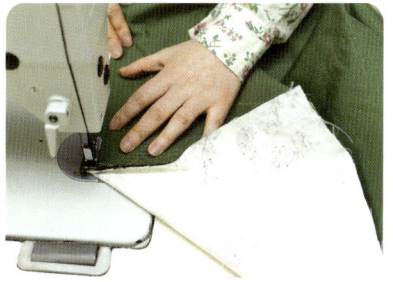

2 표시해 놓은 앞판의 중심과 뒤판의 모서리를 겉과 겉이 마주보게 놓고,

3 창구멍 20cm를 제외한 전체를 시접 1cm로 박음질합니다.

4 모서리는 1cm 전에 박음질을 멈추고, 바늘을 끼운 채 천을 돌려서 박음질합니다.

솜 넣고 단추 달기

1 전체 박음질이 끝나면 뒤집어 구름솜을 넣고 창구멍을 공그르기합니다.

2 단추를 앞뒷면 중앙에 놓고 대바늘과 같이 큰 바늘로 몸판의 중간에 달아줍니다.

3 간단한 박음질만으로 쿠션을 만들 수 있답니다.

다용도 필통

우리아이의 필통! 혹 플라스틱 제품이나 알루미늄으로 만들어지진 않았나요?
가방 속에서 항상 아이와 함께하는 필통, 이제 친환경 천연 소재로 아이의 취향에 맞게 엄마
가 직접 만들어주세요. 천연소재로 만들어 아이에게도 좋고, 세탁과 휴대가 좋답니다.

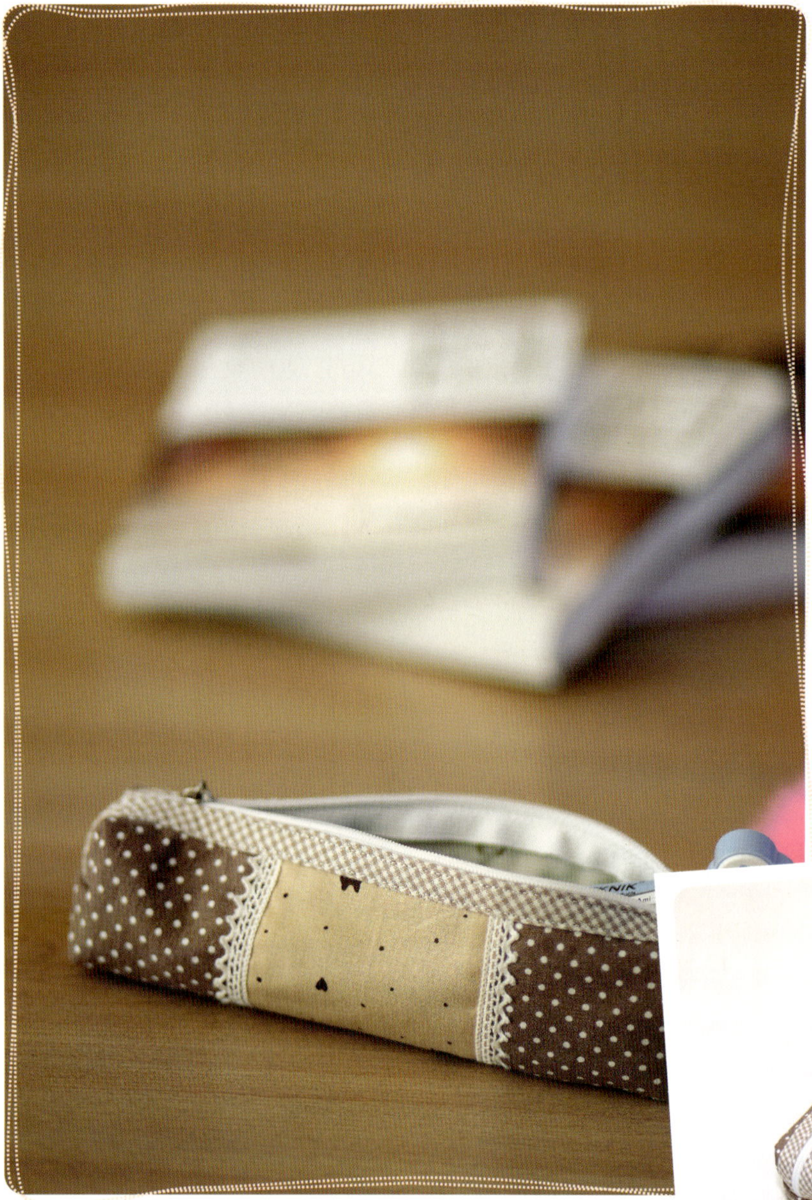

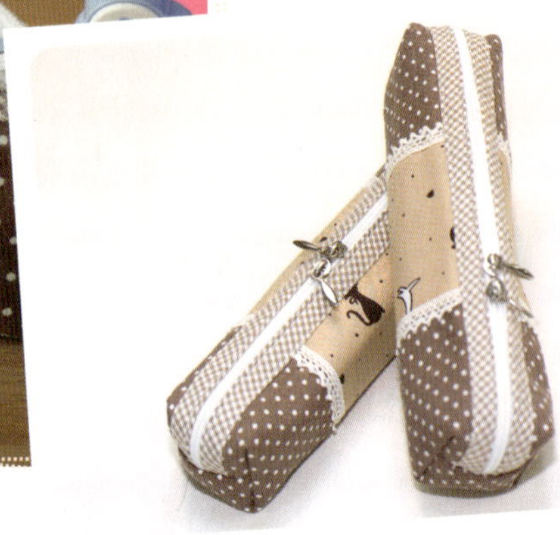

재료

- 리넨원단 (겉감)
- 나염원단 (안감, 포인트)
- 2온스 접착 솜
- 바이어스
- 토숀 레이스
- 지퍼

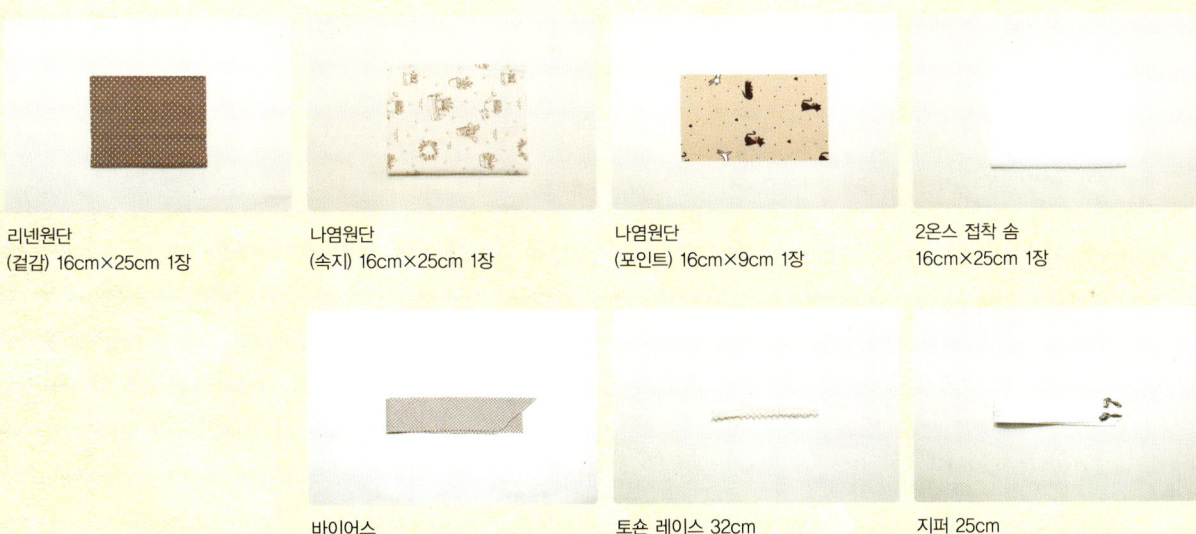

리넨원단
(겉감) 16cm×25cm 1장

나염원단
(속지) 16cm×25cm 1장

나염원단
(포인트) 16cm×9cm 1장

2온스 접착 솜
16cm×25cm 1장

바이어스
폭 3.5cm, 길이 25cm 2장

토숀 레이스 32cm

지퍼 25cm

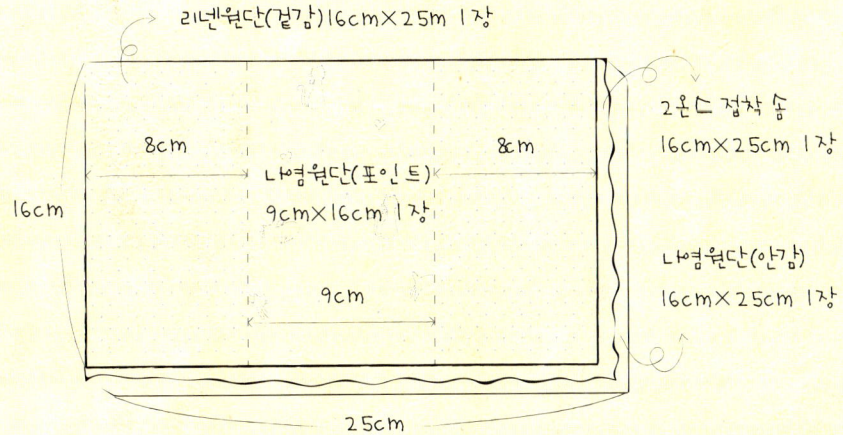

리넨원단(겉감)16cm×25m 1장

2온스 접착 솜
16cm×25cm 1장

나염원단(포인트)
9cm×16cm 1장

나염원단(안감)
16cm×25cm 1장

8cm

8cm

16cm

9cm

25cm

♥ 시접이 포함된 재단치수입니다.
♥ 완성치수 : 25cm×4cm

몸판 만들기

1 겉감 리넨원단을 2온스 접착 솜의
거친 면 위에 놓고 다림질합니다.

2 겉감을 가로로 반을 접어 중앙을 표
시합니다.

3 포인트 원단 역시 가로로 접어서
중간을 표시합니다.

4 겉감과 포인트 원단의 표시한 곳끼
리 맞추고 양 옆을 박음질합니다.

레이스가
들뜨지 않도록
뾰죽한 부분에도
박음질해주세요.

5 토숀 레이스를 박음질 선에 맞춰
박음질합니다.

6 만들어놓은 겉감과 속지를 안과 안
끼리 마주보게 놓고,

7 노루발 간격으로 전체를 박음질합
니다.

8 바이어스를 속지 위에 올려놓고,

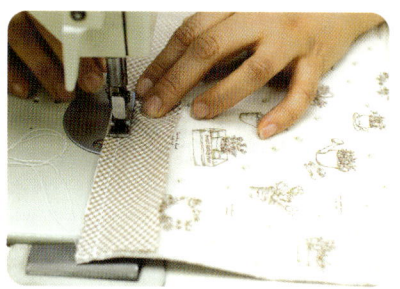

9   시접 0.7cm로 박음질합니다.

10   바이어스를 앞으로 넘겨 두 번 접어 끝박음질합니다.

11   반대쪽 역시 동일한 방법으로 바이어스로 감싸줍니다.

how to make 2

지퍼 달기

지퍼노루발 교체

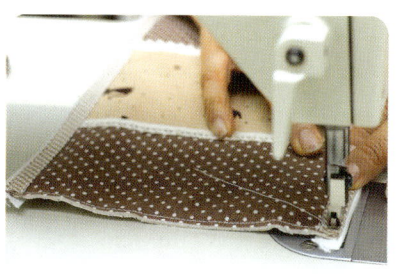

1   몸판을 지퍼 위에 놓고 끝박음질합니다.

2   지퍼의 반을 뜯어 몸판의 반대쪽에 놓고 끝박음질합니다.

3   속지가 겉으로 나오도록 둥글게 말고, 지퍼 고리를 끼웁니다.

how to make 3

마무리 박음질해서 완성하기

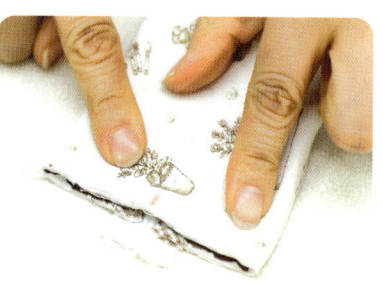

1   밑면의 중심을 표시한 후,

2   지퍼 중앙과 표시한 곳이 겹치도록 맞대고,

3 노루발 간격으로 박음질합니다.

4 모서리 부분을 사진과 같이 박음질 선에서 위쪽으로 2cm, 옆으로 2cm 지점을 표시합니다.

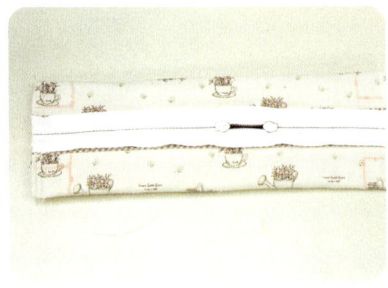

5 4면의 양면 모서리 모두(총 8군데)를 동일한 방법으로 표시합니다.

6 몸판의 양 옆을 오버로크 처리합니다.

7 모서리 부분을 사진과 같이 삼각형 모양으로 접어

8 표시한 선을 따라 박음질합니다. 4면 모두 동일한 방법으로 박음질하면 각이 잡힙니다.

9 뒤집어주면 필통이 완성됩니다.

파우치

화장품이나 여성용품을 휴대하기에 편리하기에 여자라면 누구나 하나쯤은 가지고 있는
파우치! 사랑스러움을 강조한 디자인으로 여성스러움을 한층 돋보이게 해준답니다.

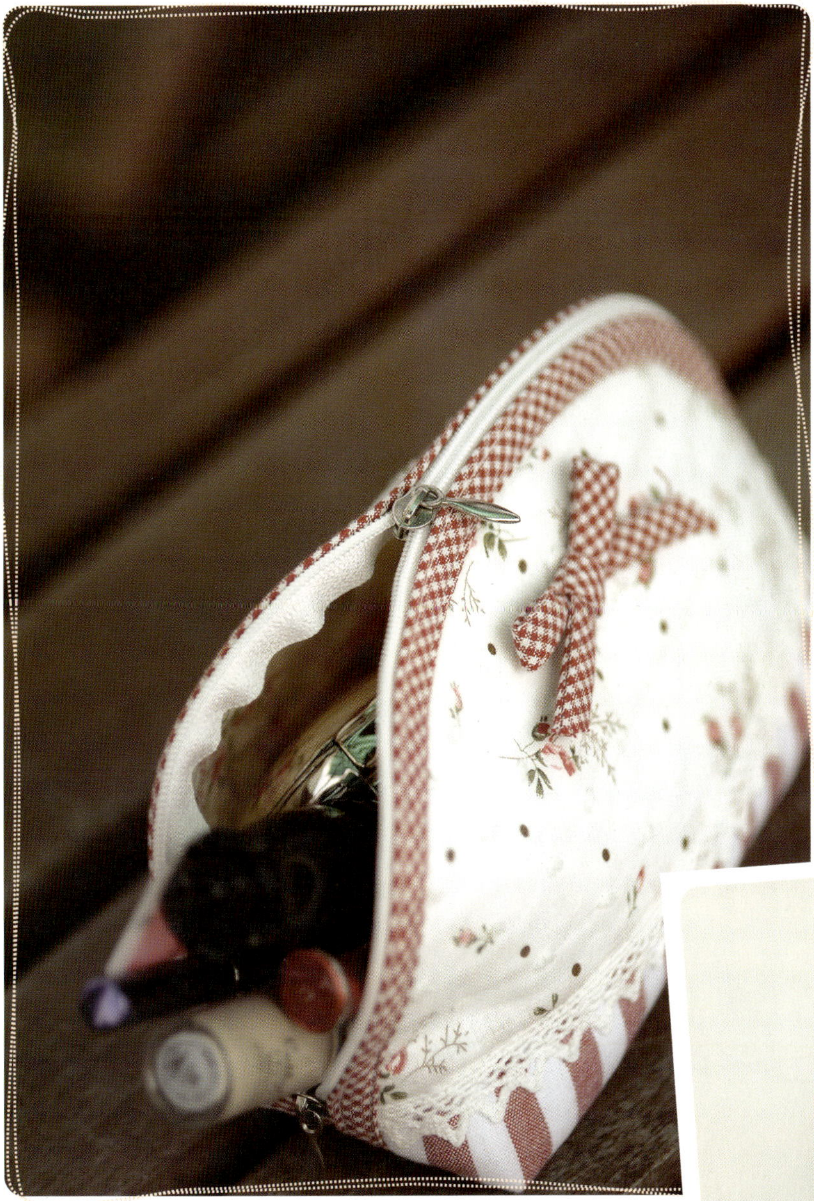

재료

- 선염지 (겉감)
- 선염지 (안감)
- 아사면 (겉감)
- 4온스 접착 솜
- 바이어스
- 토숀 레이스
- 지퍼

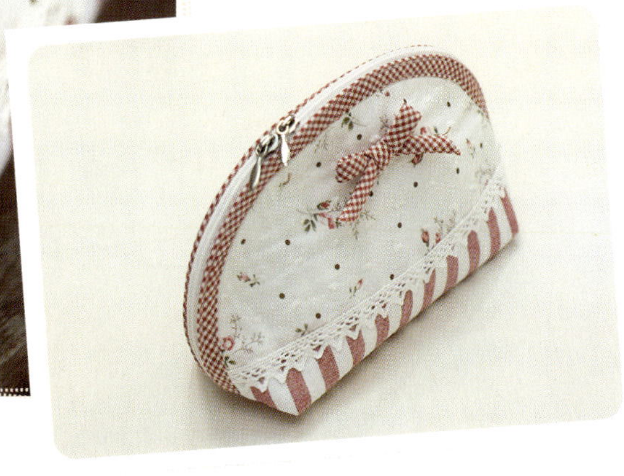

선염지(겉감) 1장

선염지(안감) 1장

아사면(겉감) 2장

4온스 접착 솜

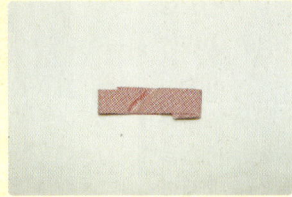
바이어스
길이 40cm 2장

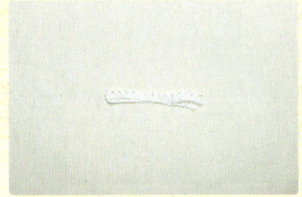
토숀 레이스 20cm 2장

지퍼 30cm

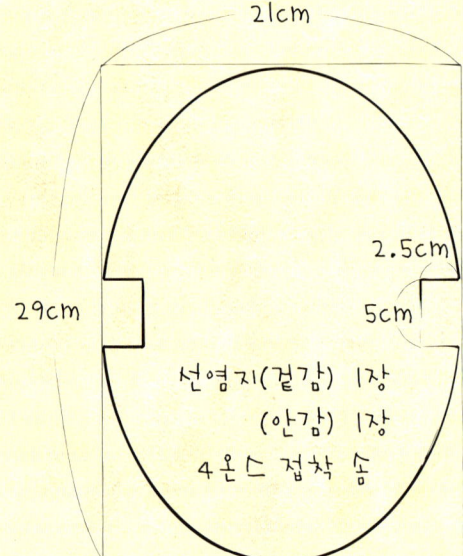

21cm

29cm

2.5cm

5cm

선염지(겉감) 1장
(안감) 1장
4온스 접착 솜

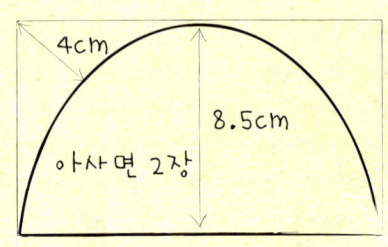

4cm

8.5cm

아사면 2장

♥ 시접이 포함된 재단치수입니다.
♥ 완성치수 : 18cm×13cm
♥ 실물본을 활용하세요.

몸판 만들기

1 겉감 아사면 2장 모두 하단을 1cm 접어서 다림질하고,

2 겉감 선염지의 타원에 맞춰 올려놓습니다.

3 아사면의 1cm 접어놓은 하단을 0.2cm로 박음질 한 후,

4 뒤쪽의 남는 선염지를 잘라냅니다. 선엄시의 반대쪽 타원에도 동일한 방법으로 아사면을 박음질합니다.

5 만들어놓은 원단을 4온스 접착 솜의 기친 면 위에 놓고 다림질해 접착합니다.

레이스가 들 뜨지 않도록 뾰족한 부분에도 박음질해주세요.

6 레이스를 아사면과 선염지의 박음선에 맞춰 올리고 박음질합니다.

7 만들어놓은 원단의 접착 솜 뒷면(부드러운 면) 밑에 안감 선염지를 놓고,

8 다림질해 접착합니다.

바이어스 감싸기

1 바이어스를 몸판 뒷면의 타원 부분에 올려놓고,

2 시접 0.7cm로 타원 부분만 박음질합니다.

3 바이어스를 앞으로 넘겨서 두 번 접어박고, 반대쪽 타원 부분도 동일한 방법으로 바이어스를 감싸줍니다.

지퍼달기

지퍼 노루발 교체

1 지퍼를 반쪽을 뜯어 몸판의 타원 부분 밑에 놓고, 바이어스 끝에 맞춰 끝박음질합니다.

2 몸판의 반대쪽 타원에도 남은 지퍼의 반을 박음질한 후, 지퍼 고리를 거꾸로 넣어줍니다.

3 지퍼를 닫고 모서리 부분을 사진처럼 접은 후,

평 노루발 교체

4 시접 1cm로 양 모서리를 박음질해 각을 잡아줍니다.

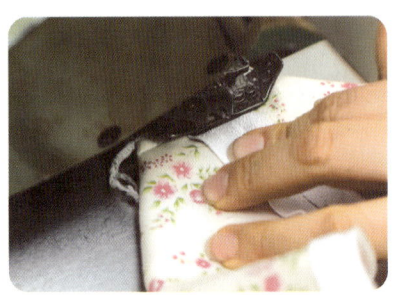

5 각을 잡은 모서리를 오버로크 처리하고,

6 뒤집어서 리본을 달아주면 완성됩니다.

양면 가방

차분함과 화사함이 돋보이는 양면 가방!
날씨에 따라 분위기에 따라 양면으로 사용할 수 있어 다양한 멋을 연출합니다.
크기를 좀 더 키우고 입구 쪽에 지퍼를 달아 기저귀 가방으로도 활용해보세요.

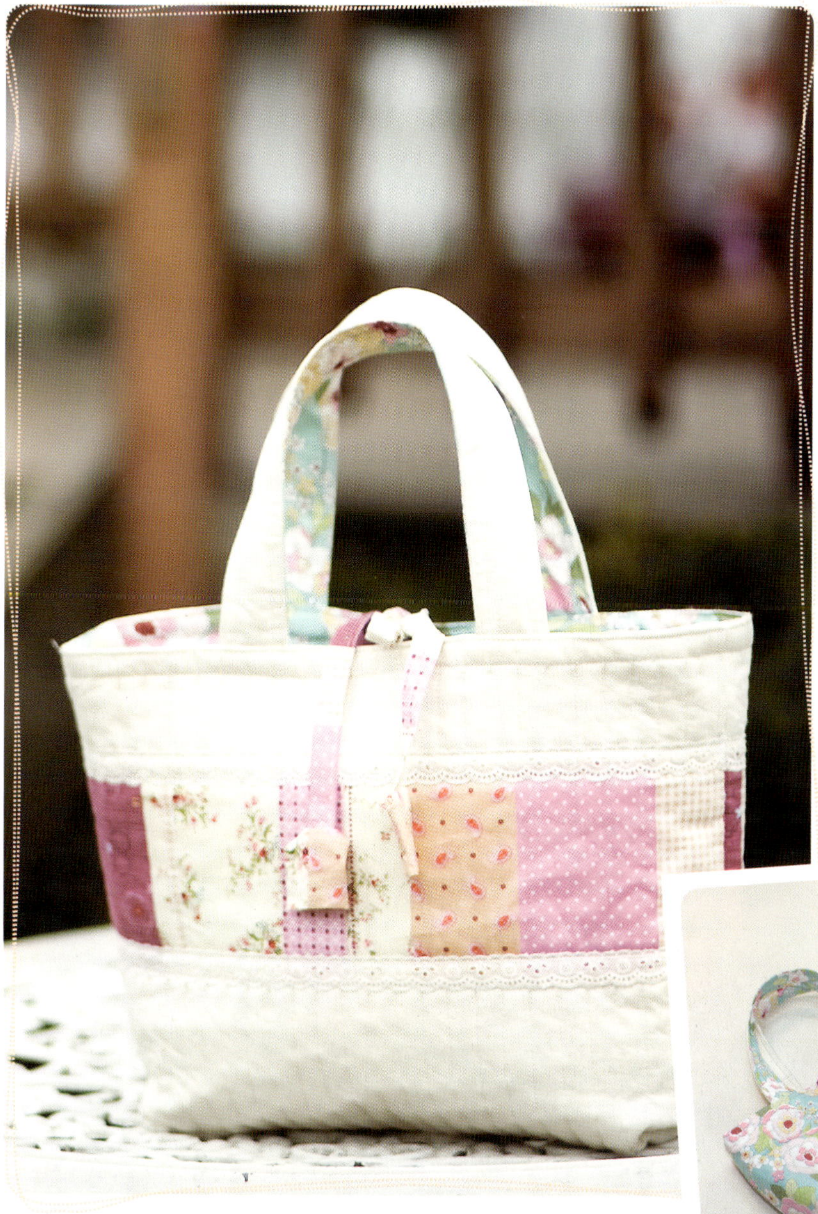

 재료

- 광목 누비원단 (몸판, 끈)
- 옥스퍼드원단 (몸판, 주머니, 끈)
- 트윌원단 (패치, 중간 끈, 방울)
- 레이스

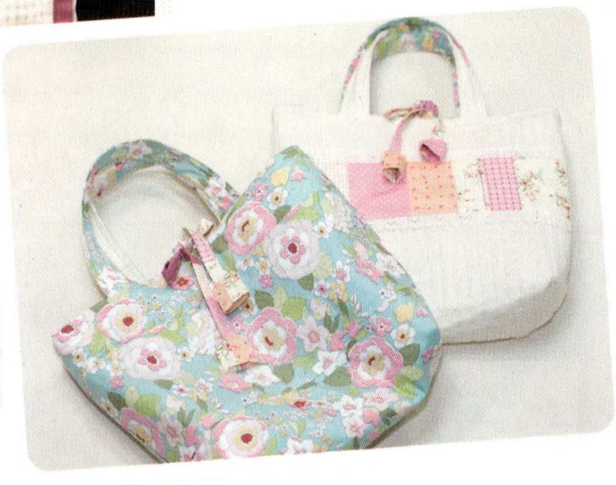

광목 누비원단
(몸판) 40cm×65cm 1장
(끈) 폭 6cm, 길이 40cm 2장

옥스퍼드원단
(몸판) 40cm×65cm 1장
(주머니) 40cm×18cm 1장
(끈) 폭 6cm, 길이 40cm 2장

트윌원단
(패치) 40cm×10cm 2장
(중간 끈) 폭 5cm, 길이 35cm 2장
(방울) 9cm×9cm 2장

레이스 약 160cm

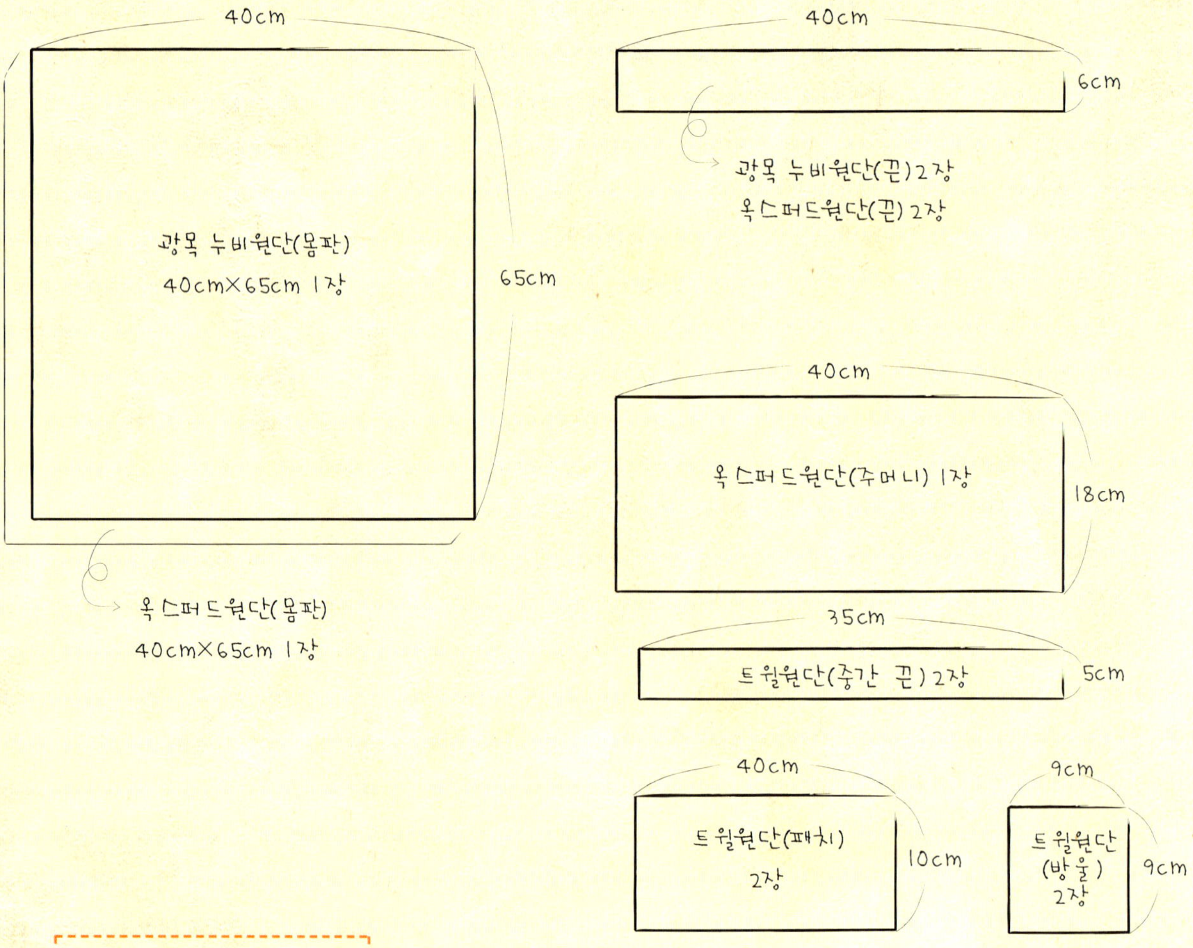

40cm

광목 누비원단(몸판)
40cm×65cm 1장

65cm

옥스퍼드원단(몸판)
40cm×65cm 1장

40cm

6cm

광목 누비원단(끈) 2장
옥스퍼드원단(끈) 2장

40cm

옥스퍼드원단(주머니) 1장

18cm

35cm

트윌원단(중간 끈) 2장

5cm

40cm

트윌원단(패치)
2장

10cm

9cm

트윌원단
(방울)
2장

9cm

- ❤ 시접이 포함된 재단치수입니다.
- ❤ 완성치수 : 38cm×26cm

겉감만들기

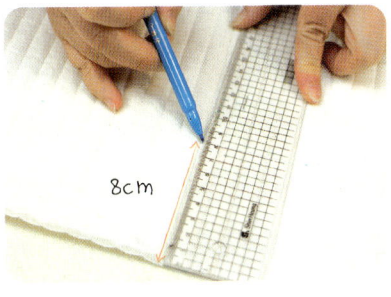

8cm

1 몸판 광목 누비원단 짧은 면의 위에서 8cm를 표시합니다.

2 패치 트윌원단을 표시한 곳에 맞춰 놓고,

3 위아래를 끝박음질합니다.

4 반대편 역시 동일한 방법으로 만들어주면, 사진과 같이 됩니다.

5 레이스를 박음선에 맞추어 양 옆을 박음질합니다.

반대편 레이스를 박음질할 때, 레이스 선을 맞추기 위한 것이랍니다

6 몸판 원단을 가로로 반을 접어서 레이스 위치를 표시합니다.

7 표시한 선에 맞춰 레이스를 놓고 박음질합니다.

8 양쪽에 레이스를 박음질한 모습입니다.

바닥 처리하기

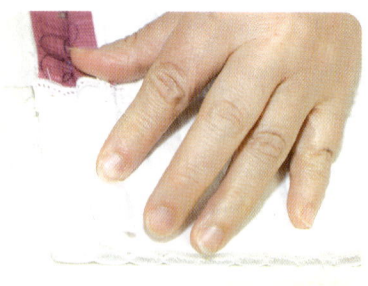

1 몸판을 겉과 겉이 마주보게 반으로 접고, 레이스 선을 맞춥니다.

2 시접 1.5cm로 양 옆선을 박음질합니다.

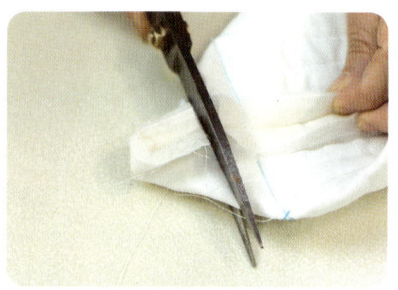

3 몸판 하단의 양쪽 모서리에서 위 5cm, 옆 5cm 지점을 표시합니다.

4 모서리를 삼각형으로 만들어 표시한 선을 따라 박음질하고,

5 시접 1.5cm를 남겨두고 잘라냅니다. 반대쪽 모서리 역시 동일한 방법으로 만들어줍니다.

안감만들기

1 주머니 옥스퍼드원단의 긴 면 양쪽을 오버로크 처리하고,

2 긴 면의 오른쪽은 2.5cm, 왼쪽은 1cm를 안쪽으로 접어서 박음질합니다.

3 겉에서도(양쪽) 박음질 선에서 노루발 간격으로 눌러박습니다.

4 몸판 옥스퍼드원단 짧은 면의 위에서 8cm를 표시하고,

5 주머니 양옆을 1cm로 접어 박은 쪽을

6 표시한 곳에 맞춰 끝박음질합니다.

7 주머니의 중간 부분에 박음질 선을 표시하고,

8 그 표시한 선에 맞춰 박음질합니다.

주머니 입구 부분을 튼튼하게 하기 위함이예요

9 주머니의 입구부분은 노루발 간격으로 한 번 더 박음질합니다.

10 몸판을 겉과 겉이 마주보게 반으로 접고, 양쪽을 시접 1.5cm로 박음질합니다.

11 안감의 모서리 부분은 겉감의 바닥을 처리한 것과 동일한 방법으로 만들어줍니다.

손잡이, 끈 만들기

1 끈 누비원단과 옥스퍼드원단을 겉과 겉이 마주보게 놓고,

2 양쪽을 시접 1cm로 박음질한 후 뒤집어주세요.

끈은 2개를
만들어 주세요

3 가장자리 양쪽을 끝박음질합니다.

4 만든 2개의 끈을 겹쳐서 크기가 동일하도록 잘라줍니다.

중간 끈은 2개를
만들어 주세요

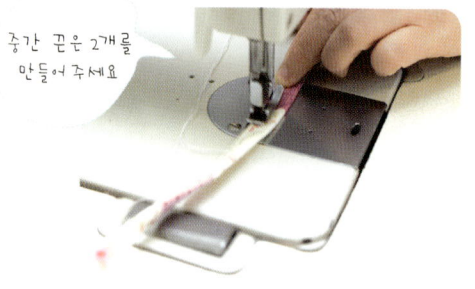

5 중간 끈 트윌원단을 바이어스 접기 해서 끝박음질합니다.

6 방울용 트윌원단을 겉과 겉이 마주 보게 반을 접어 시접 1cm로 박음 질합니다.

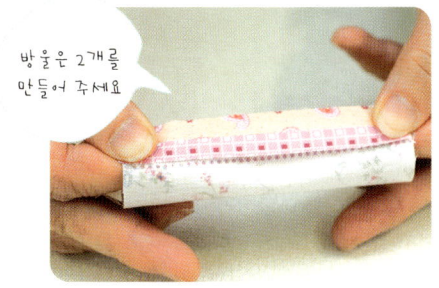

방울은 2개를
만들어 주세요

7 시접을 가름솔해서 반을 접은 후

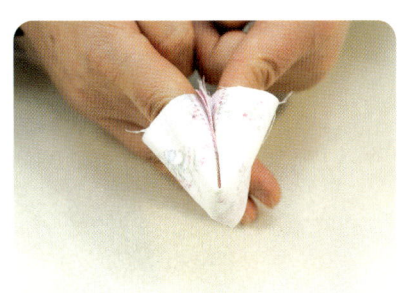

8 완전히 뒤집지 않고, 반만 뒤집어줍니다.

9 만들어 놓은 끈을 방울 사이에 넣습니다.

10 끈의 방울을 연결하기 위해 끝박음질합니다.

11 방울을 뒤집어주면 사진과 같은 모양이 됩니다. 끈의 반대쪽에도 동일한 방법으로 방울을 연결해주세요.

how to make **5**

몸판의 겉감과 안감 합폭하기

5.5cm

5.5cm

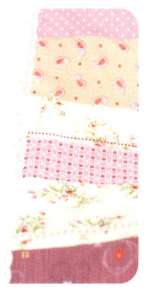

1 만들어놓은 겉감을 가로로 반을 접어 가운데를 표시합니다.

2 사진처럼 표시한 선의 양 옆으로 5.5cm씩을 표시합니다.

3 겉감과 끈을 겉과 겉이 마주보게 놓고, 끈을 아래쪽으로 놓은 후 양 옆 5.5cm 표시한 부분에 박음질합니다.

반대편 역시
동일한 방법으로
끈을 연결해주세요

4 중간 끈은 중간에 표시한 곳에 놓고 박음질합니다.

 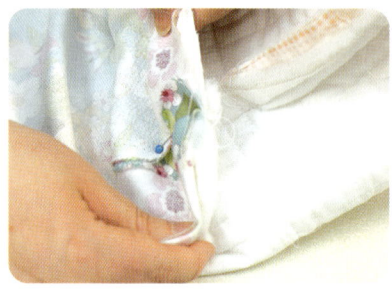 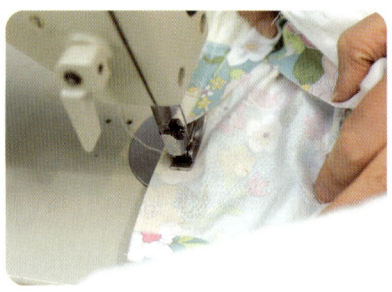

5 겉감을 뒤집은 후, 겉감과 안감을 겉 과 겉이 마주보게 겹치고,

6 옆선의 시접을 맞춰 핀으로 고정시 켜놓습니다.

7 끈의 2cm 앞에서부터 박음질을 시 작해 마지막 끈의 2cm전까지 박음 질합니다.

 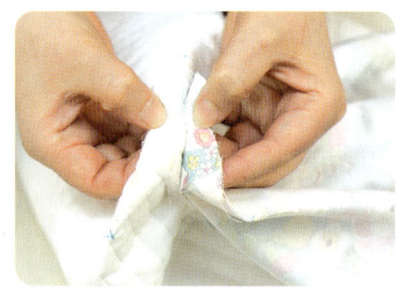 

반대편
모서리 역시
동일한 방법으로
만들어줍니다.

8 박음질하지 않은 창구멍으로 안감 을 꺼낸 후,

9 겉감과 안감의 옆선을 마주대고,

10 모서리 박음선을 따라 박음질해 겉감과 안감을 고정시켜줍니다.

11 창구멍을 통해 뒤집은 후 공그르 기나 박음질하여 창구멍을 막고, 윗부분을 겉에서 눌러박아줍니다.

12 기분에 따라 양면으로 사용할 수 있는 가방입니다.

86

천을 가지고 만드는 일은
무한한 예술이며, 시간을 투자하여
만들어진 기술은
자신만의 큰 힘이라 생각해요.

세상에는 자신에게 행복을 주기 위해 열심히 살아갈 수도 있겠지만
재봉틀을 배우다보면 다른 이들에게 선물해 기쁨을 줄 수도 있으니
이 얼마나 큰 행복일까요.

Part 2

따사로움이 깃든 거실 꾸미기

living rooms
which are happy

가족들이 한 곳에 모여 대화하고 웃을 수 있는 공간,
가장 많은 시간을 함께 공유하는 공간이 바로 거실이지요.
거실은 그 집 전체의 분위기를 결정지을 만큼 비중이 높은 공간이라고 할 수 있어요.
남들과는 다른 우리 집만의 특별한 분위기를 만들어보세요.

재봉틀을 하다보면 실밥들이 여기저기
옷에 주렁주렁 달리고 천에서 나는 냄새에 묻히기도 하지요.
이럴 때 긴 앞치마를 만들어서 사용하는 센스!

Object 12 | # 커튼 세트

커튼 하나만으로도 집안의 분위기가 단번에 변화된다는 사실, 알고 계신가요?
계절이 바뀌면 가장 먼저 신경 쓰게 되는 것이 바로 커튼이지요.
단조로운 면 원단에서 벗어나 하늘거리는 시폰 소재나 자수원단을 이용해
아름다움이 가득한 분위기의 공간으로 바꾸어보세요.

 **재료**

- 노방자수원단 (속지 커튼, 밸런스 커튼)
- 노방무지원단 (포인트 커튼, 밸런스 커튼)
- 커튼 심지
- 비즈

노방자수원단
(속지 커튼)
455cm×239cm 2장
(밸런스 커튼)
92cm×110cm 7장

노방무지원단
(포인트 커튼)
180cm×239cm 2장
(밸런스 커튼)
92cm×110cm 8장

커튼 심지
(속지 커튼)
1,360cm×239cm 1장
(포인트 커튼)
180cm×239cm 2장
(밸런스 커튼)
460cm×128cm 1장

비즈 약 1,660cm

★ 속지 커튼

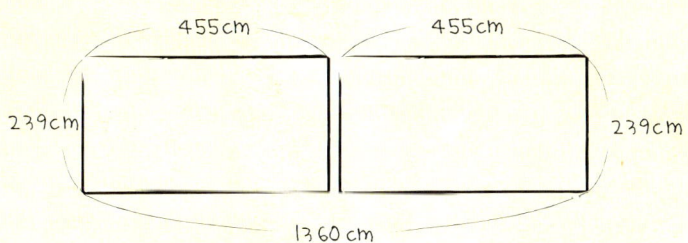

노방자수원단 455cm×239cm 2장

★ 밸런스커튼

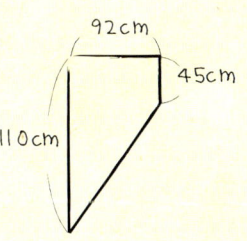

노방무지원단 8장 · 노방자수원단 7장

★ 포인트 커튼

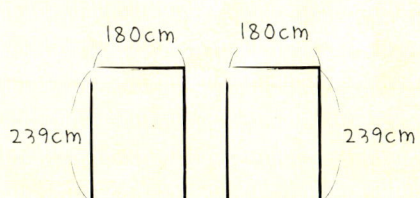

♥ 시접이 포함된 재단치수입니다.
♥ 재료의 크기는 보통 거실의 창 크기인
450cm×232cm 기준으로 재단되었습니다.

속지 커튼 만들기

 커튼은 모두 2장씩
만들어 주세요.

1 커튼 심지를 노방자수원단의 455cm
쪽 위에 올려놓습니다.

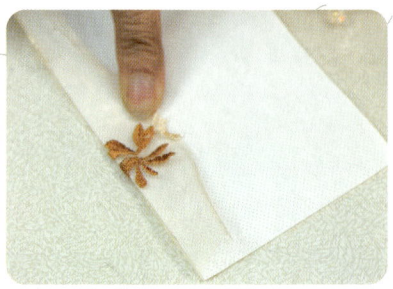

2 노방자수원단 2cm정도를 심지 쪽
으로 접은 후,

3 노방자수원단으로 커튼 심지를 한번
말아줍니다.

4 말아준 커튼 심지를 끝박음질 합니
다.

5 커튼 심지의 양옆 부분을 5cm 정
도로 두 번 접어서

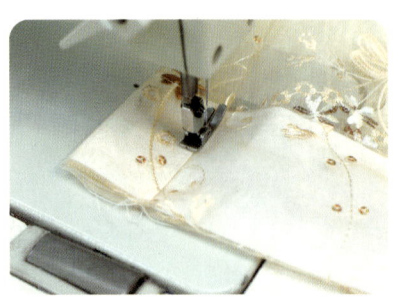

6 끝박음질합니다.

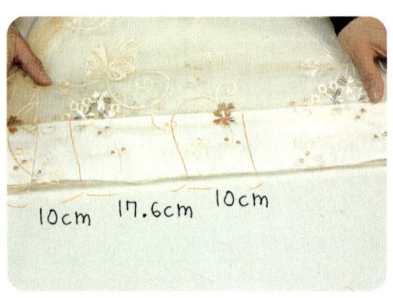

7 커튼 심지를 박은 쪽에 10cm(원 사
이즈)→17.6cm(주름 부분)→10cm
→17.6cm … 간격으로 모두 표시합
니다.

8 17.6cm를 반으로 접어 10cm 선에
마주대어 놓고,

9 표시한 부분을 따라 커튼 심지 부분
까지만 박음질합니다.

10 커튼 심지 박음질한 부분을 3등
분으로 나눠 표시합니다.

11 3등분으로 표시한 곳을 커튼 심
지의 절반만 박음질합니다.

12 3등분으로 표시한 곳의 두 번째 부분을 벌려서 반으로 접고,

13 중간을 살짝 박아 고정시킵니다.

나머지 부분들 역시 10cm 표시한 부분과 17.6cm 표시한 부분을 겹쳐 동일한 방법으로 반복해서 만들어 주면 속지 커튼이 완성됩니다.

14 만들어놓은 3개의 주름을 모아 커튼 심 밑부분을 노루발 간격으로 박음질합니다.

how to make **2**

포인트 커튼 만들기

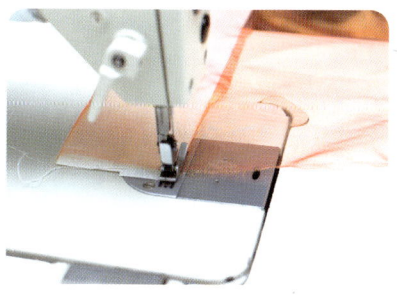

1 커튼 심지와 노방무지원단을 연결하는 것은 전 단계의 방법과 동일합니다.

2 옆 부분을 5cm씩 두 번 접어서 끝 박음질하는 것 역시 전 단계의 방법과 동일합니다.

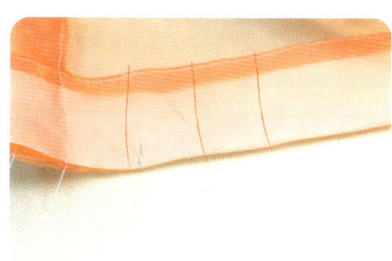

3 커튼 심지를 박은 쪽에 10cm→14cm →10cm→14cm … 간격으로 모두 표시합니다.

4 14cm를 반으로 접어 10cm에 마주 대어 놓고,

5 표시한 부분을 따라 커튼 심지 부분까지 박음질합니다.

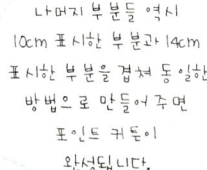

나머지 부분들 역시 10cm 표시한 부분과 14cm 표시한 부분을 겹쳐 동일한 방법으로 만들어 주면 포인트 커튼이 완성됩니다.

6 박음질한 커튼 심지 부분을 사진처럼 반으로 접어줍니다.

7 반으로 접은 부분을 한 번 더 반으로 접어줍니다.

8 심지 끝에서 노루발 간격으로 박음질 선까지 박아줍니다.

how to make 3

발런스 커튼

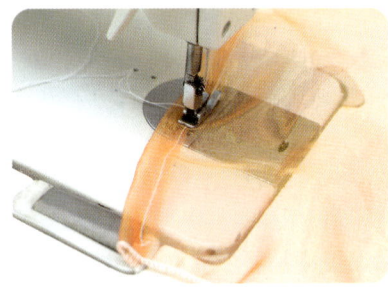

1 재단해 놓은 노방자수원단과 노방무지원단을 110cm 부분과 사선 부분을 오버로크 처리한 후, 원단의 92cm 부분을 2cm 접어서 박음질합니다.

2 원단의 45cm 부분을 두 번 접어 박음질합니다.

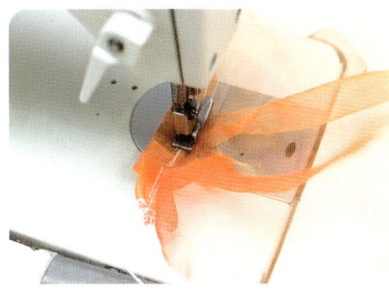

3 원단의 92cm 부분을 2cm 정도씩 접어 사진처럼 외주름을 만들어 박음질합니다.

4 비즈를 원단의 110cm 쪽에 놓고 박음질합니다.

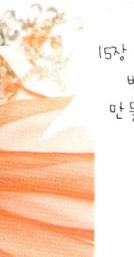

15장 모두 동일한 방법으로 만들어주세요.

5 원단의 사선부분을 5cm씩 겹쳐서 접고,

6 한꺼번에 박음질합니다.

15장 컬러별로 겹겹이 배열하면서 박음질합니다.

7 커튼 심지의 양쪽을 1cm 정도 접어서 박음질합니다.

8 만들어 놓은 원단들을 커튼 심지 위에 놓고 시접 1cm로 박음질합니다.

9 한꺼번에 박음질한 원단의 사선 부분을 다음 원단이 끝나는 1cm 전에 사선으로 놓고 박음질합니다.

10 커튼 심지에 있는 박음선을 감춰주기 위해 비즈를 올려 박음질하면 밸런스 커튼이 완성됩니다.

패치 발매트

욕실 앞이나 주방의 싱크대 밑에 놓여 있는 발매트는 물기로 인한 미끄럼을 방지할 수 있어
생활에 유용한 소품 중의 하나예요. 약간 더 크게 만들어 현관 앞이나 베란다 앞에 둔다면
활용성에서 그만이랍니다. 만들기도 비교적 간단하여 집들이 선물로도 인기 만점!

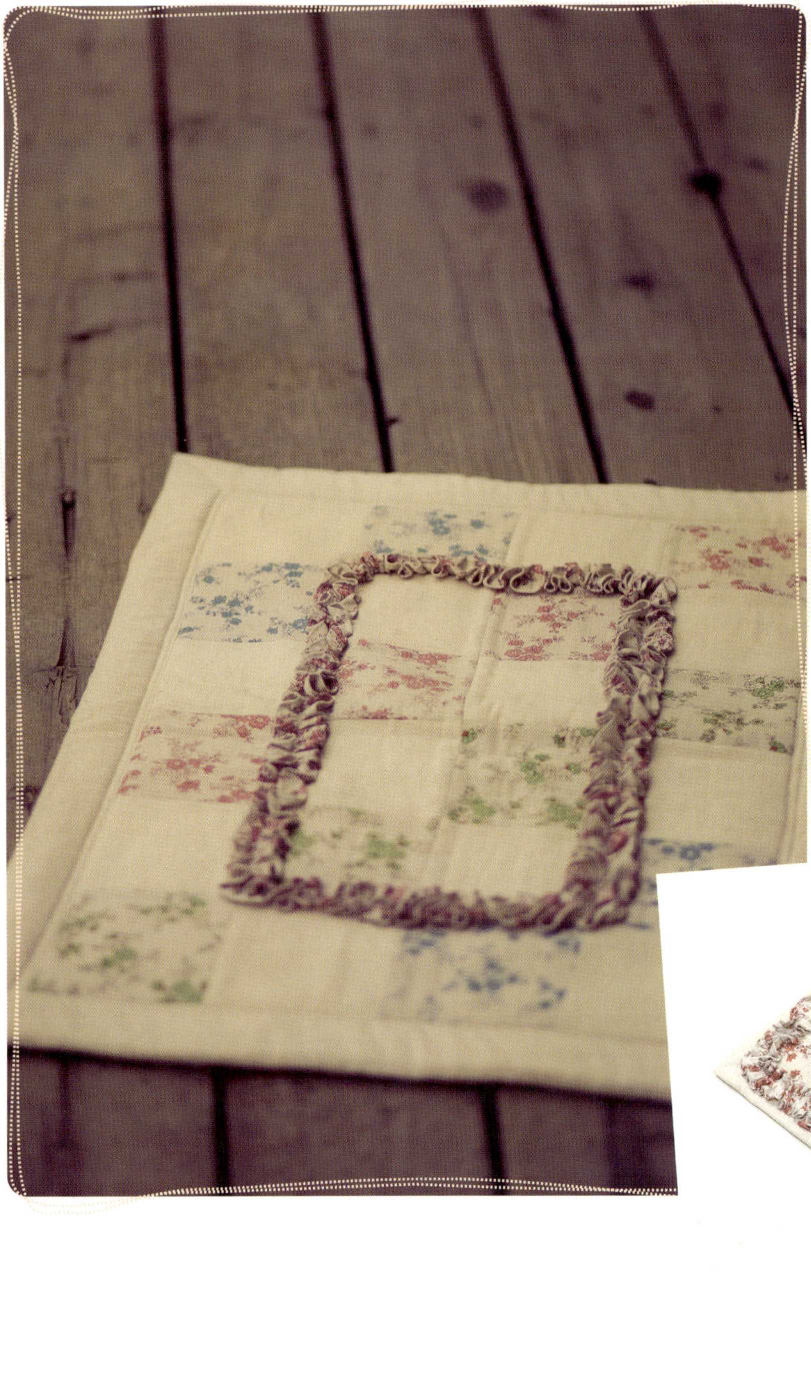

재료

- 리넨 무늬원단 (패치)
- 리넨 무지원단 (뒤판)
- 7온스 접착 솜
- 프릴

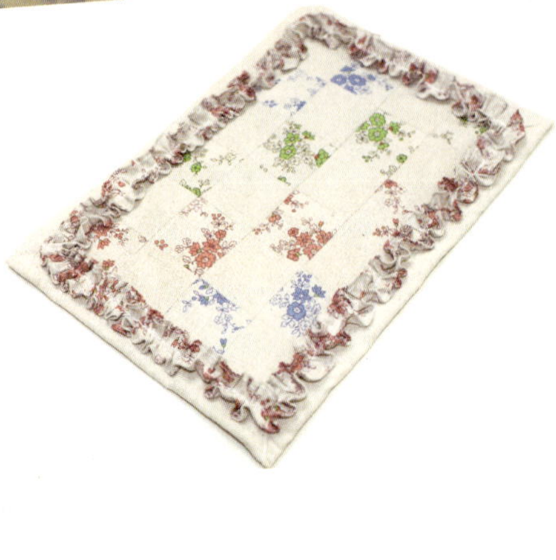

리넨 무늬원단
(패치) 12cm×12cm 12장

리넨 무지원단
(뒤판) 82cm×62cm 1장

7온스 접착 솜
50cm×70cm 1장

프릴 약 250cm

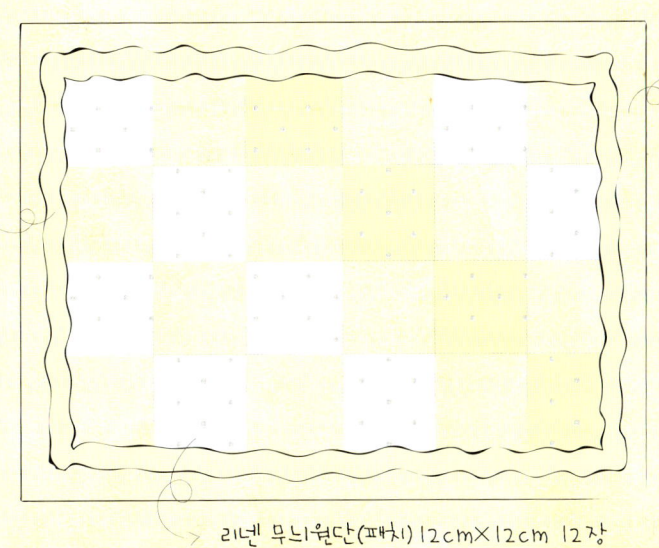

프릴 약 250cm

리넨 무지원단(뒤판)
82cm×62cm 1장

7온스 접착 솜
50cm×70cm 1장

리넨 무늬원단(패치) 12cm×12cm 12장

❤ 시접이 포함된 재단치수입니다.
❤ 완성치수 : 60cm×40cm

패치원단 연결하기

1 패치 리넨원단 두 장을 겉과 겉이 마주보게 놓고,

2 시접 1cm로 박음질합니다.

3 동일한 방법으로 패치 원단 6장을 연결시켜주세요.

4 패치 원단을 6장 연결하면 사진과 같은 모양이 됩니다.

5 6장을 연결한 패치를 동일한 방법으로 4장을 만듭니다.

6 6장 연결한 패치 2장을 겉과 겉이 마주보게 놓고,

7 세로를 시접 1cm로 박음질합니다.

8 동일한 방법으로 4장 모두 연결시켜주세요.

9 시접을 모두 가름솔해서 앞뒷면을 다림질합니다.

how to make 2

앞판과 뒤판 합폭하기

1 뒤판 위에 7온스 접착 솜을 올려놓고 앞판을 올린 후, 뒤판 리넨 무지 원단을 패치원단 쪽으로 1cm 접고 5cm를 접은 후,

2 전체를 끝박음질합니다.

3 모서리는 대각선으로 접어서 윗부분을 1cm 접고, 5cm 접어서 모양대로 끝박음질합니다.

how to make 3

가장자리에 프릴 달기

말아박기 노루발 교체하기

주름 노루발 교체하기

1 프릴 양쪽을 말아박습니다.

2 원단 중심에서 박음질해 프릴을 만들어줍니다.

평 노루발 교체하기

모서리를 박을 때 주름을 좀 더 많이 줘서 박아주세요!

3 만든 프릴을 몸판의 가장자리 박음선에 맞춰 놓고 전체를 돌려박아줍니다.

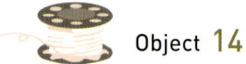

Object 14 | 에어컨 커버(스탠드형)

갈수록 더워지는 여름.

어느새 에어컨은 필수품이 되어가고 있어요. 하지만 에어컨은 여름을 제외한 나머지 계절에는 잘 사용하지 않기 때문에 먼지가 많이 탈 수 밖에 없답니다. 이럴 때 에어컨에 커버를 만들어 씌워주세요. 에어컨의 청결뿐만 아니라 거실의 인테리어 효과에도 그만이랍니다!

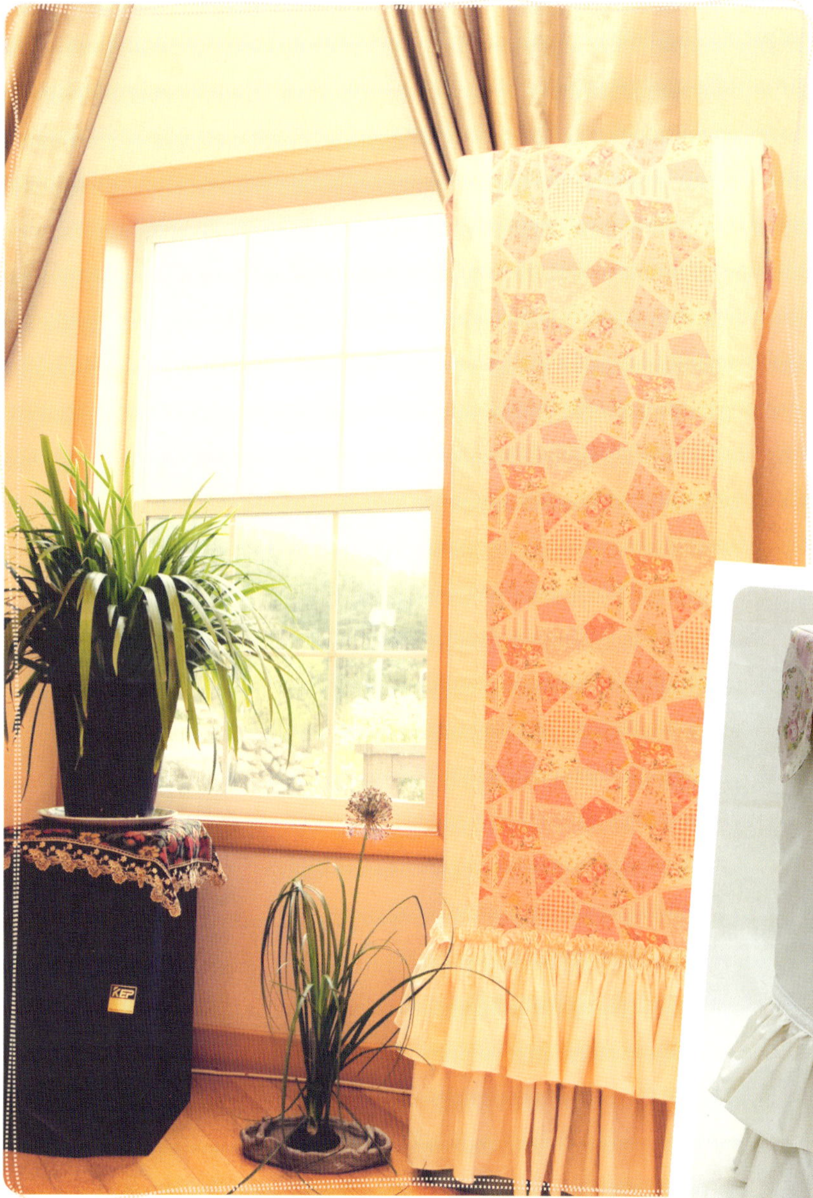

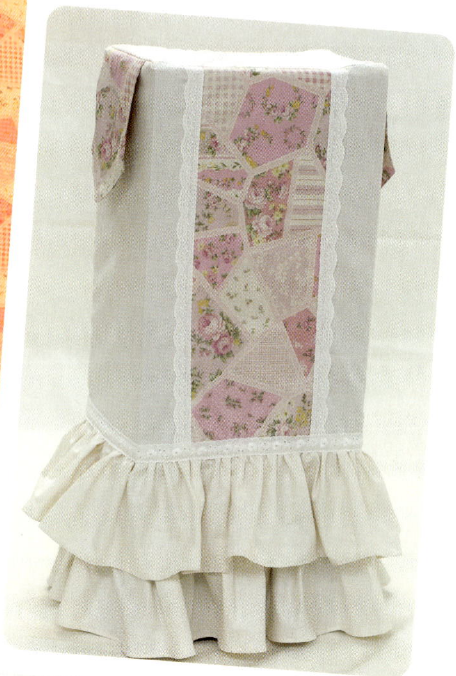

재료

- 광목원단(몸판, 뒤판, 위판, 상단프릴, 하단프릴)
- 크레이지 나염원단(앞면, 옆면)
- 광목 레이스
- 띠 레이스
- 지퍼

광목원단
(몸판) 115cm×143cm 1장
(위판) 55cm×33cm 1장
(뒤판) 32cm×182cm 2장
(상단프릴) 280cm×25cm 1장
(하단프릴) 280cm×40cm 1장

크레이지 나염원단
(앞면 포인트) 42cm×143cm 1장
(옆면 포인트) 32cm×35cm 4장

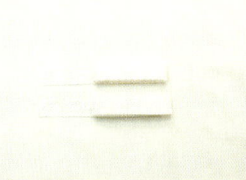

광목 레이스 250cm
띠 레이스 125cm

지퍼 180cm

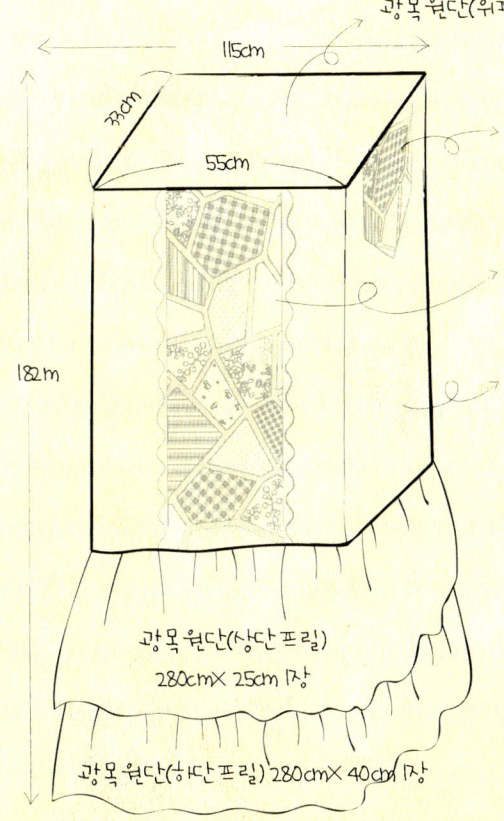

광목원단(위판) 55cm×33cm 1장

115cm

32cm

55cm

182m

크레이지 나염원단(옆면)
32m×35cm 4장

크레이지 나염원단(앞면)
42m×143cm 1장

광목원단(몸판) 115cm×143cm 1장
광목원단(뒤판) 32cm×182cm 2장

광목원단(상단 프릴)
280cm×25cm 1장

광목원단(하단 프릴) 280cm×40cm 1장

♥ 시접이 포함된 재단치수입니다.
♥ 재료의 사이즈는 에어컨의 크기에 따라 달라집니다.
♥ 예제에 사용된 에어컨 커버의 치수는 30cm×180cm
   스탠드형 에어컨 기준입니다.

프릴 만들기

1 상단 프릴 광목원단의 280cm 한쪽을 오버로크 처리합니다.

말아박기 노루발 교체하기

2 오버로크 처리하지 않은 280cm 쪽을 뒤쪽에서 말아박습니다.

처음 귀퉁이를 세모로 잘라주면 말아박기 노루발이 부드럽게 잘 들어가요!

주름 노루발 교체

주름을 박을 때는 땀수를 큰 수로 최대로 넓히고 윗실 압력조절기 역시 큰 수로 최대한 풀어주세요!

3 오버로크 처리한 280cm 부분을 박음질해 프릴을 만들어줍니다.

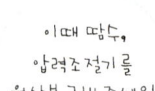

이때 땀수, 압력조절기를 원상복 구해 주세요!

펑 노루발 교체

4 좌우 옆선 1cm씩을 두 번 접어 박습니다.

하단 프릴광목원단 역시 위와 동일한 방법으로 하단 프릴을 만들어주세요!

옆면 포인트 만들기

1 옆면 포인트 크레이지 나염원단을 겉과 겉이 마주보게 놓고,

2 상단을 제외한 나머지 3면을 시접 1cm로 박음질합니다.

3 모서리 부분은 사진과 같이 잘라냅니다.

4 뒤집어서 다림질하고,

5 상단을 제외한 3면을 겉에서 눌러 박습니다.

동일한 방법으로 총 2개의 옆면 포인트를 만듭니다.

앞면 포인트 만들기

1 앞면 포인트 원단의 전체를 오버로크 처리합니다.

2 몸판 광목원단 중앙에 앞면 포인트 원단을 올려놓고,

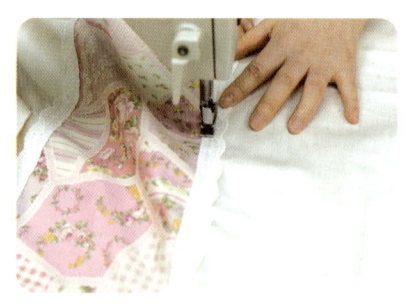

3 상단을 제외한 나머지 3면을 시접 0.5cm로 박음질합니다.

4 박음질 선에 맞춰 레이스를 박음질 해 포인트를 줍니다.

몸판에 프릴 연결하기

1 만들어 놓은 하단 프릴을 몸판의 하단에 겉과 겉이 마주보게 놓고,

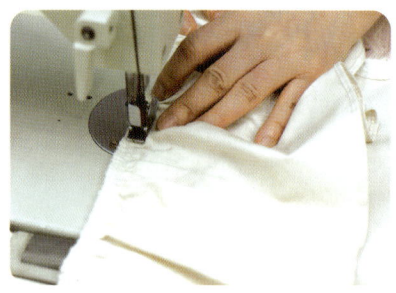

2 시접 1cm로 박음질합니다.

3 시접을 안쪽으로 젖히고,

4 겉에서 눌러박습니다.

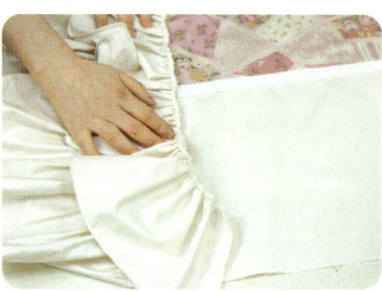

5 상단 프릴은 포인트 원단 끝에 맞추어서 박음질하고,

6 박음질 선에 띠 레이스를 박음질해 포인트를 줍니다.

뒤판 만들기

1 뒤판과 위판 광목원단의 가장자리 전체를 오버로크 처리합니다.

2 뒤판 2장 모두 하단을 1cm를 접어 박습니다.

지퍼 노루발 교체하기

3 뒤판의 접어 박은 부분과 지퍼를 겉과 겉이 마주보게 놓고 박음질합니다.

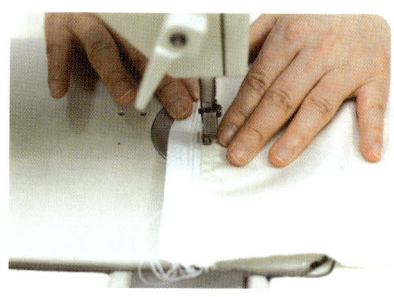

4 뒤집은 후, 지퍼의 겉에서 눌러 박습니다.

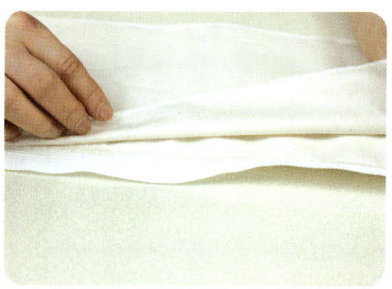

5 지퍼의 반대쪽 역시 뒤판의 접어 박은 부분과 겉과 겉이 마주보게 놓고,

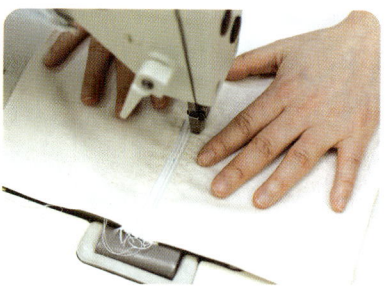

6 박음질한 후 겉에서 눌러 박은 후, 지퍼 고리를 끼웁니다.

앞판과 뒤판 합폭하기

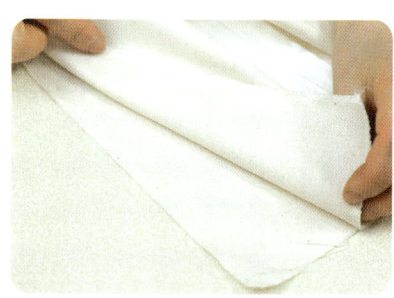

1 만들어놓은 앞판과 뒤판을 겉과 겉이 마주보게 놓고,

평 노루발 교체

2 양 옆을 시접 1cm로 박음질합니다.

3 만들어 둔 옆면 포인트를 위판 광목 원단 위에 올린 후,

4 포인트 원단의 상단을 박음질합니다.

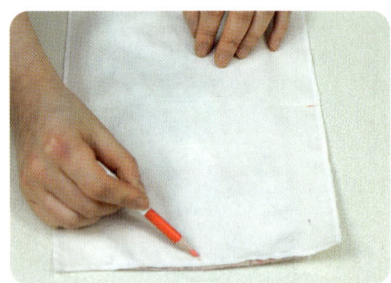

5 4면의 중앙을 표시한 후,

6 뒤판의 지퍼 중앙에 위판의 표시한 부분을 맞춰

7 시접 1cm로 박음질합니다.

8 집에 있는 에어컨을 재어서 만들어 보세요.

 **Object 15** | # 대방석 세트

원룸이나 신혼집 등은 거실이 작거나 공간이 좁아 소파를 놓기 부담스러운 경우가 많습니다.
이럴 때 포근한 대방석과 등받이 쿠션을 만들어보세요. 거실에 색다른 느낌을 준답니다.
대방석에 앉아 쿠션에 기대어 책을 읽거나 영화를 감상하다 보면 어느새 잠들고 있는 모습을
발견할지도 몰라요!

재료

〈대방석〉
- 광목원단 (앞판)
- 50수 트월원단 (뒤판)
- 화이트 T/C 원단 (안감)
- 지퍼
- 파이핑 줄
- 광목 바이어스

〈등받이 쿠션〉
- 광목원단 (앞판)
- 50수 트월원단 (앞판 포인트)
- 50수 트월원단 (뒤판)
- 화이트 T/C 원단 (안감)
- 지퍼
- 바이어스
- 광목 바이어스
- 파이핑 줄

⭐ 대방석

광목원단
(앞판) 150cm×110cm 1장

50수 트윌원단
(뒤판) 150cm×110cm 1장

화이트 T/C 원단
(안감) 155cm×115cm

지퍼 140cm

파이핑 줄 530cm

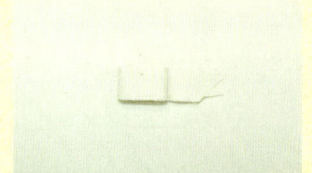

광목 바이어스 530cm

150cm

광목원단(앞판) 1장

50수 트윌원단(뒤판) 1장

화이트 T/C원단(안감) 1장

110cm

♥ 시접이 포함된 재단치수입니다.
♥ 완성치수 : 150cm×110cm

how to make **1**

앞판과 안감 합폭하기

1 앞판 광목원단과 안감 화이트 T/C 원단을 겉과 겉이 마주보게 놓고,

2 노루발 간격으로 가장자리 전체를 박음질하고 오버로크 처리합니다.

how to make **2**

가장자리 파이핑 처리하기

 파이핑 노루발 교체

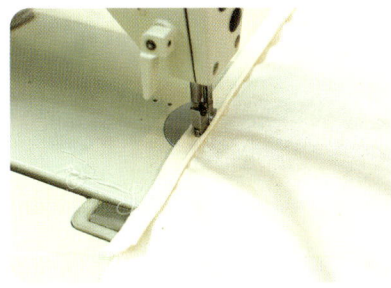

1 광목 바이어스로 파이핑 줄을 감싸 박음질합니다.

2 바이어스를 감싼 파이핑을 몸판 앞면의 가장자리에 놓고 전체를 박음질합니다.

3 모서리 부분은 사진처럼 파이핑의 시접에 가위집을 내어 박음질합니다.

how to make **3**

지퍼달기

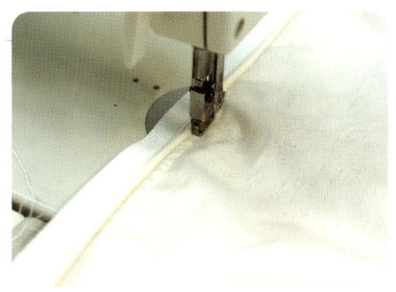

1 지퍼를 앞판의 110cm 부분에 겉과 겉이 마주보게 놓고, 파이핑을 안쪽으로 젖혀 박음질한 후,

2 겉에서 노루발 간격으로 눌러박기한 후 지퍼 고리를 끼워줍니다.

뒤판과 앞판 합폭하기

1 뒤판 트윌원단과 앞판을 겉과 겉이 마주보게 놓고,

2 시접 2cm로 약 5cm 정도 박음질 한 후, 바늘을 꽂은 상태에서 90° 회전시켜 시접 1cm로 다시 박음질 합니다.

3 지퍼 끝에서 5cm를 남겨둔 지점에 서 바늘을 꽂은 상태에서 90° 회전 시켜 시접 2cm로 박음질합니다.

4 원단을 펼쳐 트윌원단의 겉에서 처 음과 끝을 ㄷ자 모양으로 눌러 박음 질합니다.

5cm 지퍼 5cm

1cm

ㄷ자 모양으로 박음질

5 파이핑에 맞추어 전체를 박음질하면 대방석이 완성됩니다.

⭐ 등받이

광목원단
(앞판) 21cm×60cm 4장

50수 트윌원단
(앞판 포인트) 37cm×60cm 2장

50수 트윌원단
(뒤판) 75cm×60cm 2장

화이트 T/C 원단
(안감) 80cm×65cm 2장

지퍼 60cm 2개

바이어스
폭 3.5cm 길이 60cm 4장

광목 바이어스
폭 3.5cm, 길이 550cm

파이핑 줄 60cm, 550cm

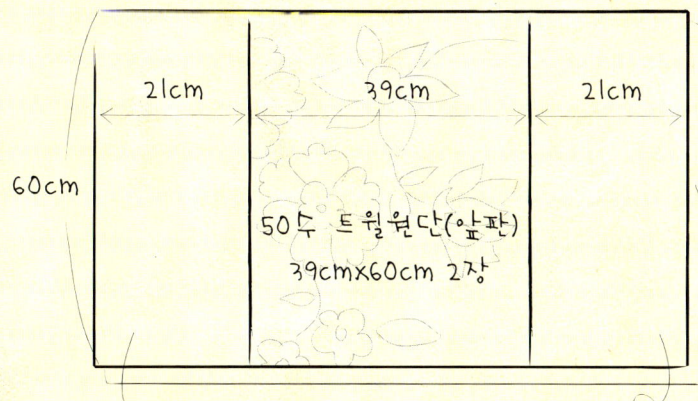

21cm   39cm   21cm

60cm

50수 트윌원단(앞판)
39cm×60cm 2장

50수 트윌원단(뒤판)
75cm×60cm 2장

화이트 T/C원단(안감)
80cm×65cm 2장

광목원단(앞판) 21cm×60cm 4장

▼ 시접이 포함된 재단치수입니다.
▼ 완성치수 : 75cm×60cm(2개)

앞판 포인트
파이핑 연결하기

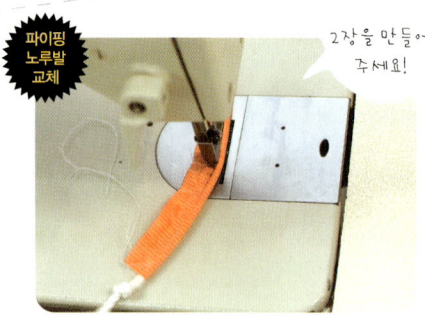

파이핑
노루발
교체

2장을 만들어
주세요!

1 바이어스로 파이핑 줄을 감싸 박음
질합니다.

2 앞판 포인트 트윌원단 짧은 쪽(재단
치수 60cm 부분)에 바이어스를 감
싼 파이핑을 올려놓고 원단의 끝을
맞춰 박음질합니다.

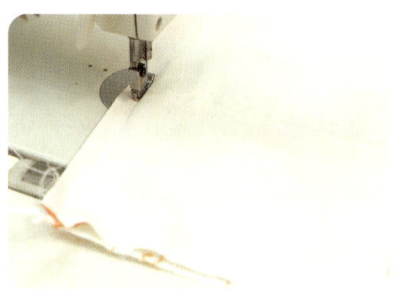

3 반대쪽에도 동일한 방법으로 파이
핑을 박음질합니다.

4 파이핑 연결한 포인트원단 위에 앞
판 광목원단을 올려놓고,

5 시접 1cm로 박음질합니다. 앞판의
파이핑을 연결하지 않은 부분에도
동일한 방법으로 박음질합니다.

앞판과
안감합폭하기

펑 노루발
교체

1 안감 화이트 T/C 원단과 앞판을 겉
과 겉이 마주보게 놓고 노루발 간격
으로 전체를 박음질합니다.

2 가장자리 전체를 오버로크 처리합
니다.

앞판 가장자리 파이핑 연결하기

파이핑 노루발 교체

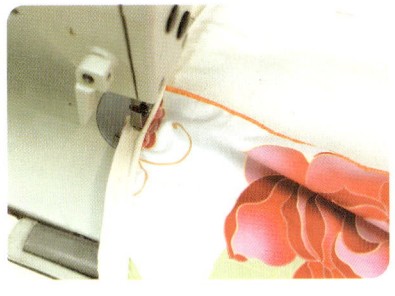

1 광목 바이어스로 파이핑 줄을 감싸 박음질합니다.

2 바이어스를 감싼 파이핑을 몸판 앞면의 가장자리에 놓고 전체를 박음질합니다.

3 모서리 부분은 사진처럼 파이핑의 시접에 가위집을 내줍니다.

지퍼달기

1 지퍼를 몸판의 60cm 부분에 겉과 겉이 마주보게 놓고 파이핑을 안쪽으로 젖혀 박음질합니다.

2 겉에서 노루발 간격으로 눌러박기 한 후 지퍼 고리를 끼워줍니다.

뒤판과 앞판 합폭하기

1 뒤판 트윌원단 가장자리 전체를 오버로크 처리합니다.

2 뒤판 트윌원단과 앞판을 겉과 겉이 마주보게 놓고,

앞판에 연결한
지퍼(파이핑 있는 부분)에
박음질 한다고 생각하세요!
이때 파이핑은
안쪽으로 접해주세요!

3 시접 2cm로 약 5cm 정도 박음질
하고, 바늘을 꽂은 상태에서 90° 회
전시켜 시접 1cm로 박음질합니다.

5cm   지퍼   5cm

1cm

ㄷ자 모양으로
박음질

4 지퍼 끝에서 5cm를 남겨둔 지점에
서 바늘을 꽂은 상태에서 90°로 회
전시켜 시접을 2cm로 박음질합니다.

5 원단을 펼쳐 겉에서 처음과 끝을
ㄷ자 모양으로 눌러 박습니다.

6 파이핑에 맞춰 전체를 박음질하면
등받이가 완성됩니다.

레이스 티슈커버

티슈 커버는 간편하고 빠르게 만들 수 있을 뿐 아니라 인테리어 효과도 높아 신혼 집들이 선물로 인기 만점이랍니다. 만들기가 그만큼 쉽고 효과는 최고라는 말이죠.

작은 소품이지만 사랑스러운 티슈커버로 집안에서 화사함과 부드러움을 가득 채우세요.

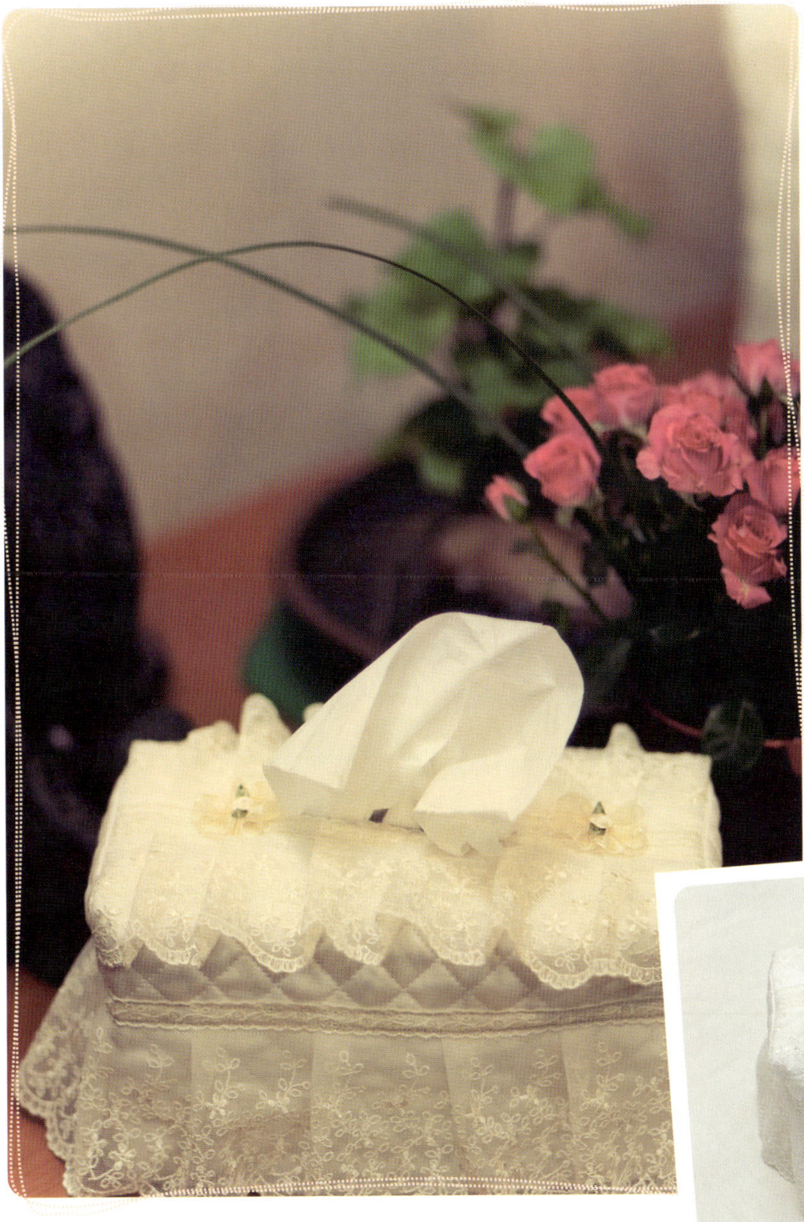

재료

- 누비원단 (몸판, 옆판)
- 레이스
- 띠 레이스

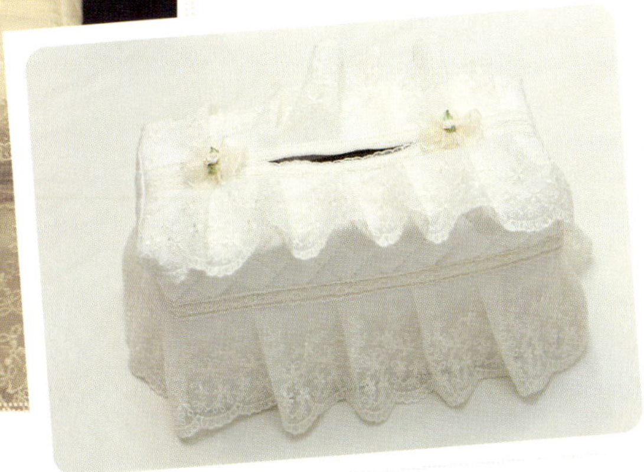

누비원단
(몸판) 26cm×19.5cm 2장
(옆판) 13cm×13cm 2장

레이스
폭 8cm, 길이 약 260cm 1장

띠 레이스
폭 1cm, 길이 약 140cm

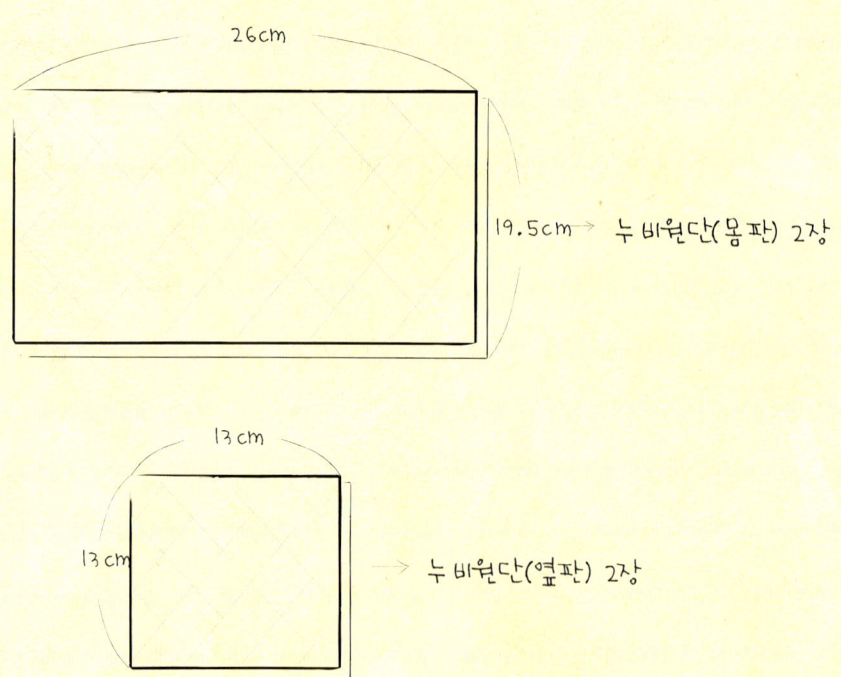

26cm

19.5cm → 누비원단(몸판) 2장

13cm

13cm

→ 누비원단(옆판) 2장

♥ 시접이 포함된 재단치수입니다.
♥ 완성치수 : 24cm×18cm

몸판 연결하기

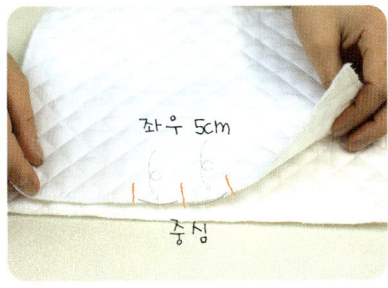

8cm 박음질하고,
10cm를 띄운 후
다시 8cm를
박음질하면 되요!

1 누비원단 2장을 겉과 겉이 마주보게 놓고, 26cm 부분을 반으로 접어 중심을 표시한 후, 그 중심을 기준으로 좌우 5cm씩을 표시합니다.

2 몸판의 표시한 부분을 제외한 나머지 부분을 시접 1cm로 박음질합니다.

시접은 가름솔
해주세요!

3 몸판을 펼친 후 겉에서 박음선의 양쪽을 노루발 간격으로 눌러박습니다.

레이스 부착하기

가장자리
양쪽을 모두
박음질해주세요!

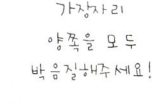

1 레이스를 몸판의 박음선 위에 놓고,

2 시접 0.5cm 중간 중간 주름을 잡아가며 박음질합니다. 반대쪽 역시 동일한 방법으로 레이스를 달아줍니다.

3 레이스 박음선 양쪽에 띠레이스를 박음질합니다.

옆판 만들기

1 옆판 누비원단의 중심을 표시해 몸판의 중심에 놓고,

2 옆판의 모서리와 몸판의 모서리를 맞대고,

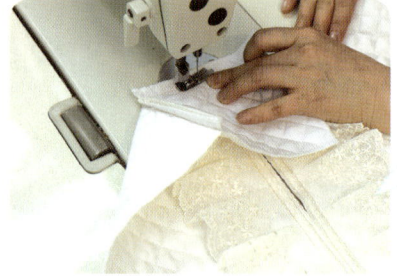

3 옆판으로 몸판의 각을 잡는 듯한 느낌으로 시접 1cm로 박음질합니다.

반대쪽도 동일한 방법으로 만들어주세요

하단 레이스 부착하기

1 몸판의 밑단에 레이스를 맞춰놓고 주름을 잡아가며 전체를 돌려 박습니다.

2 밑단 레이스 박음선에 맞춰 띠 레이스를 돌려 박습니다.

3 코르사주 등으로 포인트를 주어 마무리합니다.

 덧신

집안이나 실내에서 신는 신발인 덧신.
실내에서 발을 보호하고 겨울철에는 보온효과까지 준답니다.
맨발로 신어도 기분 좋은 느낌을 위해 리넨 소재를 사용해보았어요.
좀 더 따뜻하고 폭신폭신한 느낌을 원한다면 폴라폴리스 원단을 사용하는 것도 좋겠지요.

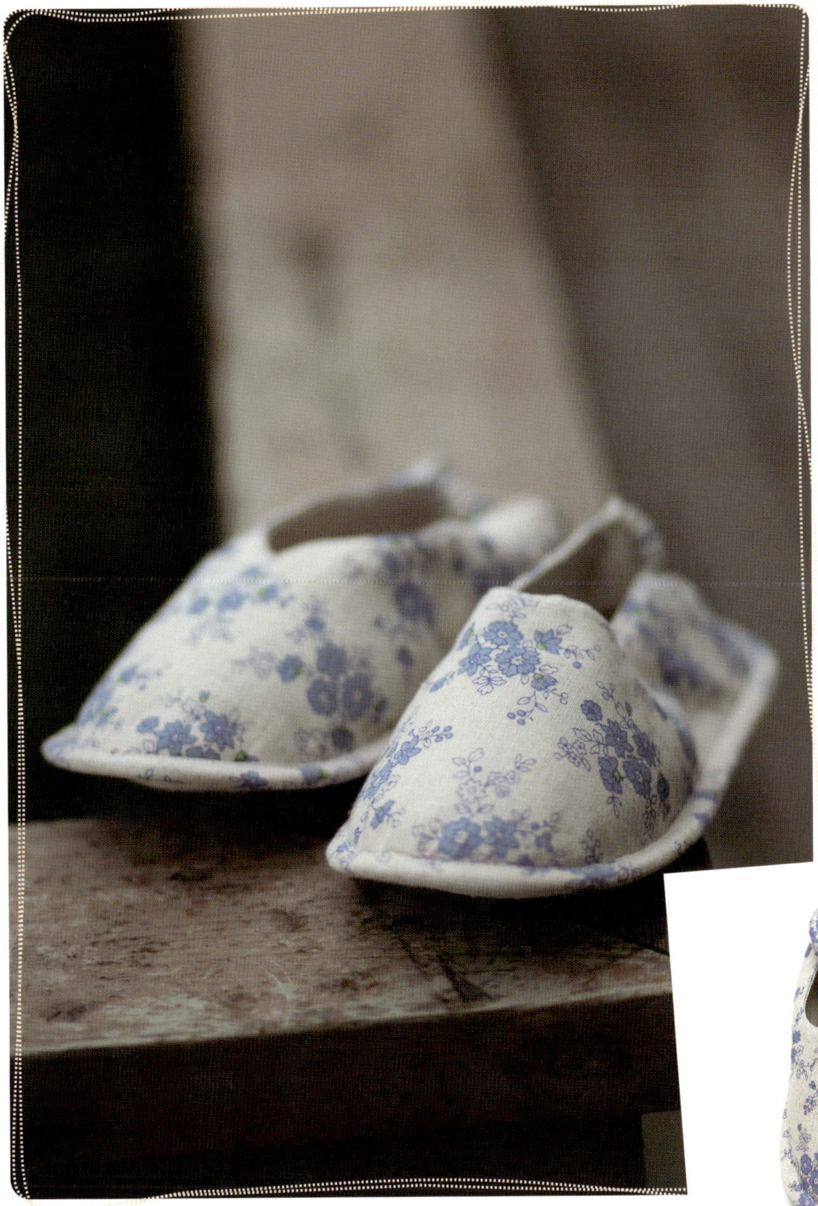

 재료

- 리넨 나염원단 (발등, 바닥)
- 리넨 무지원단 (속지)
- 2온스 접착 솜 (발등, 바닥)
- 미끄럼방지원단 (바닥)
- 바이어스
- 고무줄 통로
- 고무줄

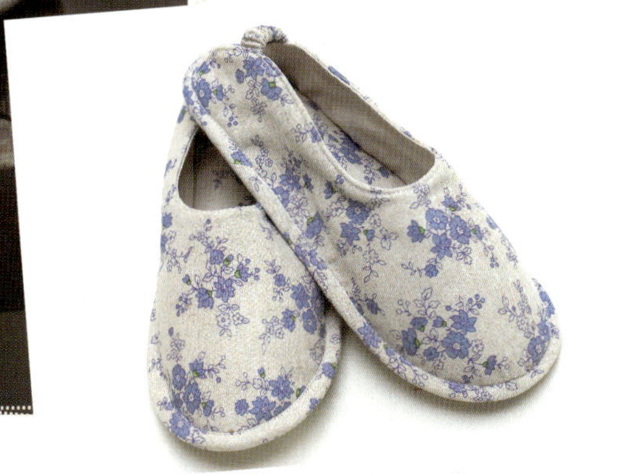

미끄럼방지원단 (바닥)
리넨 나염원단 (바닥) 2장
2온스 접착 솜 (바닥) 2장

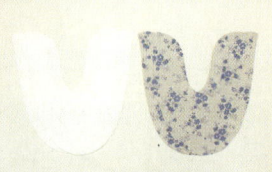

리넨 나염원단 (발등) 2장
2온스 접착 솜 (발등) 2장

리넨 무지원단(발등 속지) 2장

바이어스 약 120cm
고무줄 통로 폭3cm
길이 약 10cm 2장

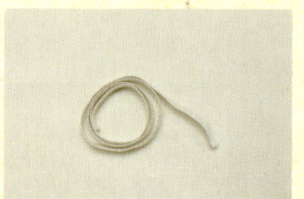

고무줄 약간

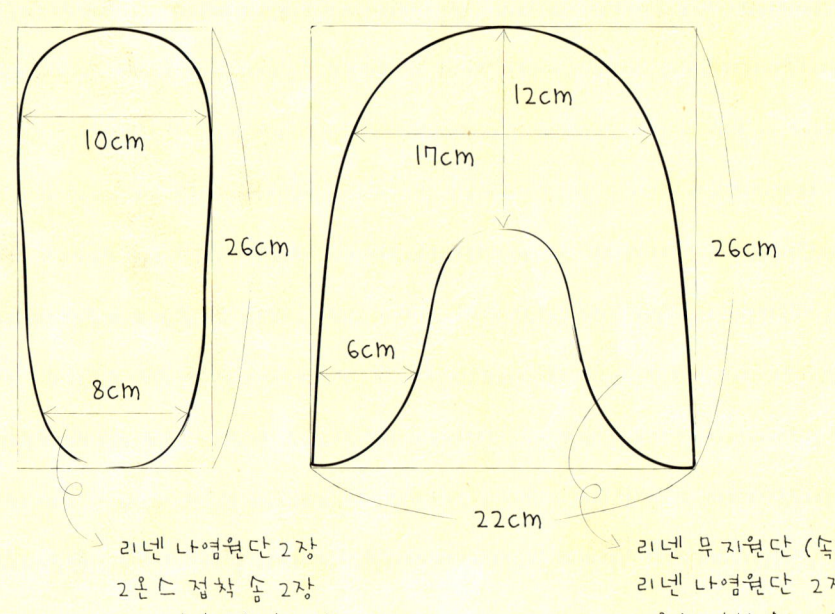

리넨 나염원단 2장
2온스 접착 솜 2장
미끄럼방지원단 2장

리넨 무지원단 (속지)2장
리넨 나염원단 2장
2온스 접착 솜 2장

♥ 시접이 포함된 재단치수입니다.
♥ 재료의 사이즈는 개개인의 발 사이즈에 맞춰 제작합니다.
　예제에 사용된 덧신의 치수는 230~240mm 기준입니다.

접착 솜 부착하기

1 발등 리넨 나염원단을 2온스 접착 솜 위에 놓고,

2 가장자리 전체를 시접 1cm로 박음 질합니다.

3 바닥 리넨 나염원단도 2온스 접착 솜 위에 놓고,

4 가장자리 전체를 시접 1cm로 박음 질합니다.

5 미끄럼방지원단 위에 만들어놓은 발등 부분을 올려놓고,

6 가장자리 전체를 시접 1cm로 박음 질합니다.

뒤꿈치 고무줄 만들기

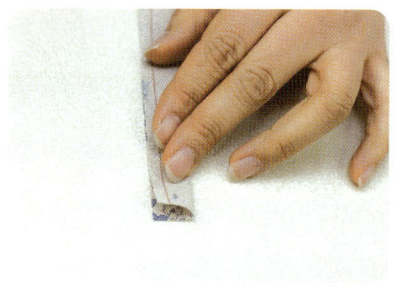

1 고무줄 통로를 가로로 접어

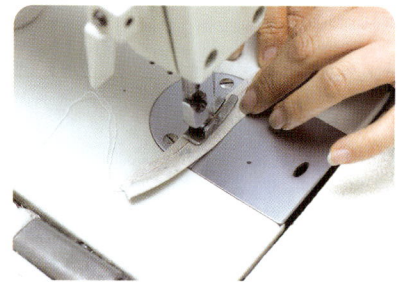

2 시접 0.5cm로 박음질한 후, 뒤집어 줍니다.

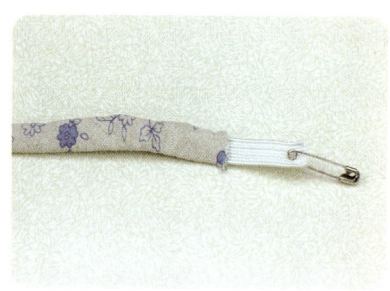

3 옷핀을 이용해서 고무줄을 고무줄 통로 안에 넣습니다.

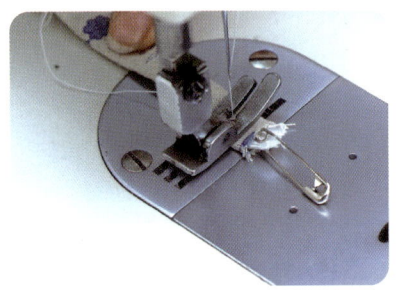

4 한쪽 구멍을 박음질해서 막아준 후, 지저분한 부분은 잘라냅니다.

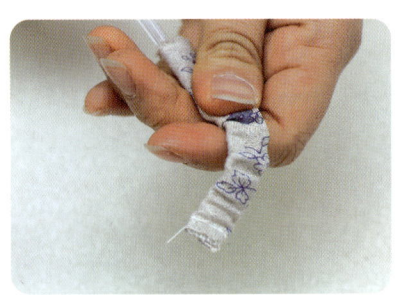

5 반대쪽 고무줄을 당겨서 주름을 잡은 후,

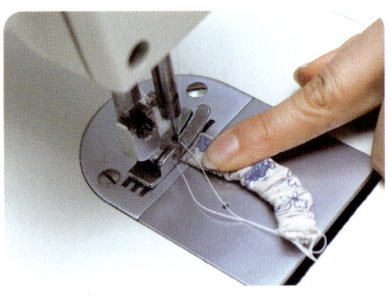

6 나머지 한쪽도 박음질해서 막아줍니다.

how to make 3

발등 만들기

1 접착 솜을 댄 발등 부분에 고무줄이 들어갈 곳을 표시한 후,

2 발등 속지를 겉과 겉이 마주보게 놓고 그 사이에 고무줄을 끼워 넣습니다.

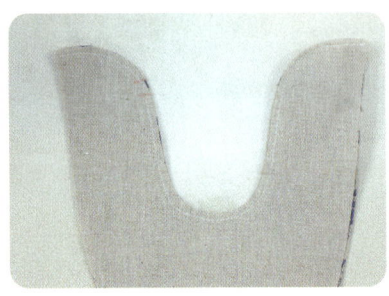

3 반대쪽의 고무줄 부분을 제외한 발등 안쪽을 시접 1cm로 박음질합니다.

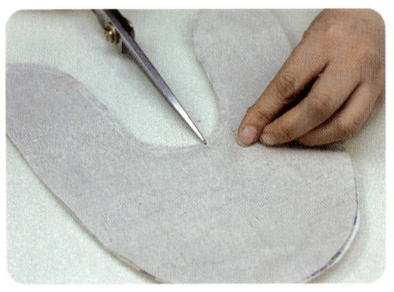

4 발등 안쪽의 라운드 부분에 가위집을 주고,

5 바깥쪽으로 뒤집은 후,

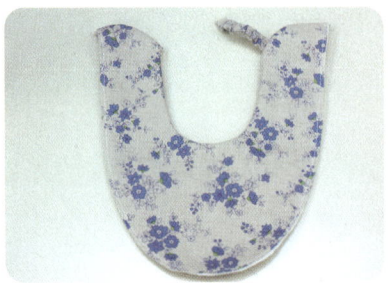

6 남겨둔 고무줄 자리에 고무줄을 끼워줍니다.

7 발등 안쪽 선을 2mm간격으로 눌러
박습니다.

8 발등 바깥선도 노루발 간격으로
눌러박습니다.

how to make

발등과 바닥 합폭하기

1 발등의 중앙과 바닥의 중앙을 표시하고,

2 표시한 선에 맞춰 발등과 바닥을
포갠 후,

3 가장자리 전체를 노루발 간격으로
박음질합니다.

how to make 5

바이어스 처리하기

1 바닥 뒷면의 가장자리에 바이어스
의 겉을 포개놓고,

2 발 중앙에서부터 시접 1cm로 박음
질을 하여 끝부분의 약 7cm 지점에
서 박음질을 멈춥니다.

3 양쪽의 바이어스를 45°로 접은 후,

4 남는 원단을 잘라냅니다.

5 바이어스를 겹쳐 양끝을 잡고,

6 아래 부분을 박음질합니다.

7 시접 부분을 남기고 잘라낸 후,

8 남겨둔 7cm를 마저 박음질합니다.

9 바이어스를 전체 박음질한 후

10 바이어스를 앞쪽으로 넘겨

11 두 번 접어 끝박음질합니다.

12 나머지 한쪽도 동일한 방법으로 만들어주세요.

홈패션과 재봉틀의 만남은 지친대로 지친 우리네 아줌마들에게
큰 활력소와 같은 역할을 하고 있지는 않을까?

홈패션을 **시작**하면서 **많은 인연**과
해보지 못했던 많은 것들을 접하고,
유명한 백화점에서 **강의**까지 할 수 있다는 것만으로
세상을 다 얻은 것 같은 심정.

Part 3

요리하고 싶은 나의
주방 꾸미기

Nice place to cook

주부들이 욕심을 내는 공간이 주방인 것은 오랜 시간을 머무르는 곳이기도 하겠지만,
가족의 행복한 아침과 건강한 저녁이 시작되는 공간 때문이 아닐까 싶어요.
가족을 생각하는 주부들의 마음은 누구나 똑같겠죠?

자꾸만 요리하고 싶고, 머무르고 싶은 나의 주방
우리 가족의 웃음 넘치는 주방을 새롭게 단장해 보세요.

Object 18 |

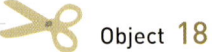

식탁 커버

식탁 커버는 음식이나 차를 마실 때 분위기를 살려주는 것은 물론,
낡은 식탁을 멋진 식탁으로 변화시킬 수도 있습니다.
집안의 분위기와 어울리는 원단을 직접 선택하여 만들면
주방의 새로운 변화가 시작될 거예요.

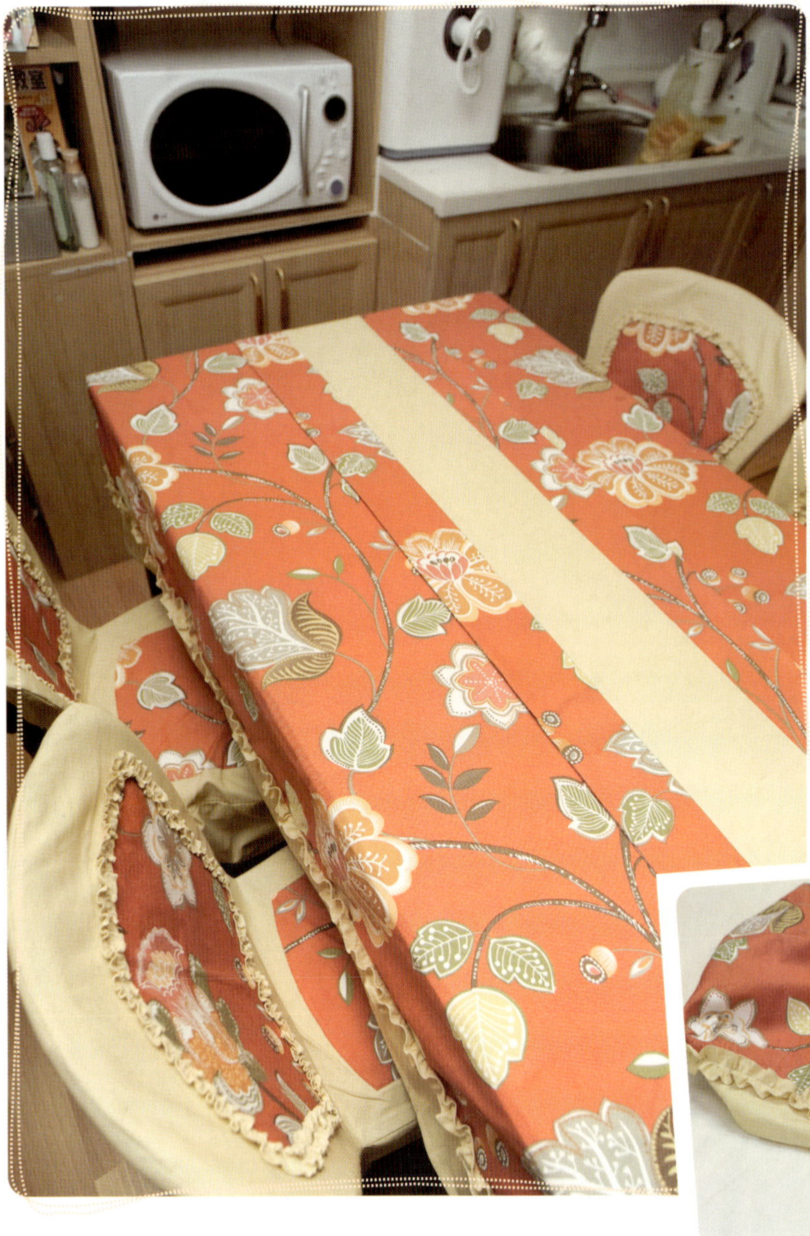

재료

- 옥스퍼드 무늬원단 (몸판)
- 슬럽원단 (아랫단)
- 프릴

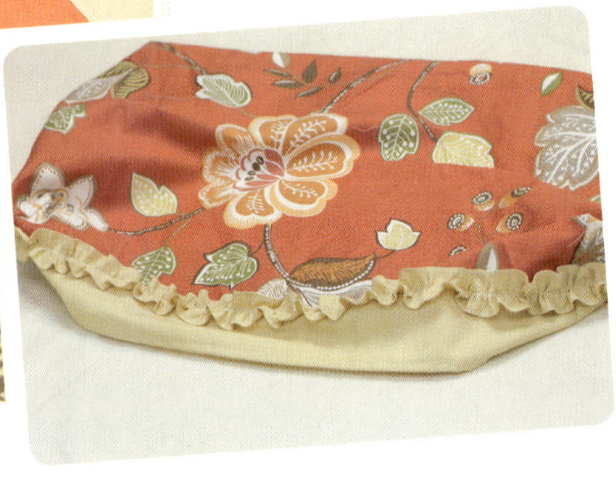

옥스퍼드 무늬원단
(몸판) 176cm×136cm

슬럽원단 (아랫단)
폭 8cm, 길이 560cm

슬럽원단 (프릴)
폭 8cm, 길이 1120cm

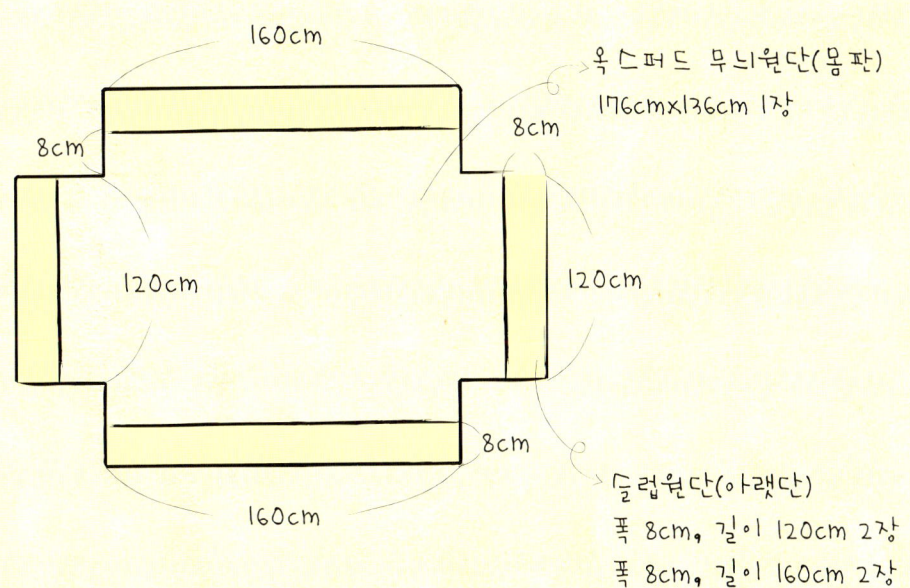

옥스퍼드 무늬원단(몸판)
176cmx136cm 1장

슬럽원단(아랫단)
폭 8cm, 길이 120cm 2장
폭 8cm, 길이 160cm 2장

♥ 시접이 포함된 재단치수입니다.
♥ 재료의 사이즈는 식탁의 크기에 따라 달라집니다.
♥ 예제에 사용된 식탁커버는 120cm×80cm
  (4인 기준 식탁 크기)에 맞추어 제작되었습니다.
♥ 완성치수: 180cm×140cm

몸판과 아랫단 연결하기

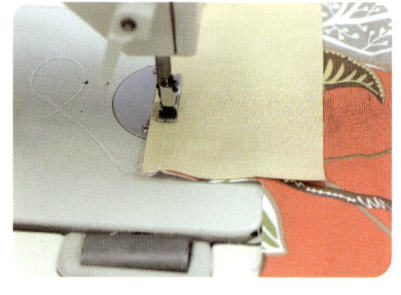

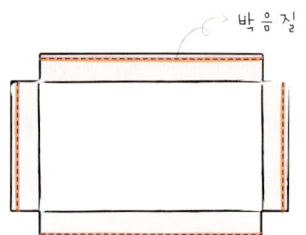

박음질

1 몸판 옥스퍼드 무늬원단의 위에 아랫단 슬럽원단을 올려놓고 4면 모두 가장자리를 박음질합니다.

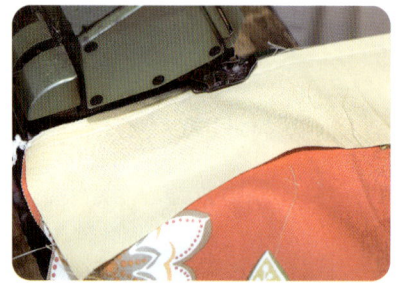

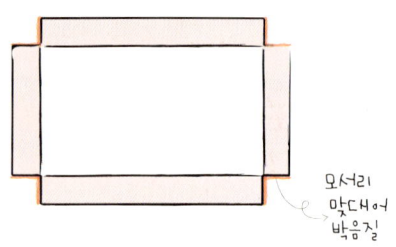

모서리 맞대어 박음질

2 박음질한 가장자리를 오버로크 처리 합니다.

3 모서리와 모서리를 마주하게 하고 박음질합니다. 4면 모두 동일한 방법 으로 만들어줍니다.

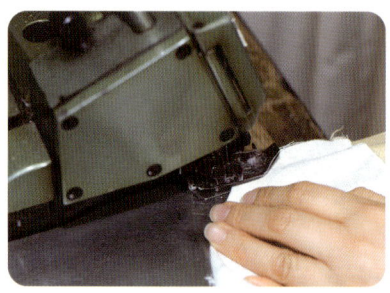
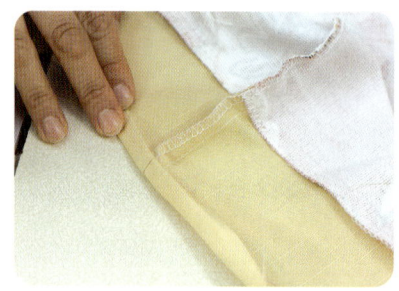
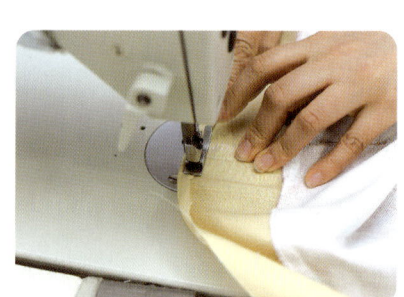

4 4면 모두 오버로크 처리하고,

5 아랫단을 두 번 접어 박습니다.

how to make 2

프릴 만들기

1 프릴 슬럽원단 양쪽 모두를 말아박기합니다.

2 원단 중앙에서 박음질해 프릴을 만들어줍니다.

how to make 3

프릴 몸판에 붙여 완성하기

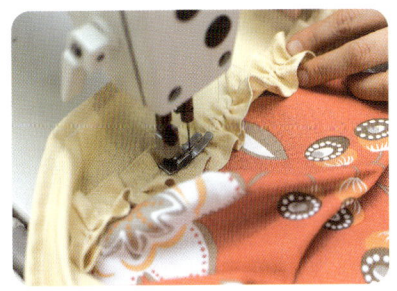

1 무늬원단과 아랫단의 박음선에 만들어 놓은 프릴을 놓고,

2 1cm 정도를 안쪽으로 접은 후 프릴의 중심을 박음질해 포인트를 줍니다.

3 처음과 마찬가지로 1cm 정도를 안쪽으로 접어 박음질합니다.

Object 19 |

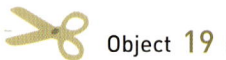

의자 커버

작지만 집안 분위기를 바꾸는데 크게 도움이 되는 식탁과 의자 커버링. 젊은 층에게 특히 인기가 많답니다. 식탁보와 세트로 커버링해서 집안에 작은 레스토랑을 꾸며보세요! 가족과의 식사시간이 즐거워질 거예요.

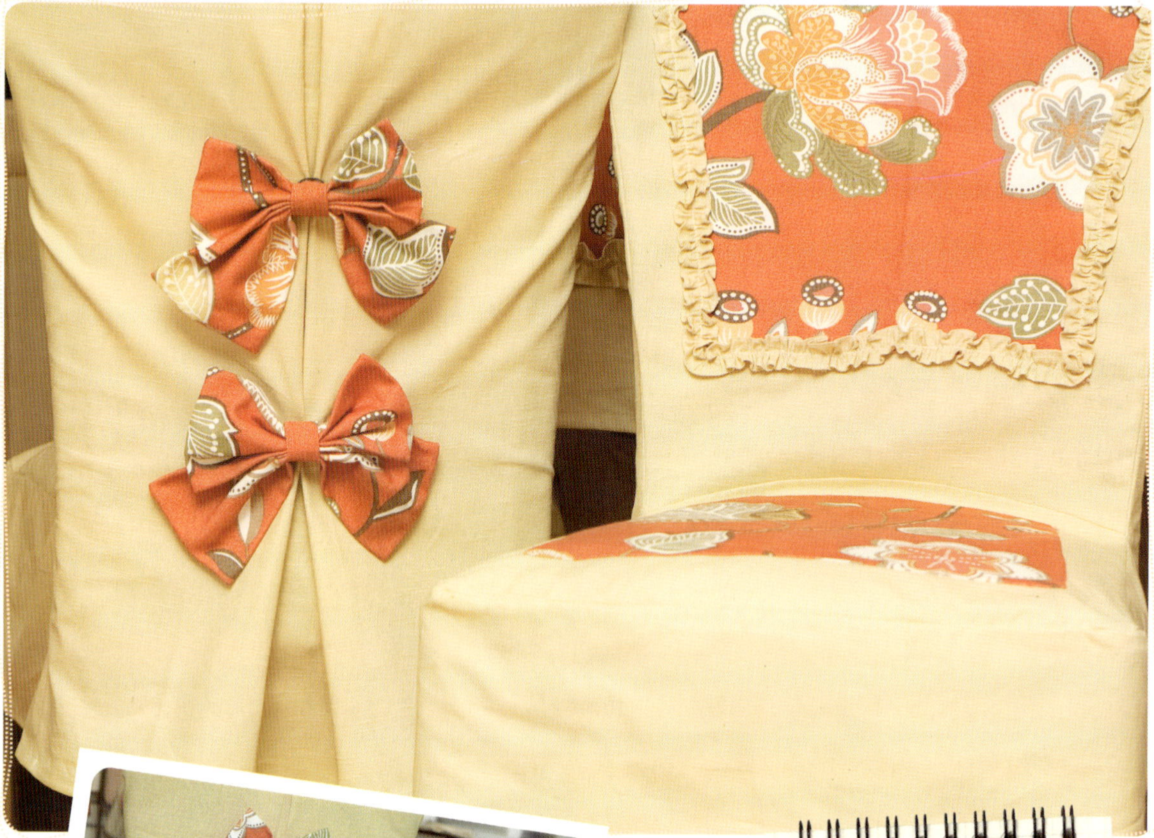

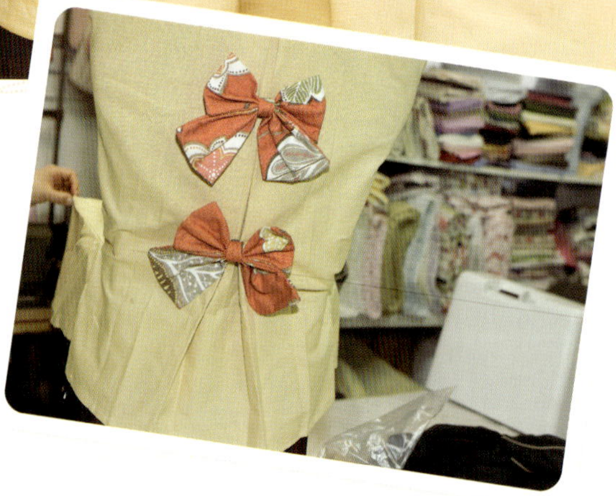

재료

- 슬럽원단 (방석, 등받이, 등받이 뒤판, 밑판)
- 옥스퍼드 무늬원단 (등받이 포인트, 방석 포인트, 리본, 리본 끈)
- 프릴

슬럽원단
(방석, 등받이, 등받이 뒤판)
(밑판) 120cm×22cm 1장
(프릴 감) 폭3.5cm, 길이 약 200cm

옥스퍼드 무늬원단
(등받이 포인트, 방석 포인트)
(리본) 25cm×20cm
　　　18cm×20cm
(리본 끈) 5cm×6cm

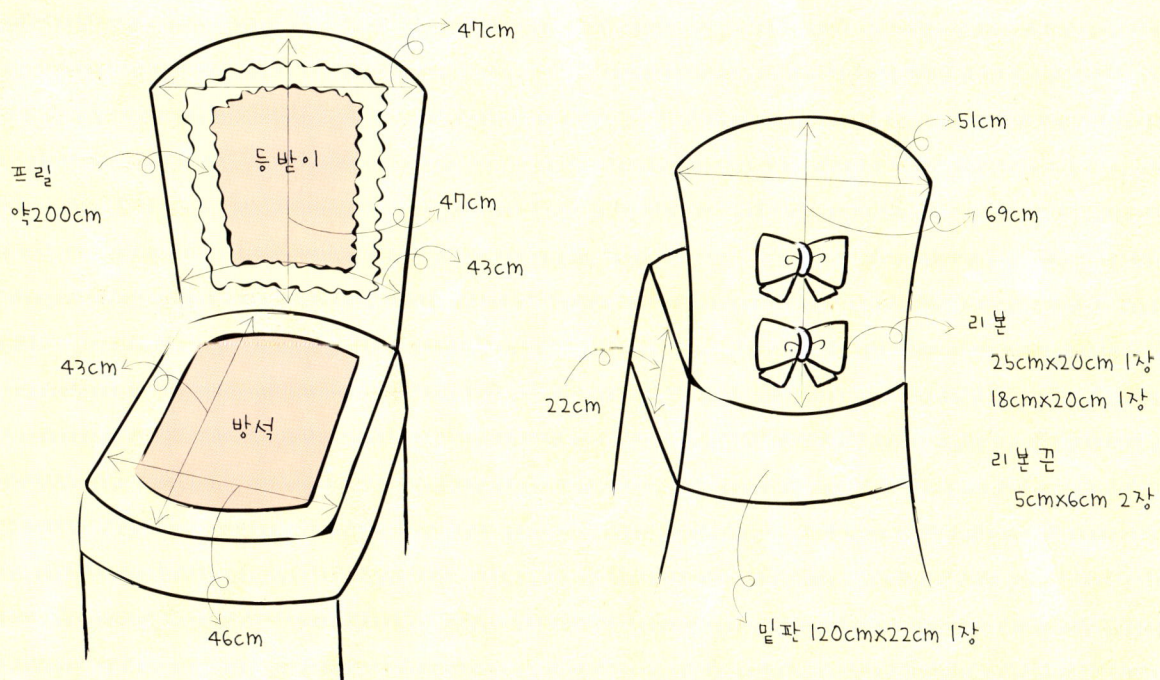

47cm

등받이

프릴
약200cm

47cm

43cm

43cm

방석

46cm

51cm

69cm

22cm

리본
25cm×20cm 1장
18cm×20cm 1장

리본끈
5cm×6cm 2장

밑판 120cmx22cm 1장

♥ 시접이 포함된 재단치수입니다.
♥ 재료의 사이즈는 의자의 크기에 따라 달라집니다.
♥ 집에 있는 의자의 크기에 맞춰 방석과 등받이 부분을
　재단하세요!

how to make **1**

등받이 뒤판 만들기

1 등받이 뒤판 슬럽원단을 사진처럼 맞주름을 잡은 후,

2 위아래를 살짝 박음질해서 고정시 킵니다.

3 맞주름 잡은 부분을 다림질해서 고정 시켜줍니다.

how to make **2**

등받이와 방석부분 만들기

말아박기 노루발 교체

주름 노루발 교체

1 프릴 양쪽 모두 말아박기합니다.

2 원단 중앙에서 박음질해 프릴을 만들어줍니다.

평 노루발 교체

3 등받이 옥스퍼드 무늬원단을 등받이 슬럽원단 중앙에 올려놓고 박음질합 니다.

4 프릴을 옥스퍼드 무늬원단의 박음 선에 맞추어 달아줍니다.

5 방석 옥스퍼드 무늬원단을 방석 슬 럽원단 중앙에 올려놓고 가장자리 를 0.5cm 접어박습니다.

how to make ③

등받이와 방석부분 연결하기

1 등받이 부분과 방석 부분을 겉과 겉 이 마주보게 놓고,

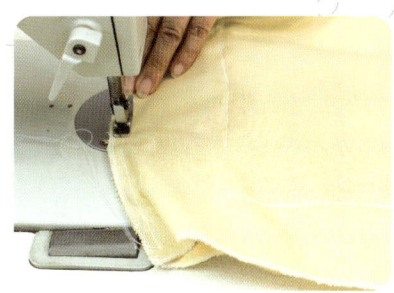

2 작은 라운드 부분(밑 부분)을 시접 1cm로 박음질합니다.

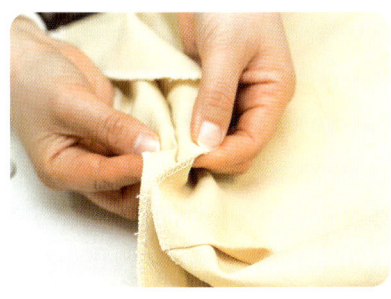

3 등받이와 방석을 합친 몸판에 만들 어 놓은 등받이 뒤판을 겉과 겉이 마주보게 놓고,

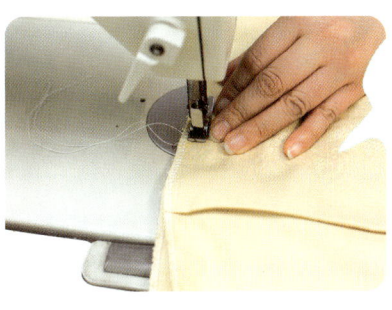
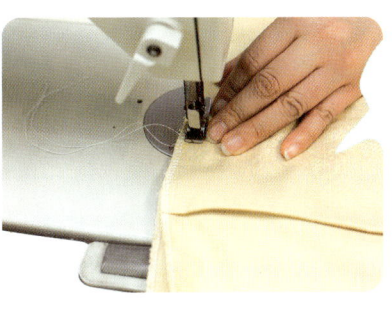

4 중앙을 맞춰 시접 1cm로 등받이 부 분까지 박음질합니다.

방석 부분은 박음질하지 마세요!

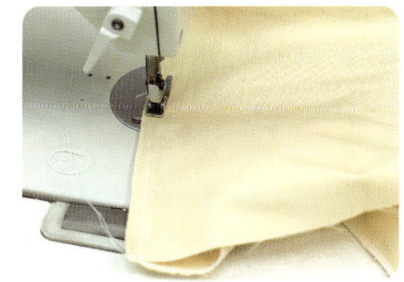

5 뒤집어서, 밑판 슬럽원단을 등받이 뒤판의 남은 부분(하단)에 겹쳐놓고,

6 시접 1cm로 박음질하고,

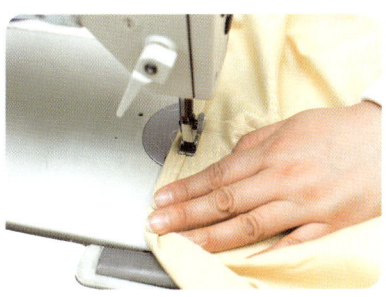

7 방석 부분과도 이어 박은 후 등받이 의 남은 부분을 박음질해 마무리합 니다.

8 밑판 슬럽원단의 밑단을 두 번 접어 박습니다.

리본만들기

1 리본 옥스퍼드 무늬원단을 겉과 겉
   이 마주보게 반을 접습니다.

2 창구멍을 남기고 시접 1cm로 박음
   질합니다.

남은 리본 원단역시
동일한 방법으로
만들어주세요.

3 시접을 가름솔하여 양 옆을 박음질
   하고, 창구멍을 통해 뒤집은 후 공그
   르기합니다.

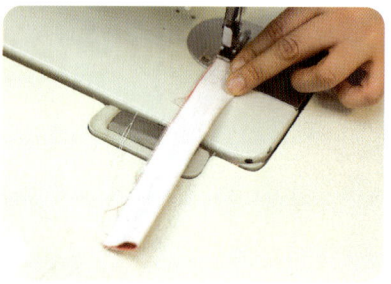

4 리본 끈 원단도 겉과 겉이 마주보게
   반을 접고 노루발 간격으로 박음질
   후 뒤집어줍니다.

5 두 개의 리본원단을 사진처럼 가운
   데를 주름을 잡아

6 리본 끈으로 가운데를 감싸줍니다.

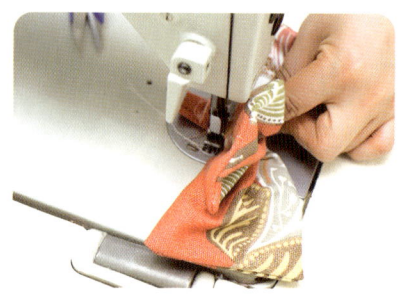

7 리본 끈을 박음질하고,

8 남는 리본 끈 원단을 잘라내주세요.

9 글루건을 이용하여 핀을 고정시킵
   니다.

10 뒤판에 장식하여 의자에 씌워
   보세요.

리넨 주방장갑

주방에 꼭 필요한 아이템 중 하나인 주방장갑!
무지면에 체크원단으로 포인트를 준 주방장갑으로 심플하고
산뜻한 주방의 느낌을 내보세요!

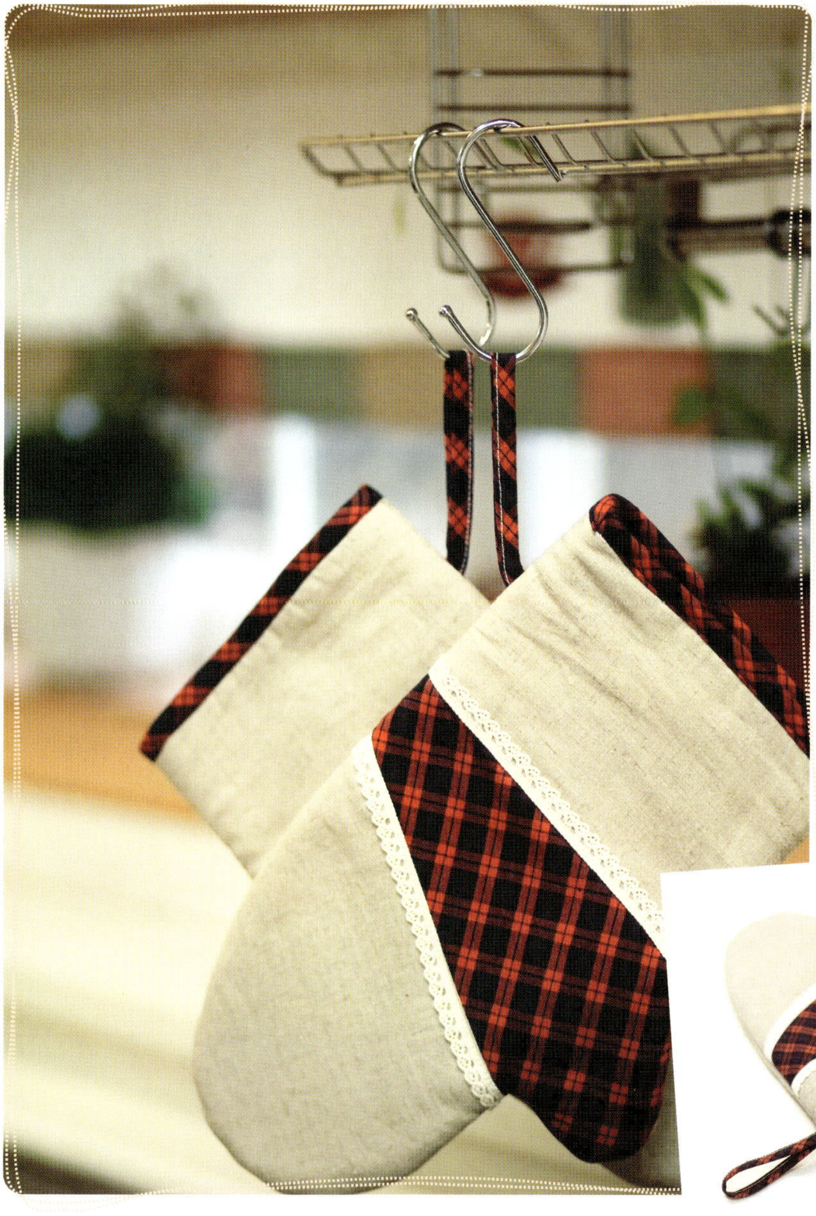

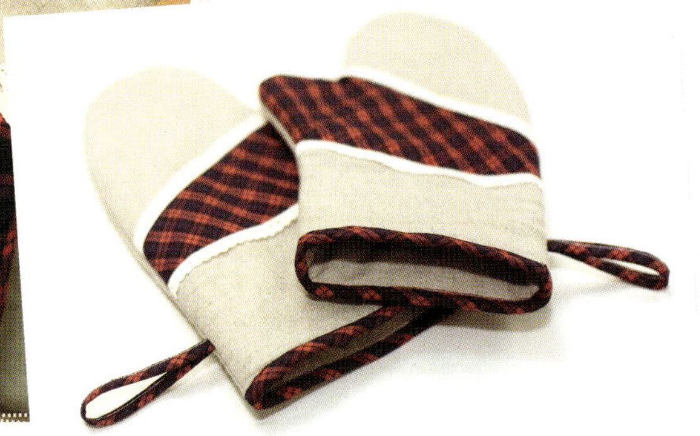

재료

- 리넨 무지원단 (손가락, 손목, 뒤판, 속지)
- 선염 체크원단 (포인트, 고리)
- 패딩 솜
- 토숀 레이스
- 바이어스

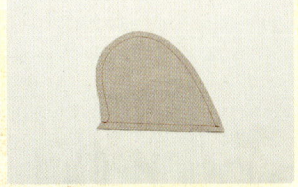

리넨 무지원단 (손가락) 2장

리넨 무지원단 (손목) 2장

선염 체크원단 (포인트) 2장
(고리) 4cm×20cm 2장

리넨 무지원단 (속지) 2장

패딩 솜 4장

토숀 레이스 80cm×1cm
바이어스 약 50cm

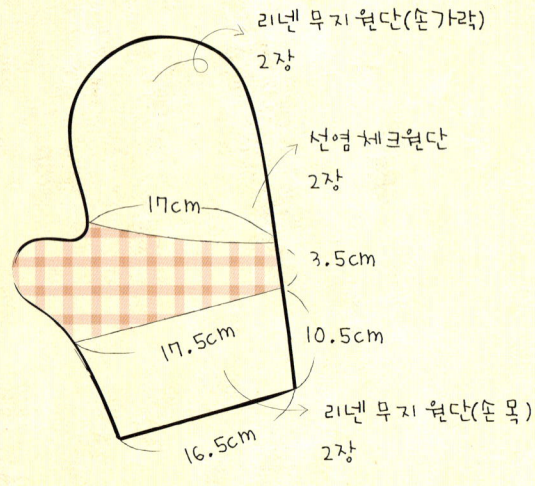

리넨 무지 원단(손가락)
2장

선염 체크원단
2장

17cm

3.5cm

17.5cm

10.5cm

16.5cm

리넨 무지 원단(손 목)
2장

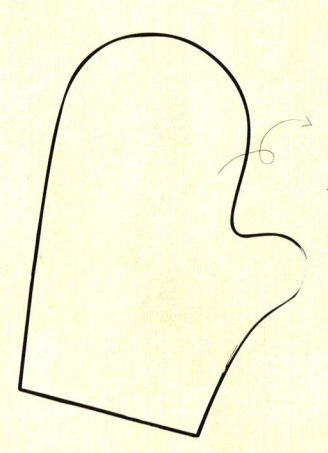

리넨 무지 원단(뒤판) 2장
리넨 무지 원단(속지) 2장
패딩 솜 4장

♥ 실물본을 활용하세요.
♥ 완성 치수 : 30cmx30cm

앞판 만들기

1 손가락 리넨 무지원단과 포인트 선염 체크원단을 겉과 겉이 마주보게 놓고,

2 시접 1.5cm로 박음질합니다.

3 손목 리넨 무지원단과 체크원단을 시접 1.5cm로 박음질해 연결시켜줍니다.

레이스는 체크원단의 박음선 양쪽에 달아주세요

4 체크원단의 박음선에 레이스를 올려놓고, 박음질합니다.

how to make 2

패딩 솜 박음질하기

1 만들어 놓은 앞판에 패딩 솜을 겹쳐 놓고,

2 전체 가장자리를 박음질합니다.

3 뒤판 리넨 무지원단과 패딩 솜도 겹쳐놓고 박음질합니다.

고리 만들어 붙이기

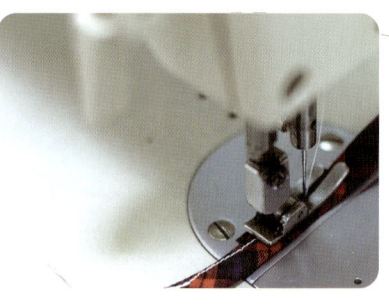

1 고리 선염 체크원단을 바이어스 접기 한 후 끝박음질합니다.

2 손목에서 5cm 정도 내려간 부분에 둥글게 말아 박음질합니다.

앞판과 뒤판 합폭하기

1 앞판과 뒤판을 겉과 겉이 마주보게 놓고, 손목 부분을 제외한 가장자리 전체를 시접 1cm로 박음질합니다.

2 속지 리넨 무지원단 2장 역시 박음질 한 몸판과 겉과 겉이 마주보게 놓고, 손목 부분을 제외한 가장자리 전체를 시접 1cm로 박음질합니다.

박음선

가위집주기

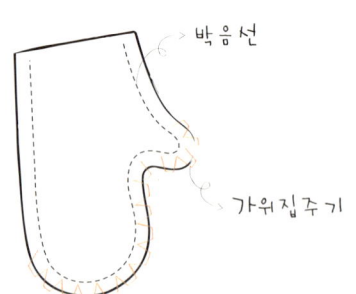

3 곡선 부분은 가위집을 넣어주고,

4 손목 부분을 통해 뒤집어 줍니다.

바이어스로 손목 감싸기

1 바이어스를 손목의 안쪽에 올려놓고 시접 1cm로 둘러 박음질합니다.

2 바이어스를 앞으로 넘겨서 두 번 접은 후,

3 겉에서 끝박음질합니다.

4 마치 바이어스로 손목의 재봉선을 가려준다는 느낌으로 박음질합니다.

냉장고 손잡이

냉장고에 손때가 가장 많이 묻어나는 곳이 바로 손잡이 부분이지요!
냉장고 손잡이에 커버를 씌우게 되면 때도 타지 않을뿐더러
냉장고를 돋보이게 하는 인테리어 효과도 아주 크답니다.

재료

• 광목 누비원단
• 배색원단
• 바이어스
• 벨크로 테이프
• 토숀 레이스
• 배색 원단 (코르사주)

광목 누비원단
12cm×35cm 2장

배색원단
12cm×17.5cm 2장

바이어스 약 100cm

벨크로 테이프 33cm 2개

토숀 레이스 12cm 2개

(코르사주)
배색원단 5cm×7cm 5장
지름 5cm 원 모양 1장
솜 약간

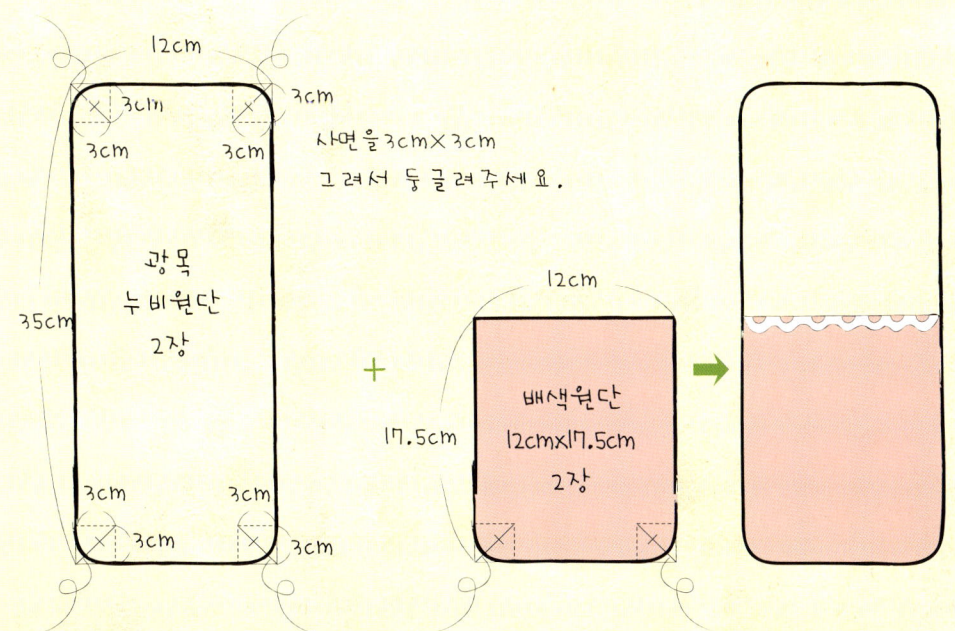

12cm

3cm

3cm

3cm

3cm

35cm

광목
누비원단
2장

3cm

3cm

3cm

3cm

사면을 3cm×3cm
그려서 둥글려주세요.

+

12cm

17.5cm

배색원단
12cm×17.5cm
2장

➡

몸판만들기

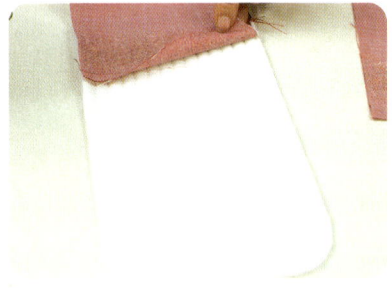

1 누비원단의 겉면 중앙에 배색원단
을 맞추어 놓고,

2 가로 부분을 시접 1cm로 박음질합
니다.

3 누비원단을 뒤집어서

4 가장자리를 박음질합니다.

5 모서리의 남는 배색원단을 잘라냅
니다.

6 누비원단의 겉면 박음선에 레이스를
박음질합니다.

바이어스 처리하기

1 누비원단 안쪽면의 가장자리에 바이
어스를 시접 1cm로 박음질합니다.

2 끝부분의 약 7cm 지점에서 박음질
을 멈춥니다.

3 바이어스를 45°로 접은 후,

4 남는 원단은 깨끗이 잘라냅니다.

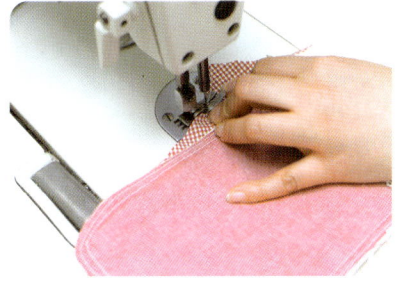

5 바이어스를 겹쳐서 박음질하고,

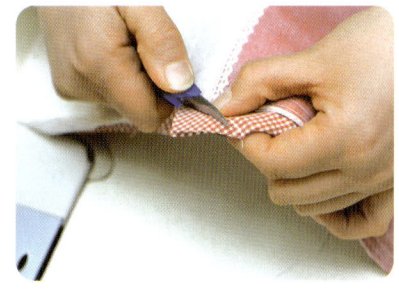

6 시접분을 남기고 잘라냅니다.

7 남겨둔 7cm를 마저 박음질합니다.

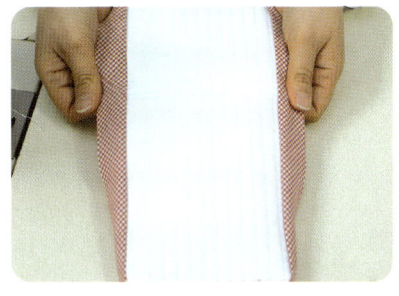

8 박음질한 바이어스를 앞으로 넘겨서,

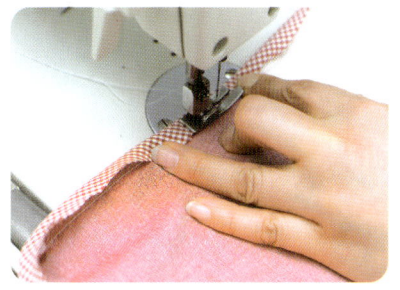

9 두 번 접어 박습니다.

how to make 3

벨크로 테이프 부착하기

1 벨크로 테이프의 한쪽 면을 사진처럼 몸판에 올려놓고,

2 벨크로 테이프의 양 가장자리를 박음질합니다.

3 벨크로 테이프의 반대쪽 면 역시 사진처럼 몸판의 안쪽 면에 놓고 양 가장자리를 박음질합니다.

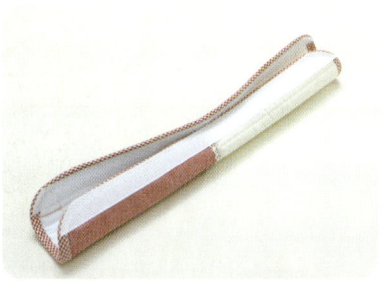

4 벨크로 테이프를 부착하면 사진과 같은 모양이 됩니다.

코르사주 만들기

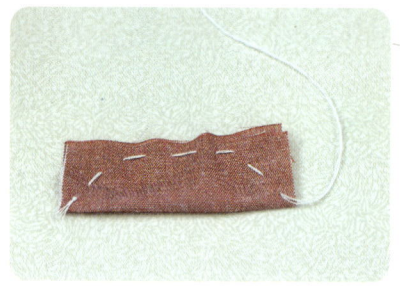

1 코르사주 배색원단을 반으로 접어 사진과 같은 모양으로 홈질한 후,

2 실을 잡아당기면 주름이 잡힙니다.

3 동일한 방법으로 5개를 엮어서 만들어줍니다.

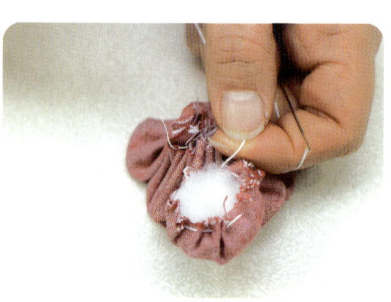

4 코르사주 원형 배색원단을 홈질한 후,

5 솜을 약간 넣고,

6 실을 잡아당깁니다.

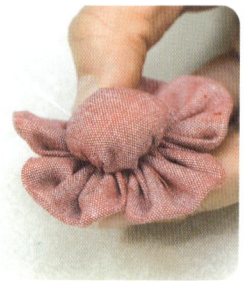

7 꽃잎과 봉우리가 떨어지지 않게 바느질 해주면 예쁜 코르사주가 됩니다.

8 만들어 놓은 몸판에 코르사주를 부착해주세요.

 Object 22 |

주방 밸런스

자칫 허전해보일 수 있는 주방의 작은 창문에 커튼을 만들어주세요!
주방을 좀 더 아늑한 분위기로 연출해준답니다.

재료

• 광목원단 (몸판)
• 선염 체크원단 (밑단, 포인트)

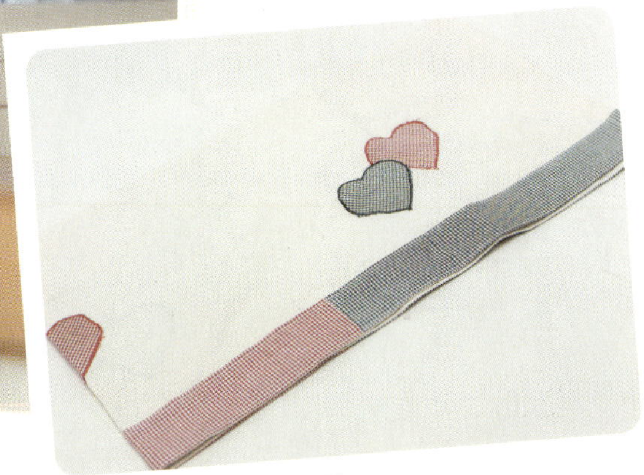

광목원단 (몸판)
110cmx40cm 1장

선염 체크원단 (밑단)
38cm×7cm 3장

선염 체크원단 (포인트) 6장

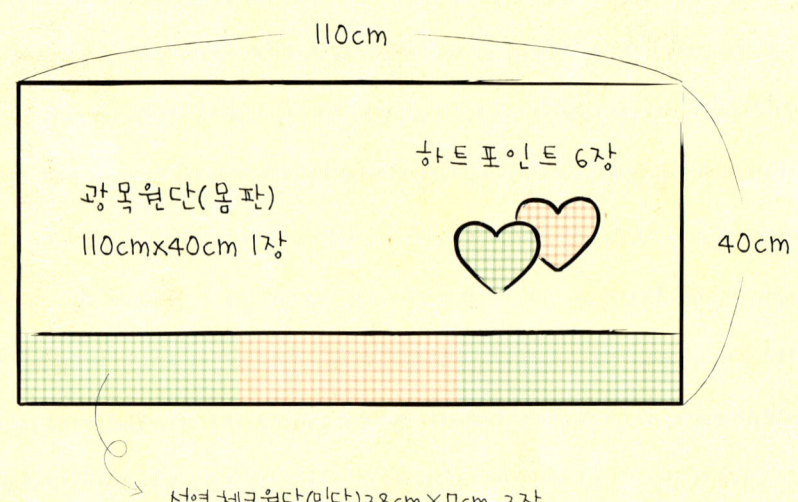

110cm

하트 포인트 6장

광목원단(몸판)
110cmx40cm 1장

40cm

선염 체크원단(밑단) 38cm×7cm 3장

♥ 시접이 포함된 재단치수입니다.
♥ 완성 치수 : 높이 35cm, 길이는 창의 길이를 재서 재단하세요.

몸판만들기

1 밑단 체크원단 두 장을 겉과 겉이 마주보게 놓고,

2 7cm 부분을 시접 1cm로 박음질해 연결합니다. 남은 체크원단도 동일한 방법으로 박음질해 연결시켜주세요.

3 몸판 광목원단의 110cm 부분에 만들어놓은 밑단 체크원단을 겉과 겉이 마주보게 놓고,

연결한 체크 원단의
시접은
가름솔해 주세요!

4 몸판의 가장자리 부분을 시접 1cm로 박음질합니다.

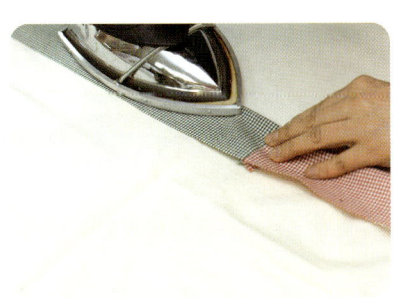

5 박음질한 밑단을 반대편으로 뒤집어서 다림질합니다.

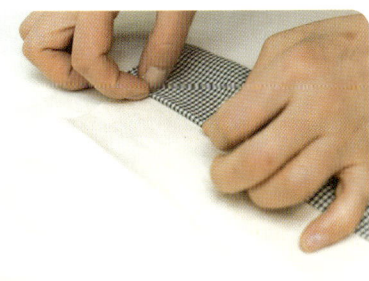

6 밑단의 끝을 1cm 정도 접어서 다림질합니다.

7 밑단의 위아래 모두 눌러박기합니다.

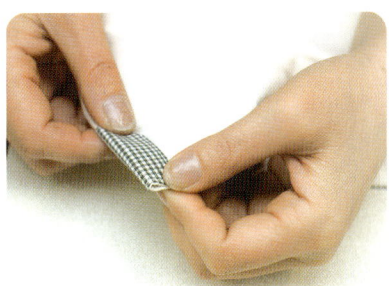

8 몸판의 양 옆을 1cm씩 두 번 접어서

9 끝박음질합니다.

봉 터널 만들기

1 몸판 상단을 10cm를 접어서 시침 핀으로 고정시키세요.

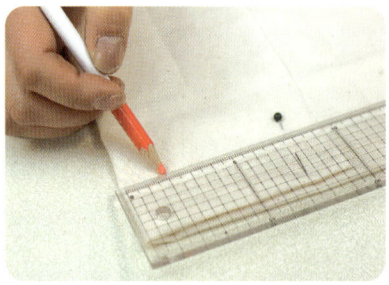

2 접은 부분에서 2cm를 표시한 후,

3 표시한 선을 따라 박음질합니다.

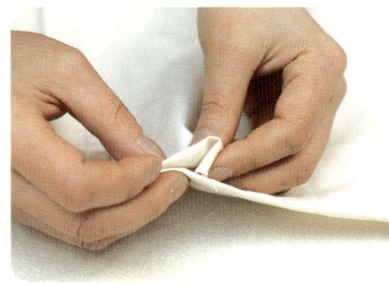

4 끝부분도 1cm 정도 접어서 다림질 한 후,

5 끝박음질합니다.

하트 무늬로 포인트 주기

1 포인트를 줄 하트 체크원단을 원하 는 위치에 올려놓고,

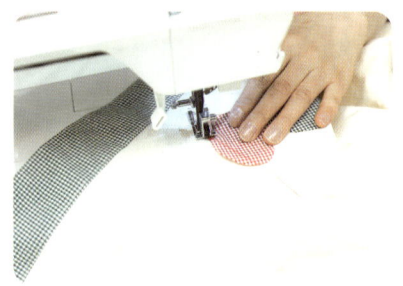

2 재봉틀 패턴을 지그재그모양으로 맞춰 박음질합니다.

Object 23

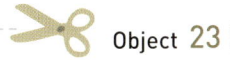

사각 티슈커버

깔끔한 주방을 연출할 수 있도록 도와줄 사각 티슈커버!
깔끔한 디자인의 소품이기에 거실이나 식탁 위, 안방 등 어디에 두어도 잘 어울립니다.

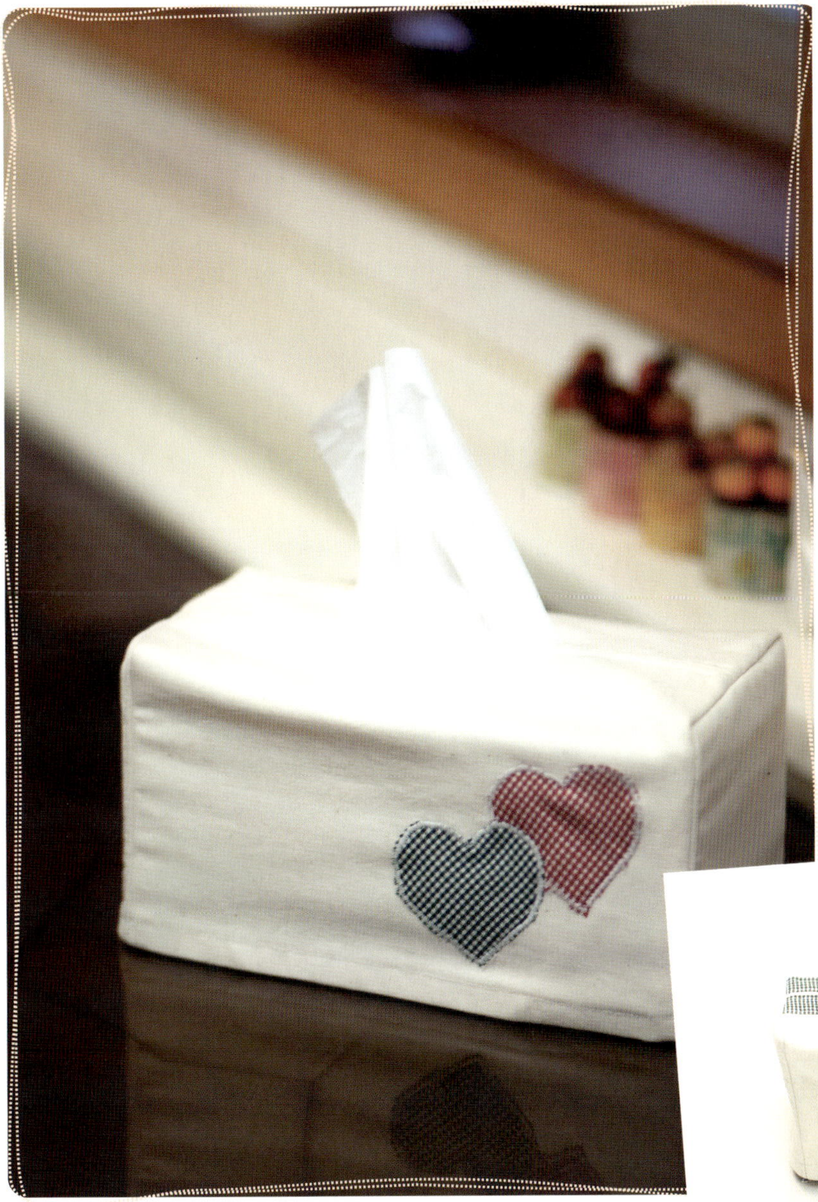

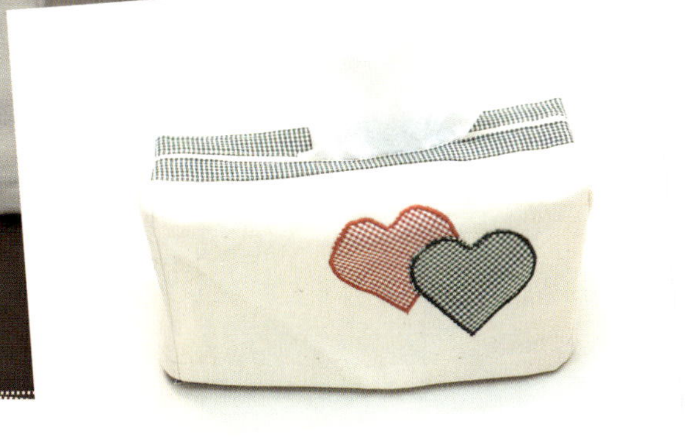

재료

- 광목 무지원단 (몸판, 옆판)
- 캔버스 원단 (몸판 안감, 옆판 안감)
- 선염 체크원단 (포인트)

광목 무지원단
(몸판) 26cm×21cm 2장
(옆면) 15cm×15cm 2장

캔버스 원단 (안감)
(몸판) 26cm×21cm 2장
(옆면) 14cm×15cm 2장

선염 체크원단 (포인트)
26cm×4cm 2장

선염 체크원단 (포인트) 2장

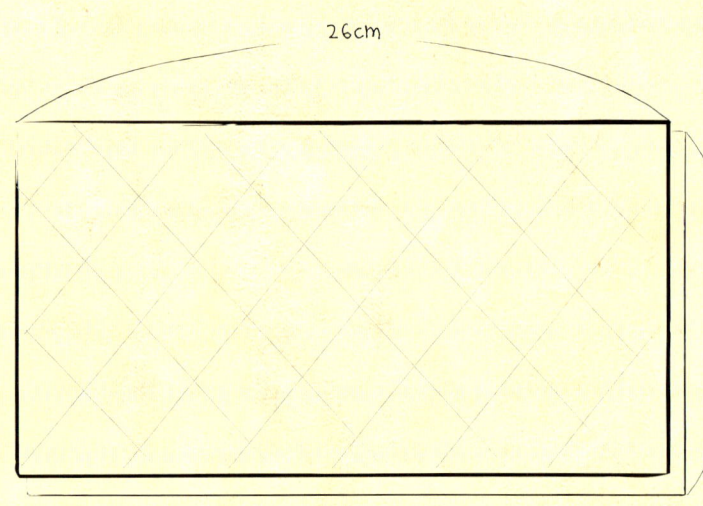

26cm

19.5cm → 누비원단 (몸판) 2장
캔버스원단 (안감) 2장

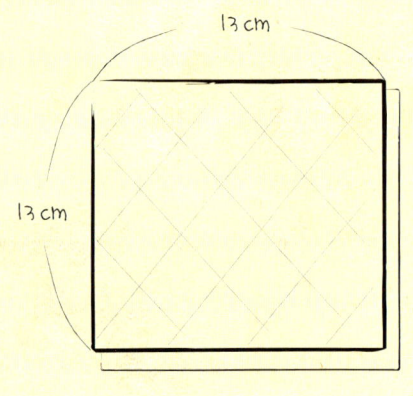

13cm

13cm

→ 누비원단 (옆판) 2장
캔버스원단 (안감) 2장

♥ 시접이 포함된 재단치수입니다.
♥ 완성 치수 : 24cm×18cm

몸판/포인트 만들기

몸판 2장과 옆면 2장
모두 동일한 방법으로
만들어주세요

1 몸판 광목원단과 안감 캔버스 원단
을 겉과 겉이 마주보게 놓고,

2 시접 1cm로 가장자리 전체를 박음
질합니다.

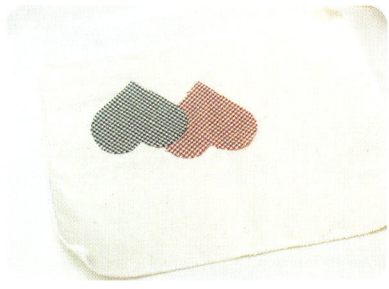

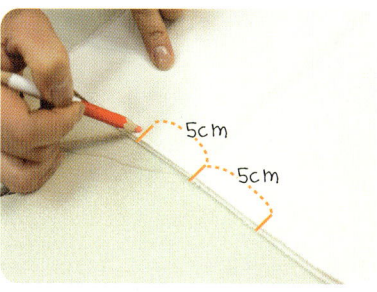

3 몸판 앞부분에 하트 체크원단을 원
하는 위치에 놓고

4 재봉틀 패턴을 지그재그모양으로
맞춰 박음질해 포인트를 줍니다.

5 몸판 두 장을 겉과 겉이 마주보게
놓고 26cm 부분의 중심을 표시한
후, 그 중심을 기준으로 좌우 5cm
씩을 표시합니다.

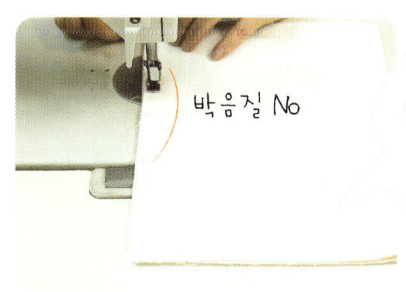

박음질 No

8cm 박음질하고 10cm를
띄고 다시 8cm를
박음질해요

6 몸판의 표시한 부분을 제외한 나머지
부분을 시접 1cm로 박음질합니다.

시접은
가름솔해
주세요!

7 몸판을 펼친 후 겉에서 박음선의 양쪽을 노루발 간격으로 눌러박습니다.

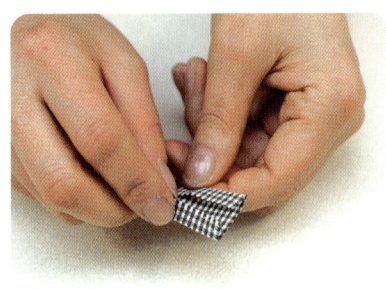

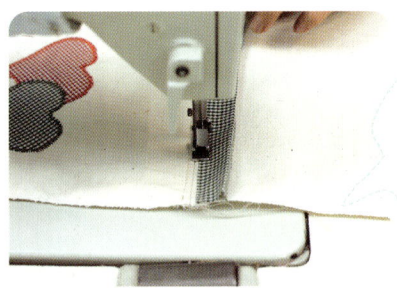

반대쪽 박음선에도
동일한 방법으로
만들어주세요!

8 포인트 체크원단의 양 옆을 1cm씩 접어서

9 몸판의 박음선 위에 놓고 박음질해 포인트를 줍니다.

how to make **2**

옆판만들기

반대쪽도 동일한
방법으로
만들어주세요

1 옆판의 중심을 표시해 몸판의 중심 위에 놓고,

2 옆판의 모서리와 몸판의 모서리를 맞댄 후,

3 옆판으로 몸판의 각을 잡는 듯 한 느낌으로 시접 1cm로 박음질합니다.

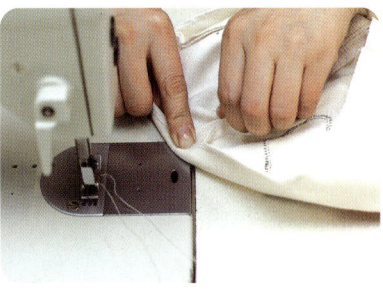

4 몸판의 밑단을 한번 접어서 끝박음 질하면 완성됩니다.

5 완성된 커버에 티슈를 넣어 사용해 보세요.

Object 24

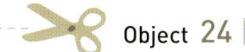

원피스 핸드 타월

글씨가 새겨진 타월이나 오래된 타월 등을 예쁜 핸드 타월로 리폼해보세요! 만들기도 간단하고 사용하기에도 편리한 핸드 타월은 주방이나 욕실에 걸어놓으면 인테리어 효과에도 최고랍니다. 지인들에게 선물하기에도 정말 좋은 소품 중 하나예요. 돌잔치와 같은 집안 행사 때 답례품으로 만들어 선물한다면 반응이 폭발적일 거랍니다.

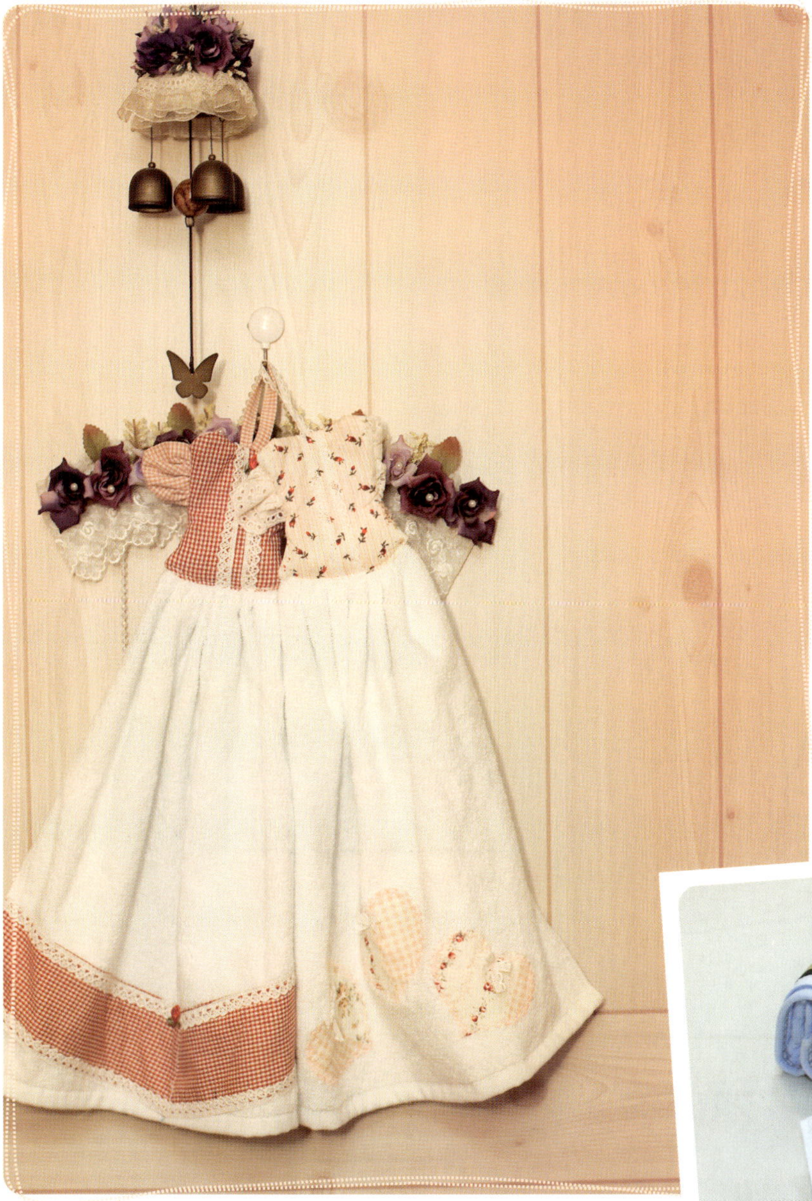

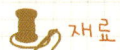

재료

- 타월지
- 선염지 (몸판, 날개, 끈, 포인트)
- 누빔 패딩지 (뒤판)
- 레이스

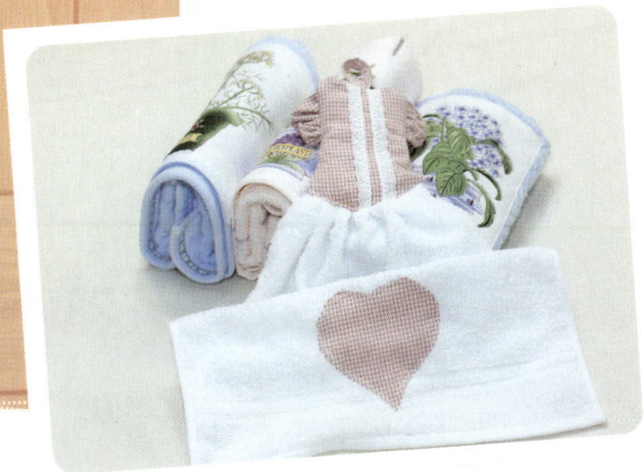

타월지 35cmx45cm 1장

누빔 패딩지 (뒤판)

선염지 (몸판)

선염지 (날개) 8cm×4cm 2장

선염지 (끈) 16cm×4cm

선염지 (포인트) 3장

레이스 약 11cm

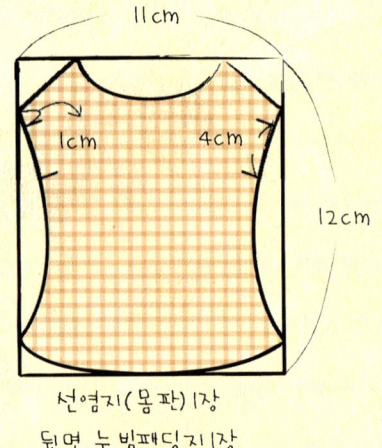
선염지 (몸판) 1장
뒷면 누빔패딩지 1장

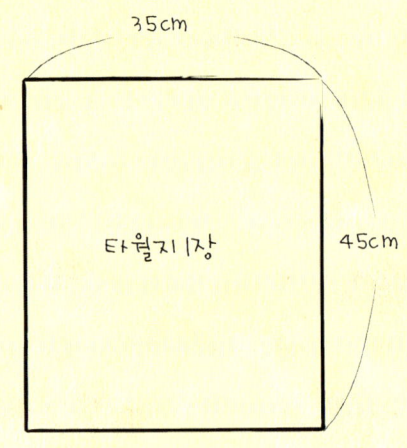
타월지 1장

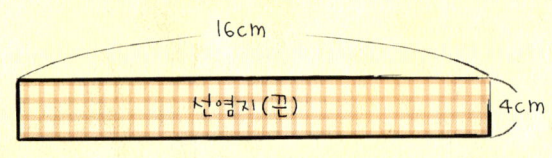
선염지 (끈)

♥ 시접이 포함된 재단치수입니다.
♥ 완성 치수 : 11cm×57cm

포인트하트 3장

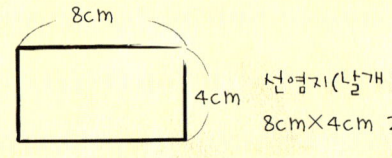
선염지 (날개)
8cm×4cm 2장

원피스 만들기

1 몸판 선염지 위에 사진처럼 레이스 두 개를 올려놓고 박음질합니다.

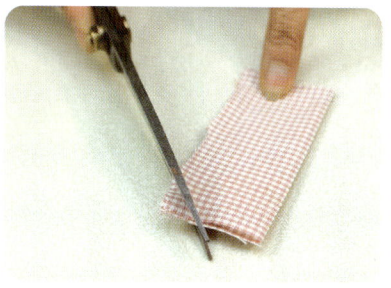

2 날개 선염지를 반을 접어서 가장자리 양쪽을 둥글게 잘라냅니다.

3 둥글게 자른 날개 선염지를 손주름 잡아 박음질합니다.

4 손주름 잡은 날개를 두 개 만들어주세요.

5 만들어 놓은 날개를 몸판의 팔부분에 겉과 겉이 마주보게 놓고, 시접 1cm로 박음질합니다.

6 끈 선염지를 바이어스 접기한 후, 박음질해 끈을 만들어줍니다.

7 끈을 몸판의 목 부분에 둥글게 말아 윗부분을 박음질해 고리를 만들어줍니다.

원피스와 패딩지 합폭하기

1 누빔 패딩지와 원피스를 겉과 겉이 마주보게 놓고,

2 하단을 제외한 3면을 시접 1cm로 박음질합니다.

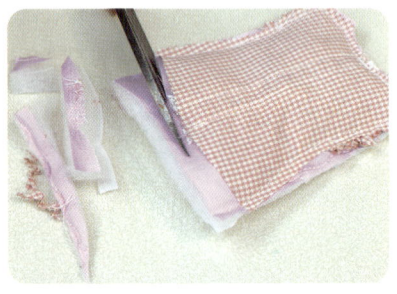

3 남는 패딩지는 잘라낸 후, 뒤집어줍니다.

원피스와 타월지 합폭하기

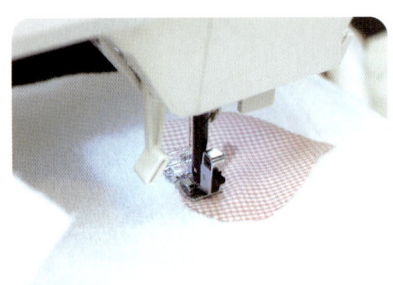

1 타월지의 하단에 포인트 선염지를 놓고, 재봉틀 패턴을 지그재그모양으로 맞춰 박음질해 포인트를 줍니다.

2 원피스의 하단 1cm를 안쪽으로 접어 노루발로 눌러놓고,

3 타월의 한쪽 가장자리를 2cm정도 접어줍니다.

4 타월지를 원피스의 끝부분에 넣고, 타월지가 빠지지 않도록 노루발로 눌러놓습니다.

5 타월을 적당한 간격으로 약간씩 접 어 주름을 만들어준 후,

6 원피스 안으로 타월지를 넣어 끝박 음질하면 완성됩니다.

7 완성된 핸드타월을 주방이나 욕실 에서 사용해보세요!

Object 25

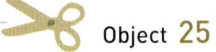

앞치마

앞치마는 주방에 있어 필수인 아이템 중 하나지요.
이번에 소개할 앞치마는 남은 원단들을 패치로 이용해 원단 낭비 없이 알뜰하게 만들 수 있어요. 요리를 하거나 청소를 할 때 한층 더 예뻐 보일 수 있게 해주는 아이템으로 주부와 신혼부부들에게 인기 만점이랍니다!

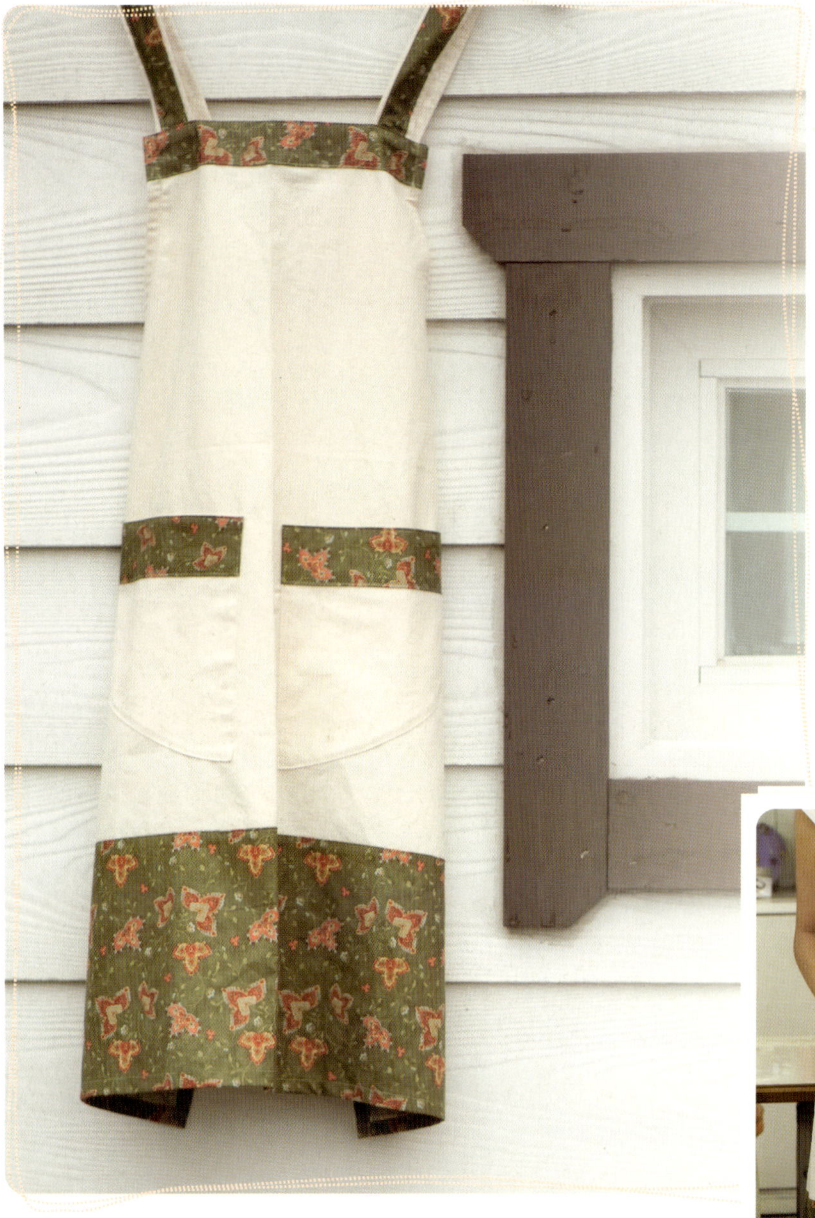

재료

- 광목 무지원단 (몸판, 주머니, 어깨 끈, 허리 끈)
- 나염원단 (밑단, 주머니, 어깨 끈, 앞 포인트)

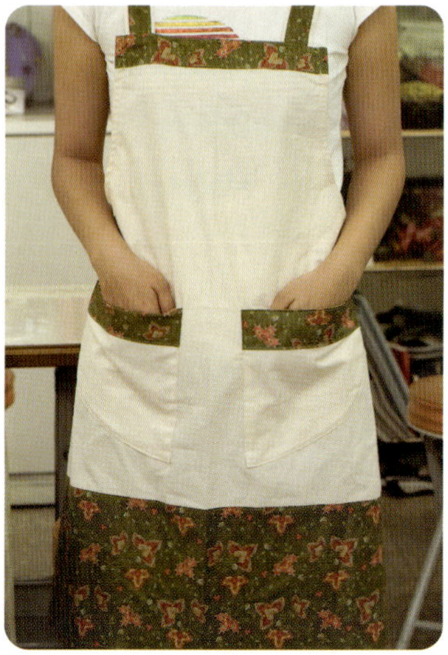

광목 무지원단
(몸판) 1장
(주머니) 2장
(어깨 끈) 75cm×10cm 2장
(허리 끈) 45cm×7cm 2장

나염원단
(밑단) 70cm×20cm 1장
(주머니) 22cm×6cm 2장
(어깨 끈) 35cm×6cm 2장
(앞 포인트) 28×6cm 1장

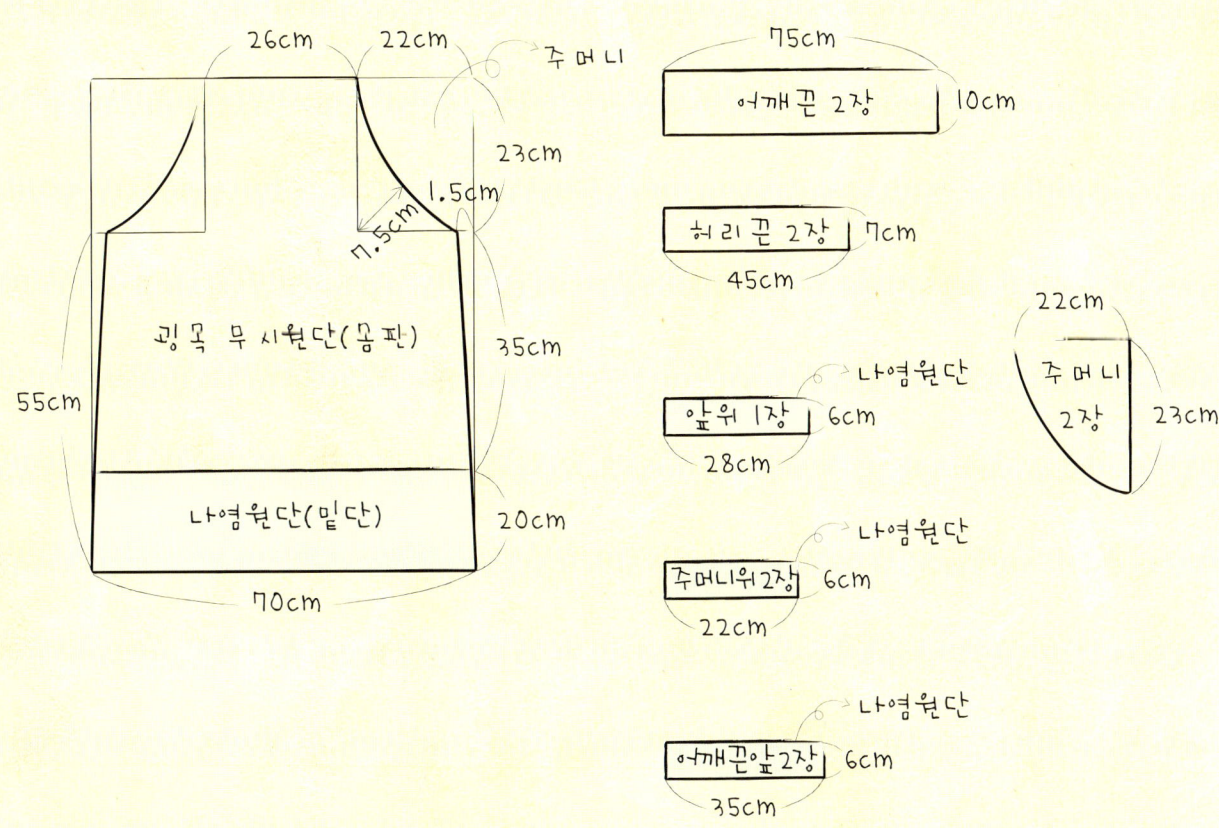

26cm 22cm 주머니

23cm

1.5cm

7.5cm

광목 무시원단(몸판)

55cm

35cm

나염원단(밑단)

20cm

70cm

75cm

어깨끈 2장 10cm

허리끈 2장 7cm

45cm

앞위 1장 6cm 나염원단

28cm

주머니위2장 6cm 나염원단

22cm

어깨끈앞2장 6cm 나염원단

35cm

22cm

주머니 2장 23cm

♥ 시접이 포함된 재단치수입니다.
♥ 완성 치수 : 78cmx70cm

어깨 끈, 허리 끈 만들기

1 어깨 끈 광목원단 양 옆을 1cm씩 접은 후,

2 반을 접어서

3 끝박음질합니다.

4 어깨 끈 나염원단 양 옆을 1cm씩 접어서 어깨 끈 광목원단 위에 올려 놓고,

5 가장자리를 끝박음질합니다.

어깨 끈은 2장 만들어주세요!

허리 끈도 2장을 만들어주세요!

6 허리 끈 무지원단 역시 위와 동일한 방법으로 양 끝을 1cm씩 접은 후 반을 접어 하단을 제외한 3면을 끝박음질합니다.

how to make **2**

주머니 만들기

주머니도 2장을
만들어주세요!

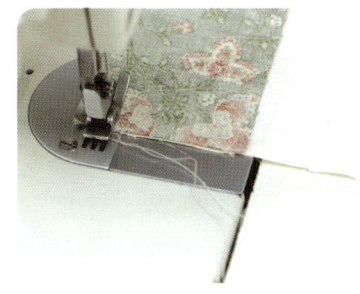

1 주머니 나염원단을 주머니 광목원단의 22cm 부분에 겉과 겉이 마주보게 놓고,

2 시접 1cm로 박음질합니다.

3 나염원단을 뒤로 넘겨 끝을 1cm 접은 후 위아래를 끝박음질합니다.

how to make **3**

몸판 밑단 연결하기

1 몸판 광목원단의 하단에 밑단 나염원단을 겉과 겉이 마주보게 놓고,

2 시접 1cm로 박음질해 연결합니다.

3 박음질한 부분을 오버로크 처리합니다.

시접은 나염원단 쪽으로
정히고 눌러박기하세요

4 나염원단을 연결한 몸판을 펼쳐서 눌러박기합니다.

몸판에 어깨 끈과 허리 끈 연결하기

어깨 끈 연결할 때 끈을
아래로 놓고 박음질합니다만

반대쪽 어깨 끈 역시
동일한 방법으로
고정시켜주세요.

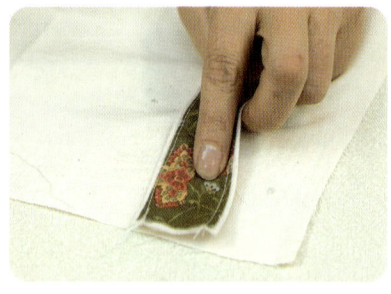

1 몸판 뒤면의 상단 가장자리에서 3cm 지점에 어깨 끈을 올려놓고,

2 끝박음질해서 어깨 끈을 고정시킵니다.

3 앞 포인트 나염원단을 어깨 끈과 겉과 같이 마주보게 놓고,

4 시접 1cm로 박음질합니다.

5 나염원단을 앞으로 넘겨서 상단을 눌러박기한 후,

6 끝 부분을 1cm 접어서 눌러박기합니다.

7 어깨 끈을 X자 모양으로 몸판 뒤쪽의 반대쪽 라운드에 놓고 시침핀으로 고정합니다.

8 라운드 부분을 두 번 접어서 박음질하면, 어깨 끈이 끼워집니다.

반대쪽 어깨 끈 역시
동일한 방법으로
만들어주세요.

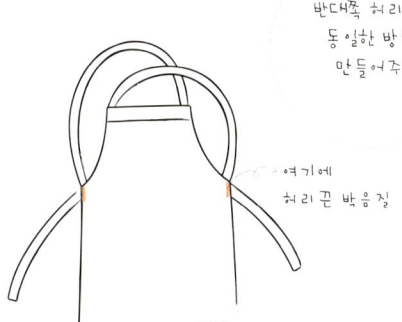

반대쪽 허리 끈 역시
동일한 방법으로
만들어주세요.

여기에
허리 끈 박음질

9 허리 끈을 몸판의 허리쪽 상단에 놓은 후,

10 몸판 옆면을 두 번 접어 박음질하면, 허리 끈이 끼워집니다.

11 어깨 끈과 허리 끈들은 뒤집어서 겉에서 한 번 더 눌러박기합니다.

12 몸판의 밑단을 1.5cm 정도로 두 번 접어 박음질합니다.

how to make 5

몸판에 주머니 연결하기

반대쪽 주머니 역시
동일한 방법으로
만들어주세요!

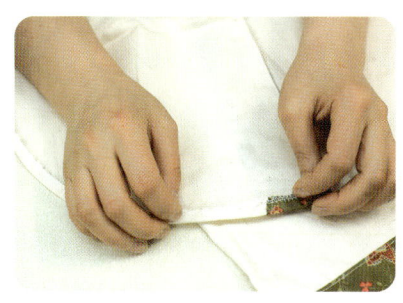

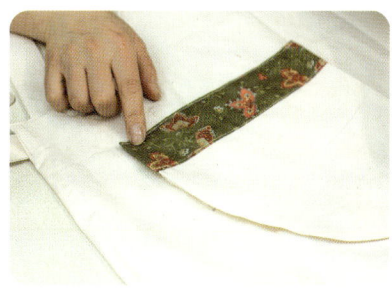

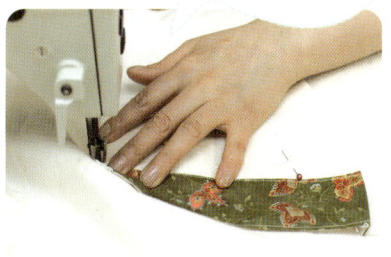

1 만들어놓은 주머니의 가장자리를 1cm씩 접어 다림질한 후,

2 몸판에 원하는 위치에 올려놓고,

3 상단을 제외한 가장자리 전체를 끝 박음질합니다.

실내화

집안의 분위기는 작은 소품하나에도 바뀔 수 있답니다.
현관 입구나 베란다에 두고 사용하는 실내화 하나에도 표정을 담아보는 것은 어떨까요?
리넨 소재와 체크로 변신한 실내화입니다.

 재료

• 리넨 무지원단 (발등)
• 선염 체크원단 (바닥, 포인트)
• 패딩 솜 (발등, 바닥)
• 토숀 레이스

166

리넨 무지원단
(발등) 4장

선염 체크원단
(바닥) 2장
(포인트) 2장

패딩 솜
(바닥) 2장
(발등) 2장

토숀 레이스 약 80cm

선염 체크원단(포인트) 2장
3cm×15.5cm

리넨 무지원단(발등) 4장
패딩솜 2장

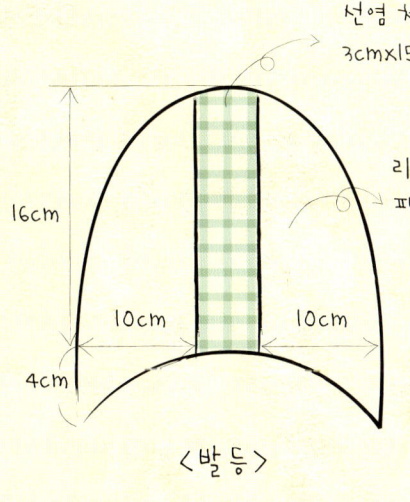

16cm

10cm   10cm

4cm

〈발등〉

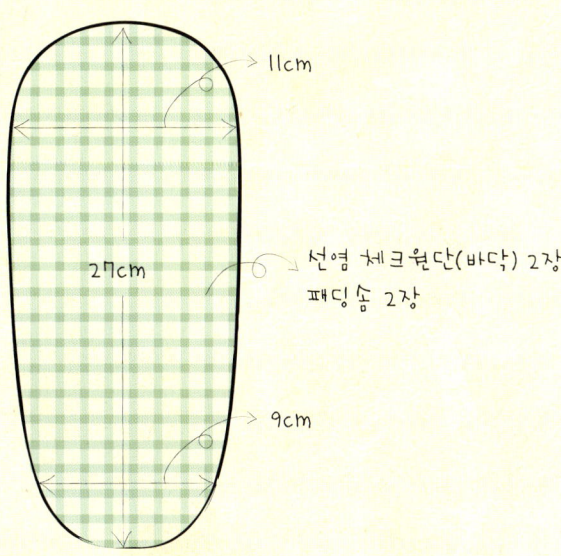

11cm

27cm

선염 체크원단(바닥) 2장
패딩솜 2장

9cm

〈바닥〉

♥ 실물본을 활용하세요.
♥ 재료의 사이즈는 개개인의 발 사이즈에 맞춰 제작합니다.
♥ 예제에 사용된 실내화의 사이즈는 27cm×11cm입니다.

발등 앞면만들기

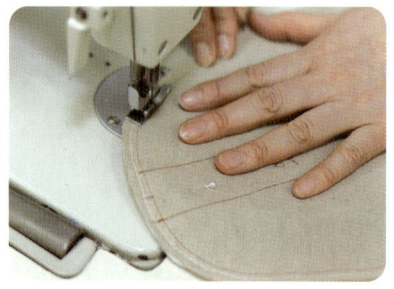

1 발등 리넨원단과 바닥 체크원단에 패딩 솜을 대고 앞면에서부터 가장자리를 박음질합니다.

2 패딩 솜을 박음질한 발등 부분을 중심에서 좌우 1.5cm(전체너비 3cm) 지점에 레이스(너비 1cm)를 박음질합니다.

3 포인트 체크원단의 양 옆을 1cm씩 접어 레이스 간격에 맞추어 박음질합니다.

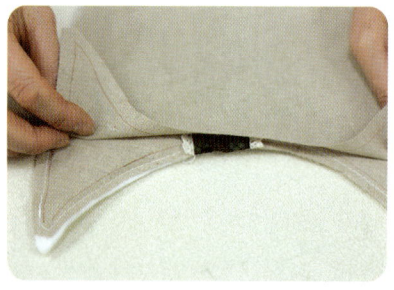

4 장식을 한 발등 부분과 발등 무지원단을 겉과 겉이 마주보게 놓고,

5 발등 쪽 라운드 부분을 시접 1cm로 박음질합니다.

6 곡선부분에 가위집을 주고,

7 뒤집어서 겉에서 시접 1cm로 눌러박기한 후,

8 가장자리 전체를 노루발 간격으로 눌러박기합니다.

바닥과 발등 합치기

1 만들어놓은 발등과 패딩 솜을 부착한 바닥을 겉과 겉이 마주보게 놓고,

2 발 앞부분에 창구멍 5cm를 남겨두고 가장자리 전체를 노루발 간격으로 박음질합니다.

3 곡선 부분에는 가위집을 넣어줍니다.

4 남겨놓은 창구멍으로 뒤집은 후,

5 창구멍을 공그르기해서 막아줍니다.

6 발뒤꿈치가 닿는 바닥부분에 D모양으로 표시한 후 표시한 선을 따라 박음질합니다.

7 동일한 방법으로 한 개 더 제작하면 실내화가 완성됩니다.

Part 4

우리집의 특별한 공간
욕실 꾸미기

secret is full

다른 곳에 비해 지나치기 쉬운 공간 욕실!

작고 조용한 공간은 가족뿐 아니라 방문객에게도
친근감으로 다가갈 수 있는 공간이기도 합니다.
욕실은 대체적으로 공간이 넓지 않기 때문에
깔끔하고 정돈된 용품들을 사용하는 것이 좋답니다.

Object 27| # 패브릭 타월

타월 한 장으로 욕실의 분위기를 바꾸어보세요!
겹겹이 서로 다른 소재의 패브릭이 조화를 이뤄 욕실을 더욱 화사하고 부드러운 공간으로
만들어줄거예요. 만드는 과정도 간단해서 특별한 날 주위에 선물하기에도 좋답니다.

재료

• 타월지
• 패브릭원단 (큰 밑면, 작은 밑면, 포인트)
• 레이스

타월지 45cm×85cm 1장

패브릭원단
(큰 밑면) 45cm×20cm 1장
(작은 밑면) 45cm×5cm 1장

패브릭원단(포인트) 1장

레이스 90cm

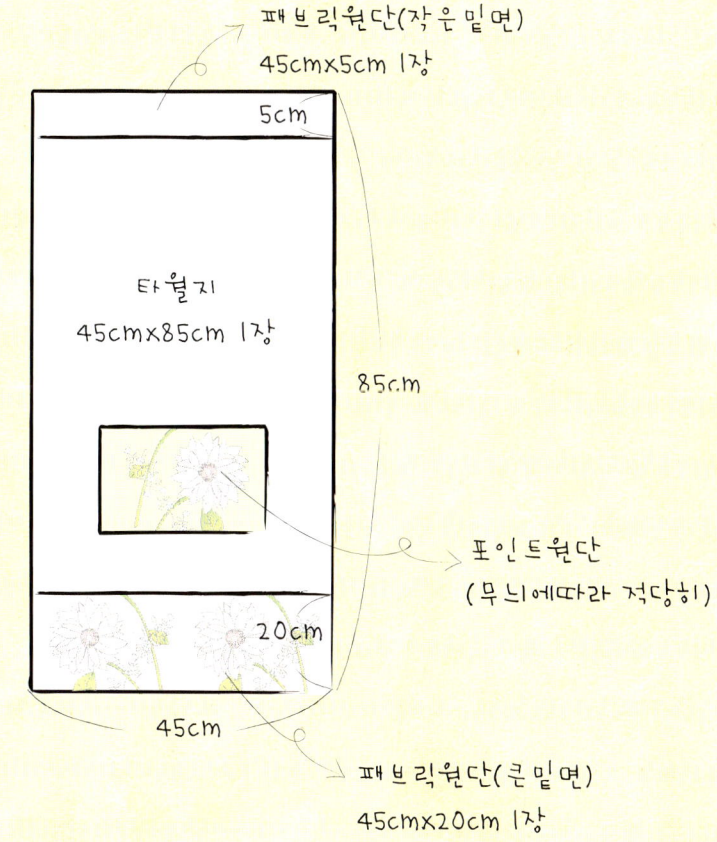

패브릭원단(작은 밑면)
45cm×5cm 1장

5cm

타월지
45cm×85cm 1장

85cm

포인트원단
(무늬에따라 적당히)

20cm

45cm

패브릭원단(큰 밑면)
45cm×20cm 1장

♥ 시접이 포함된 재단치수입니다.
♥ 완성 치수 : 40cm×80cm

밑면 큰 패브릭 부착하기

1 타월의 45cm 부분에 큰 밑면 패브릭원단을 겉과 겉이 마주보게 놓고,

2 시접 1cm로 상단을 박음질합니다.

3 패브릭원단을 앞으로 넘기고,

4 상단을 한 번 더 눌러 박고 하단 역시 노루발 간격으로 박음질합니다.

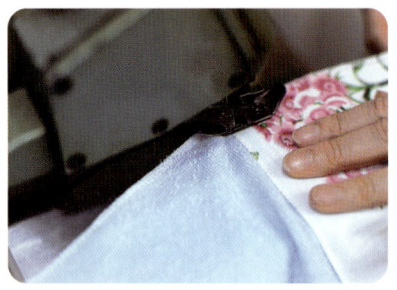

5 양 옆을 올이 풀리지 않도록 오버로크 처리합니다.

6 패브릭원단의 위아래 박음선에 레이스를 박음질해 장식합니다.

밑면 작은 패브릭 부착하기

1 타월의 패브릭 장식을 한 반대쪽 45cm 부분에 작은 밑면 패브릭원단을 겉과 겉이 마주보게 놓고,

2 시접 1cm로 상단을 박음질합니다.

3 패브릭원단을 앞으로 넘기고,

4 상단을 눌러박기합니다.

5 패브릭원단의 하단은 1cm 정도를 접어서 다림질 한 후,

6 끝박음질합니다.

how to make **3**

마무리하기

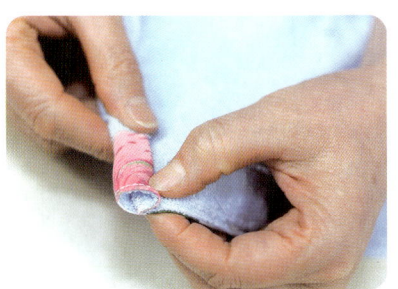

1 포인트 패브릭원단의 가장자리를 1cm씩 접어 다림질한 후, 밑면에서 30cm 정도 올라간 지점에 놓고 가장자리를 끝박음질합니다.

2 타월 양쪽의 긴쪽 가장자리는 2.5cm 정도로 두 번 접어서 박음질합니다.

3 계절에 따라 색감이나 무늬 등을 바꿔 산뜻한 분위기를 내어보세요.

 Object 28 | # 향주머니

욕실은 구조상 습기가 차서 탁한 냄새가 나기 쉬운 공간이지요.
그래서 자주 환기를 시켜주어 공기를 순환시켜야 한답니다.
거기에 한 가지 더! 향주머니에 포푸리나 숯과 같은 방향제를 담아둔다면
맑은 기운이 감도는 향긋한 욕실이 될 거예요.

 재료

- 크리즈원단 (몸판)
- 리넨 무늬원단 (리본 끈, 리본 방울)
- 레이스 (포인트)
- 끈

크리즈원단 (몸판)
25cm×45cm 1장

리넨 무늬원단
(리본 끈) 폭 3cm, 길이 50cm
(방울) 11cm×13cm 2장

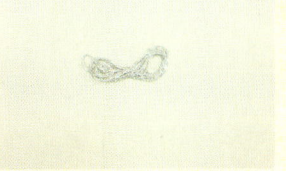

끈 약 150cm

레이스 (포인트)
25cm×10cm 2장

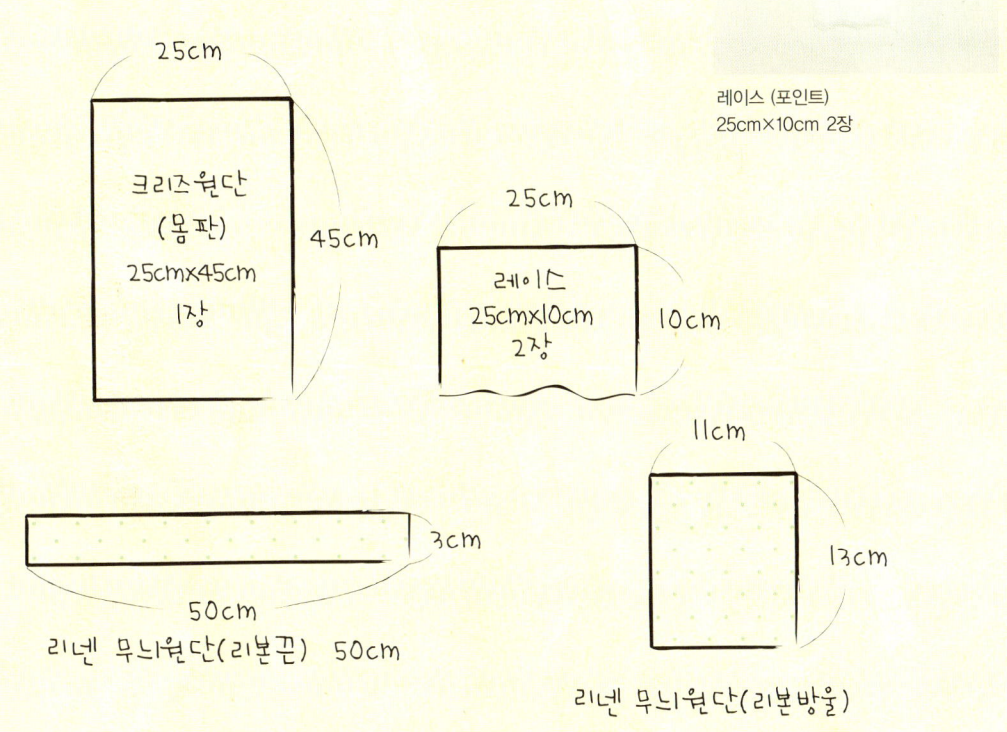

25cm

크리즈원단
(몸판)
25cmx45cm
1장

45cm

25cm

레이스
25cmx10cm
2장

10cm

3cm

50cm

리넨 무늬원단(리본끈) 50cm

11cm

13cm

리넨 무늬원단(리본방울)
11cmx13cm 2장

❤ 시접이 포함된 재단치수입니다.
❤ 완성 치수 : 18cm×22cm

몸판만들기

2장을
만들어주세요!

1 포인트 레이스의 옆면을 두 번 접어
박습니다.

2 몸판 크리즈원단의 상단 5cm, 양
옆 1cm씩 띄우고 포인트 레이스를
올려놓습니다.

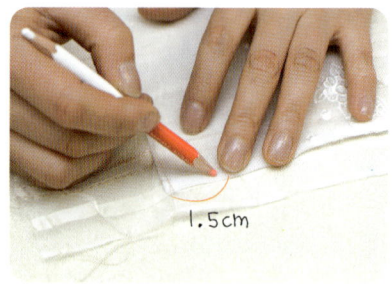

1.5cm

반대쪽 역시
동일한 방법으로
만들어주세요!

3 포인트 레이스의 상단에서 1.5cm를
표시하고,

4 표시한 부분을 따라 박음질합니다.

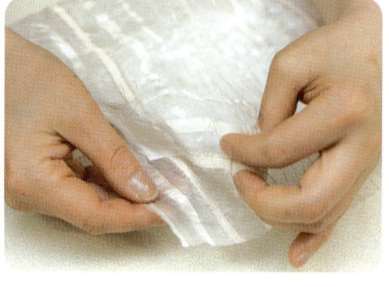

5 몸판을 겉과 겉이 마주보게 반으로
접어서

6 양 옆면을 시접 1cm로 박음질합니다.

7 박음질한 양 옆면을 오버로크 처리
합니다.

말아박기
노루발
교체

8 몸판을 뒤집어 상단을 말아박기합
니다.

178

방울 만들기

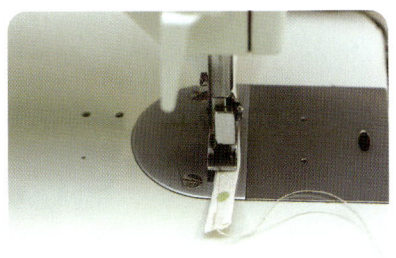

1 리본 끈 무늬원단을 바이어스 접기
하여 끝박음질합니다.

2 방울 무늬원단을 겉과 겉이 마주보
게 반을 접어 시접 1cm로 박음질합
니다.

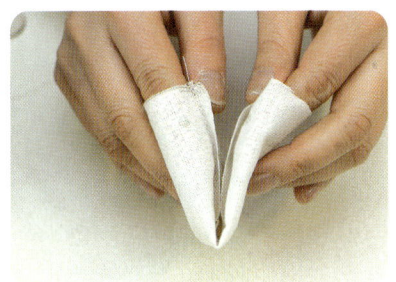

3 시접을 가름솔해서 반을 접은 후,

2개를
만들어주세요

4 완전히 뒤집지 말고, 반만 뒤집어
줍니다.

5 만들어놓은 끈을 방울 사이에 넣습
니다.

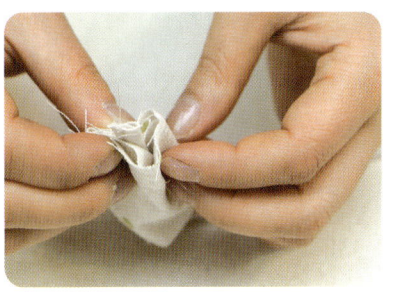

6 양 옆을 살짝 접어 모양을 내고,

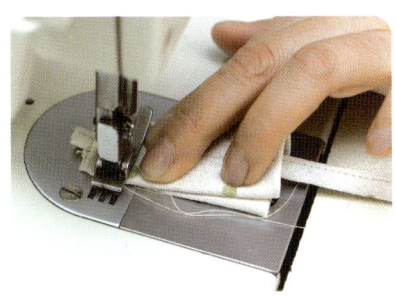

7 방울의 상단을 박음질합니다.

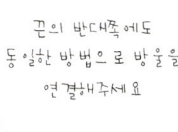

끈의 반대쪽에도
동일한 방법으로 방울을
연결해주세요

8 방울을 뒤집어줍니다.

몸판에방울 부착하기

1 몸판의 중심 부분에 방울 끈 중간지 점을 맞춰놓고 살짝 박아 고정시켜 줍니다.

2 옷핀에 끈을 끼워서 포인트 레이스 에 만들어둔 끈 통로에 넣어주고, 반대쪽의 끈 통로에도 끈을 넣어줍니다.

3 끈을 묶어준 후 포푸리와 같은 방향 제를 담아 욕실을 꾸며보세요.

 **Object 29** | # 패드 보관함

여성이라면 누구에게나 필요한 물건인 패드, 딱히 보관할 곳이 없어
장롱 깊숙이 넣어두고 사용하고 있진 않으신가요?
이제는 화장실 수납공간에 예쁘게 세워놓고 편리하게 사용하세요!

재료

- 누비원단 (몸판, 뒤판)
- 바이어스
- 선염 체크원단 (코르사주)
- 리본 장식
- 구슬 장식
- 벨크로 테이프

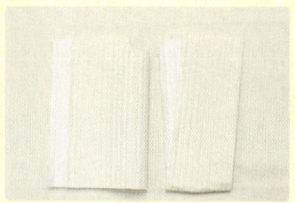

누비원단
(몸판) 30cm×23cm 1장
(뒤판) 10cm×48cm 1장

바이어스
폭 4cm, 길이 약 200cm

선염 체크원단(코르사주)
지름 12cm 원모양 1장
지름 16cm 원모양 1장
리본 장식
구슬 장식
벨크로 테이프 약간

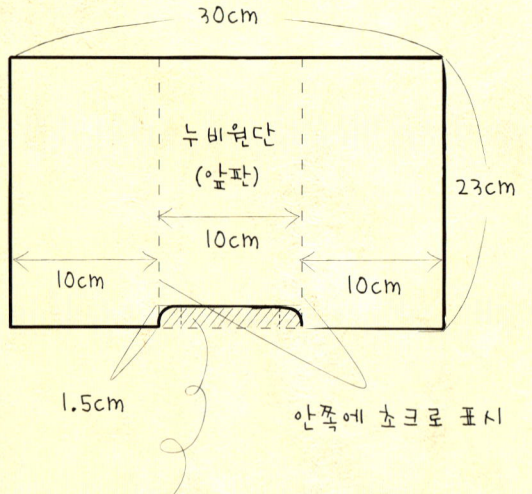

30cm

누비원단
(앞판)

23cm

10cm

10cm

10cm

1.5cm

안쪽에 쵸크로 표시

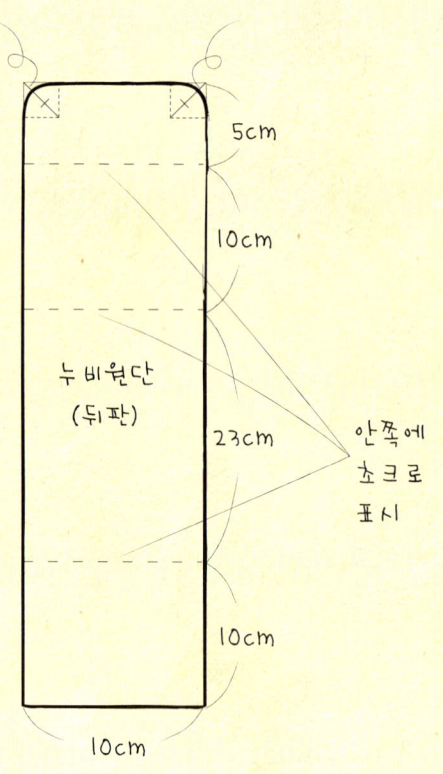

5cm

10cm

누비원단
(뒤판)

23cm

안쪽에
쵸크로
표시

10cm

10cm

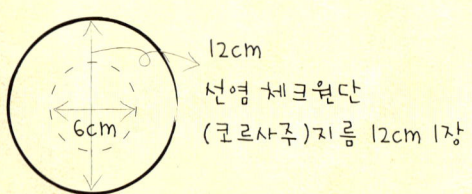

12cm

선염 체크원단
(코르사주)지름 12cm 1장

6cm

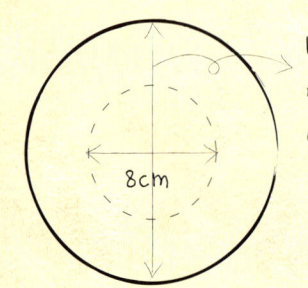

16cm

선염 체크원단
(코르사주) 지름 16cm 1장

8cm

♥ 시접이 포함된 재단치수입니다.
♥ 완성 치수 : 10cm×23cm

누비원단 바이어스 감싸기

1 뒤판 누비원단의 뒷면 하단에 바이어스를 올려놓고 시접 0.5cm로 박음질합니다.

2 바이어스를 누비원단의 앞면으로 넘긴 후 두 번 접기해서 박음질합니다.

3 앞판 누비원단의 뒷면 하단과 입구 부분에도 동일한 방법으로 바이어스를 감싸줍니다.

앞판 각 잡기

1 앞판 누비원단을 사진처럼 접고,

2 끝부분을 눌러박기합니다.

3 양쪽 모두 해주면 각이 잡힙니다.

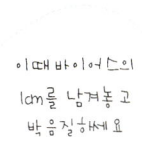

4 바이어스를 앞판의 각을 잡은 박음선 위에 놓고,

이때 바이어스의 1cm를 남겨놓고 박음질하세요

5 시접 1cm로 박음질합니다.

1cm 남긴 부분도 깔끔하게 접어서 박음질해주세요.

6 바이어스를 반대쪽으로 넘긴 후 두 번 접기 해서 박음질합니다.

7 반대쪽의 각을 잡은 박음선에도 동일한 방법으로 만들어줍니다.

how to make

코르사주 장식 만들기

1 재단해 둔 지름 16cm의 코르사주 체크원단을 각 잡은 앞판의 하단에 놓고,

2 표시해 놓은 원을 따라 박음질합니다.

3 지름 12cm의 코르사주 체크원단 역시 적당한 위치에 놓고 표시해 놓은 원을 따라 박음질합니다.

나머지 코르사주 체크원단 역시 동일한 방법으로 만들어주세요!

4 주름을 잡기 위해 체크원단의 가장자리를 0.5cm 접은 후 0.7cm 간격으로 홈질합니다.

5 홈질한 체크원단에 구슬 3알 정도를 꿰어 코르사주를 만들어줍니다.

앞판과 뒤판 합폭하기

1 앞판의 적당한 위치에 벨크로 테이프의 부드러운 면을 올려놓고 박음질합니다.

2 뒤판의 하단 타원 부분에 벨크로 테이프의 거친 면을 올려놓고 박음질합니다.

3 뒤판의 표시해놓은 부분 위에 앞판을 안과 안끼리 겹쳐놓고,

4 가장자리를 박음질합니다.

5 앞판의 반대쪽 역시 뒤판의 가장자리에 맞춰 박음질합니다.

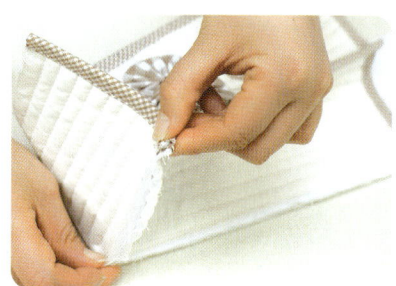

6 바닥 부분을 앞판과 겹쳐 박음질합니다.

7 바이어스를 감싸지 않은 나머지 가장자리들에 바이어스를 둘러줍니다.

8 벨크로 테이프의 박음선에 리본 등으로 장식해줍니다.

 **Object 30 | 욕실 하트 러그**

하트 러그는 욕실 앞 발매트로 사용해도 좋을 뿐 아니라,
욕실 좌변기 앞의 발매트로도 사용할 수 있답니다.
차가운 욕실 바닥을 보송보송한 타월 발매트로 따스하게 꾸며보세요!
도톰한 두께의 타월을 사용하고, 부드러운 느낌의 프릴을 사용해 만들어보세요.

재료

- 미끄럼방지원단
- 타올 누비원단
- 프릴

미끄럼방지원단 (몸판)

타월 누비원단 (몸판)

프릴 폭 7cm, 길이 약 300cm

55cm

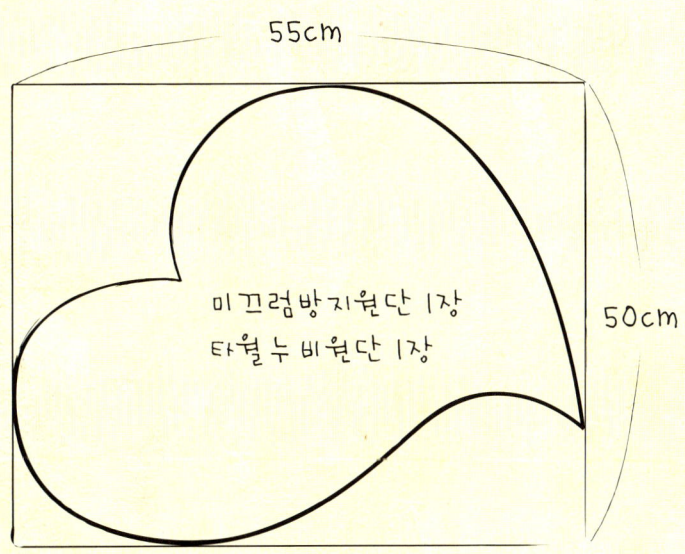

미끄럼방지원단 1장
타월 누비원단 1장

50cm

♥ 시접이 포함된 재단치수입니다.
♥ 실물본을 활용하세요.
♥ 완성 치수 : 55cm×60cm

몸판만들기

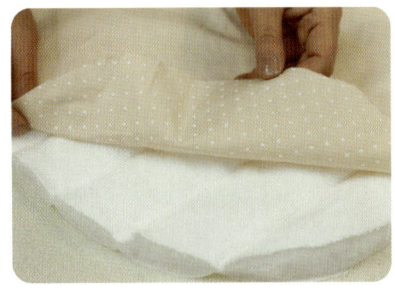

1 몸판 타월 누비원단과 미끄럼방지 원단을 겉과 겉이 마주보게 놓고, 창구멍 10cm정도를 남기고 시접 1cm로 전체를 박음질합니다.

2 몸판의 라운드 부분에 가위집을 내 줍니다.

3 뒤집어서 창구멍을 막아줍니다.

프릴 달기

말아박기 노루발 교체

주름 노루발 교체

1 프릴원단의 양쪽 가장자리를 말아 박습니다.

2 시접 2mm로 가장자리를 박음질해 프릴을 만들어줍니다.

평 노루발 교체

3 만들어 놓은 프릴을 몸판의 가장자 리에 놓고 전체를 둘러 박아줍니다.

4 집안의 분위기에 맞게 발매트나 러 그로 활용해보세요.

처음에는 수업을 마칠 때 까지 한마디 대답도 없이
고개만 끄덕이던 분이 홈패션 과정이 끝날 무렵 웃음을 띠던
교육생이 생각납니다. 우울증에 시달렸던 분이였죠.

홈패션 교육을 하면서
많은 사람들과 이런 저런 모습 안에서
그 분의 환한 미소는
오래도록 비워지지 않고 남아 있을 것 같습니다.

Part 5

밝고 명랑한
아이방 꾸미기

Dreams come true

아이를 위해 하나라도 더 해주고 싶은 것이 엄마의 마음입니다.
아이의 방을 꿈과 희망이 자라날 수 있는 공간으로 꾸며주세요.
아이들은 금방 자라기 때문에 실용성 있는 소품들로 꾸며주는 것이 좋아요.
그렇다고 실용성만 높고 투박한 물건들로만 꾸밀 수는 없겠지요!

아이의 성격과 개성에 맞게 직접 아이의 방을 꾸며주세요.
밝고 명랑한 아이를 위한 방 꾸미기! 이제부터 시작해볼까요?

아동용 이불 세트

피부가 민감한 아이도 마음 놓고 재울 수 있는 이불 세트를 만들어보세요.
염색 가공을 거치지 않아 민감한 피부에도 걱정 없는 광목원단과 심플한 체크무늬 원단이
아이의 방을 포근하고 환하게 감싸준답니다.

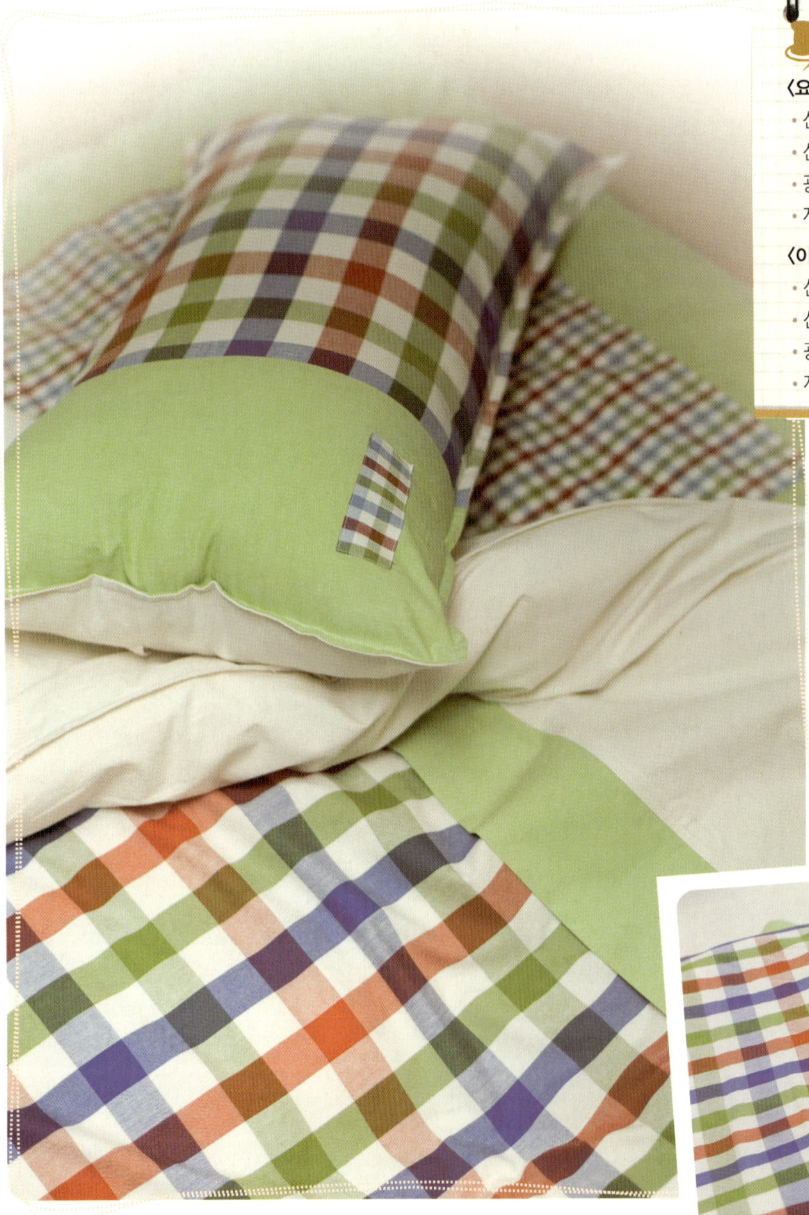

재료

〈요커버〉
• 선염 체크원단 (앞판)
• 선염지 (덧단)
• 광목원단 (뒤판, 뒤판 상단)
• 지퍼

〈베개커버〉
• 선염 체크원단 (앞판)
• 선염지 (앞판)
• 광목원단 (뒤판, 뒤판 상단)
• 지퍼

〈이불커버〉
• 선염 체크원단 (앞판, 포인트)
• 선염지 (덧단)
• 광목원단 (앞판 상단, 뒤판, 뒤판 옆단)
• 지퍼

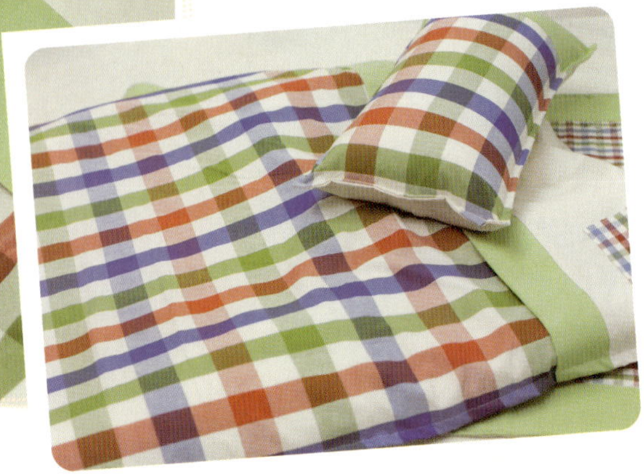

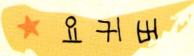
요 커버

선염 체크원단 (앞판)
60cm×160cm 1장

선염지 (덧단)
20cm×200cm 2장
20cm×60cm 2장

광목원단
(뒤판) 100cm×190 1장
(뒤판 상단) 100cm×15cm 1장

지퍼 약 85cm

<앞>

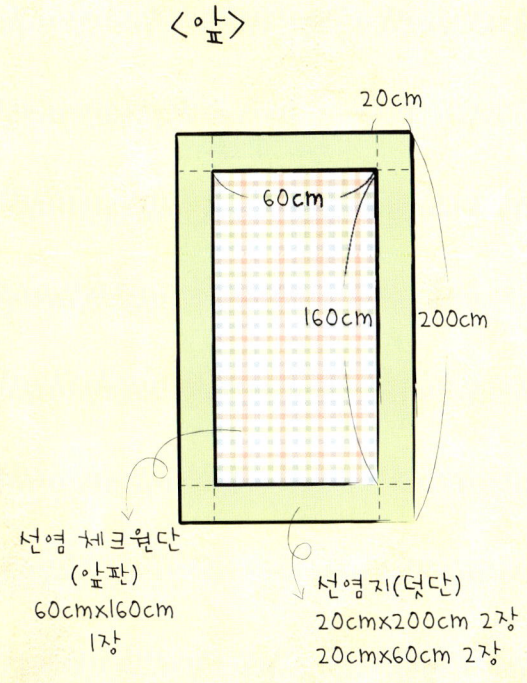

20cm
60cm
160cm   200cm

선염 체크원단
(앞판)
60cmx160cm
1장

선염지(덧단)
20cmx200cm 2장
20cmx60cm 2장

<뒤>

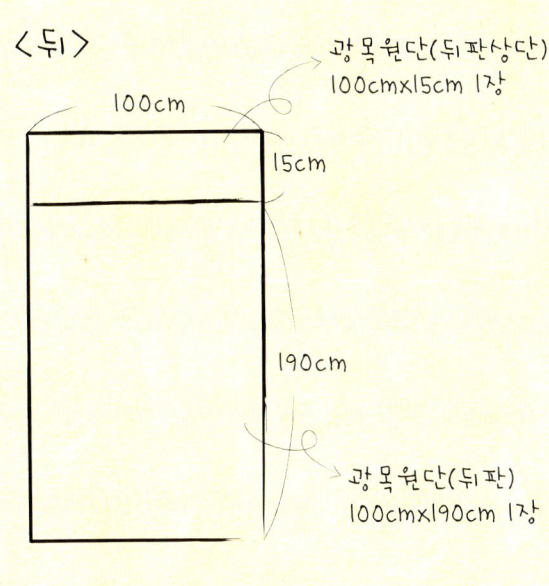

광목원단(뒤판상단)
100cmx15cm 1장

100cm

15cm

190cm

광목원단(뒤판)
100cmx190cm 1장

♥ 시접이 포함된 재단치수입니다.
♥ 완성 치수 : 100cm×200cm
♥ 요 솜은 100cm×190cm입니다.

앞판 만들기

1 덧단 200cm 선염지를 앞판 선염 체크원단의 160cm 부분에 겉과 겉 이 마주보게 놓고,

2 시접 1cm로 박음질합니다.

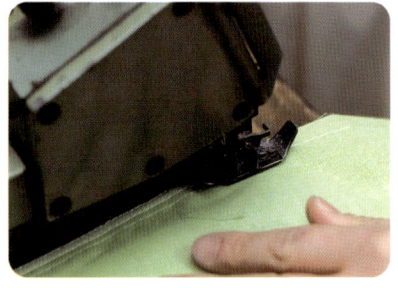

3 박음질한 가장자리를 오버로크 처 리합니다.

4 원단을 펼친 후 겉에서 눌러박기합 니다.

5 앞판의 나머지 가장자리에 동일한 방법으로 덧단을 박음질합니다.

뒤판 만들기

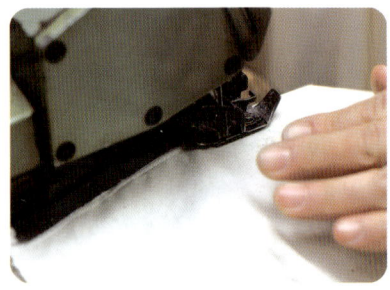

1 뒤판 광목원단과 작은 광목원단의 상단(100cm부분) 한쪽씩을 오버로 크 처리합니다.

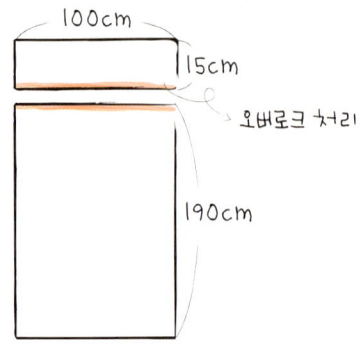

100cm

15cm

오버로크 처리

190cm

2 작은 광목원단의 오버로크 처리한 부분을 1cm 접어서

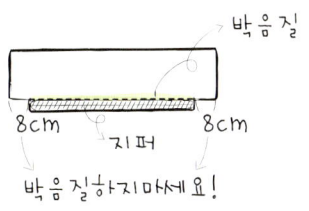

박음질

8cm   지퍼   8cm

박음질하지마세요!

3 지퍼 위에 놓고 겉쪽에서 처음과 끝의 8cm 간격을 띄고 박음질합니다.

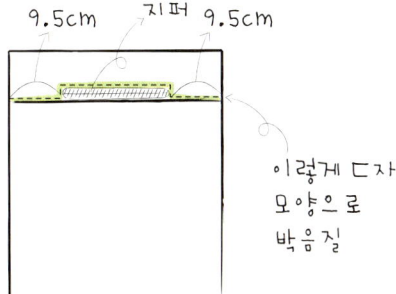

4 뒤판 광목원단도 오버로크 처리한 부분을 2cm 접고,

위에서 9.5cm정도 일자로 박다가 ㄷ자로 박아줍니다.

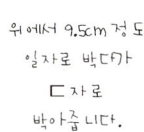

9.5cm   지퍼   9.5cm

이렇게 ㄷ자 모양으로 박음질

5 지퍼를 단 광목원단 위에 덮어서 박음질합니다.

how to make **3**

앞판과 뒤판 합폭하여 완성하기

1 만들어 놓은 앞판과 뒤판을 겉과 겉이 마주보게 놓고 가장자리 전체를 시접 1cm로 박음질합니다.

2 뒤집어서 다림질 한 후,

3 노루발 간격으로 가장자리 전체를 눌러박기합니다.

4 요 솜을 넣어주어 마무리합니다.

★ 이불커버

선염 체크원단
(앞판) 160cm×185cm 1장
(포인트) 20cm×10cm 1장

선염지 (덧단)
20cm×160cm 1장

광목원단
(앞판) 160cm×35cm 1장
(뒤판) 150cm×210cm 1장
(뒤판 옆단) 15cm×210cm 1장

지퍼 약 195cm

〈앞〉

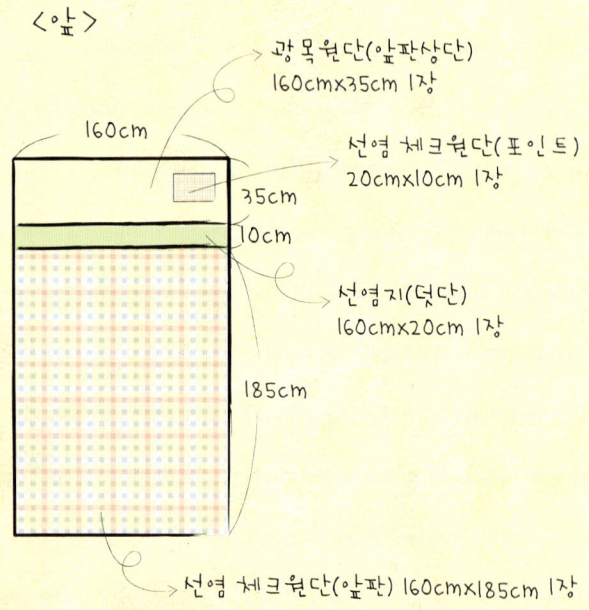

광목원단(앞판상단)
160cm×35cm 1장

선염 체크원단(포인트)
20cm×10cm 1장

선염지(덧단)
160cm×20cm 1장

선염 체크원단(앞판) 160cm×185cm 1장

〈뒤〉

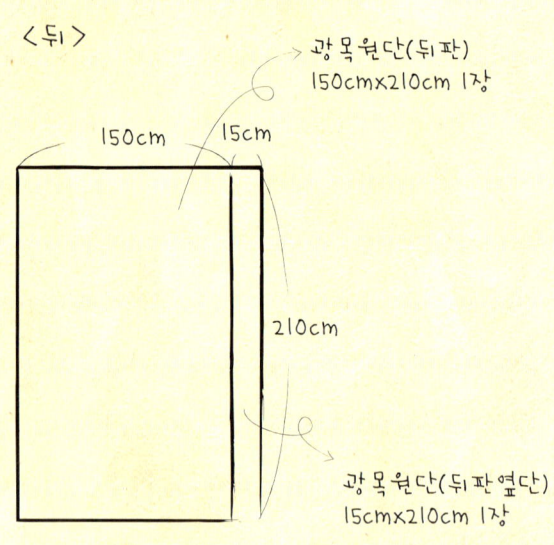

광목원단(뒤판)
150cm×210cm 1장

광목원단(뒤판옆단)
15cm×210cm 1장

♥ 시접이 포함된 재단치수입니다.
♥ 완성 치수 : 160cm×210cm
♥ 이불 솜 160cm×200cm입니다.

선염 체크원단 (앞판)
60cm×45cm 1장

선염지 (앞판)
20cm×45cm 1장

광목원단
(뒤판) 80cm×3cm 1장
(뒤판 상단) 80cm×22cm 1장

지퍼 약 65cm

〈앞〉

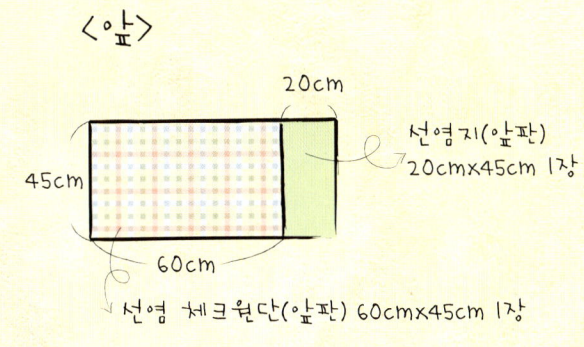

20cm
45cm
60cm
선염지(앞판)
20cmx45cm 1장
선염 체크원단(앞판) 60cmx45cm 1장

〈뒤〉

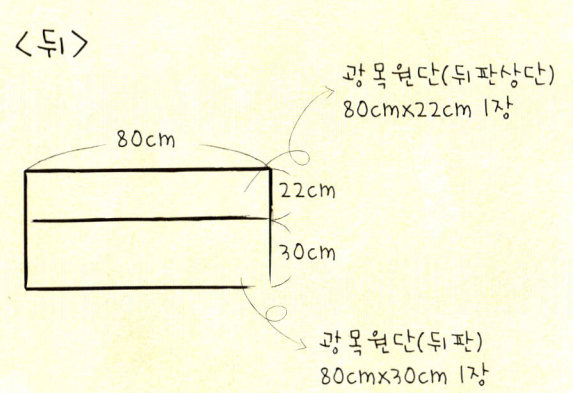

광목원단(뒤판상단)
80cmx22cm 1장
80cm
22cm
30cm
광목원단(뒤판)
80cmx30cm 1장

♥ 시접이 포함된 재단치수입니다.
♥ 완성치수 : 80cm×45cm
♥ 베개 솜은 40cm×60cm입니다.

앞판 만들기

1 덧단 선염지를 세로로 반을 접고,

2 시접 1cm로 가장자리를 박음질합니다.

3 만들어 놓은 덧단을 앞판 선염 체크 원단의 가로부분(160cm 부분)에 겉과 겉이 마주보게 놓고,

4 시접 1cm로 박음질합니다.

5 앞판 광목원단을 덧단 위에 놓고,

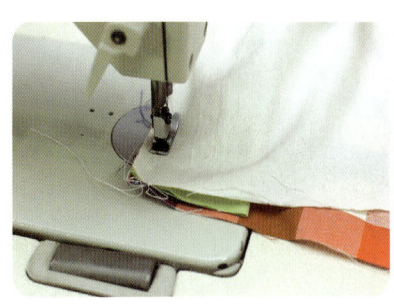

6 시접 1cm로 박음질한 후,

7 박음질한 가장자리를 오버로크 처리합니다.

8 앞판을 펼쳐서 광목원단과 덧단의 박음선에 두 줄로 눌러박기합니다.

9 포인트 선염 체크원단의 가장자리를 1cm씩 접은 후,

10 앞판 광목원단의 적당한 위치에 놓고 가장자리를 눌러박아 포인트를 줍니다.

how to make 5

뒤판 만들기

1 뒤판 광목원단과 작은 광목원단의 옆면(210cm부분) 한쪽씩을 오버로크 처리합니다.

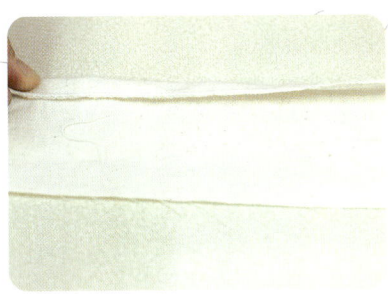

2 작은 광목원단의 오버로크 처리한 부분을 1cm 접어서,

지퍼 노루발 교체

3 지퍼의 위에 놓고 겉쪽에서 처음과 끝의 10cm 간격을 띄우고 박음질 합니다.

4 뒤판 광목원단 역시 오버로크 처리한 부분을 2cm 접고,

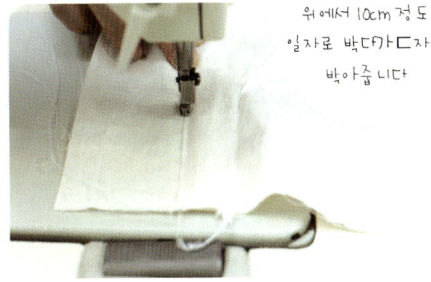

위에서 10cm정도 일자로 박다가 C자로 박아줍니다

5 지퍼를 단 광목원단 위에 덮어서 박음질합니다.

how to make 6

앞면과 뒷면 합폭하기

평 노루발 교체

1 만들어 놓은 앞판과 뒤판을 겉과 겉이 마주보게 놓고,

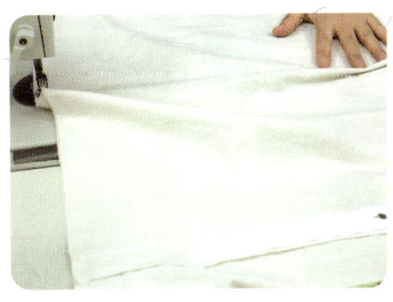

2 가장자리 전체를 시접 1cm로 박음질합니다.

3 지퍼를 통해 뒤집은 후 다림질하고, 노루발 간격으로 눌러박기합니다.

4 이불 솜을 넣어 지퍼를 닫아줍니다.

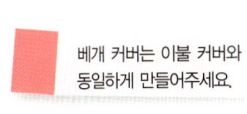
베개 커버는 이불 커버와 동일하게 만들어주세요.

Object 32 |

올록볼록 러그

집안에서도 늘 뛰어노는 아이들을 위한 올록볼록 러그입니다.
아이들이 뛰어놀아도 푹신한 감촉이 소음을 완화시켜주고, 깔개로서
미끄럼방지도 해준답니다. 하지만 너무 많이 뛰는 아이들은 말려주세요.
아이들 보호용구로도 사용할 수 있는 올록볼록 러그! 한번 만들어볼까요!

재료

- 40수 솔리드원단 흰색 (앞면)
- 40수 솔리드원단 보라 (앞면, 뒷면, 뒤판)
- 프릴 흰색
- 프릴 보라색
- 방울 솜

40수 솔리드원단 흰색
13cm×13cm 48장 (앞면)

40수 솔리드 원단 보라색
13cm×13cm 117장 (앞면)
9cm×9cm 165장 (뒷면)
108cm×80cm 1장 (뒤판)

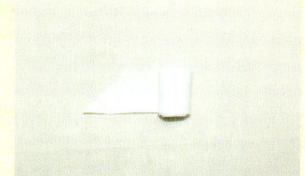

프릴 흰색
폭 8cm, 길이 약 390cm

프릴 보라색
폭 8cm, 길이 약 390cm

방울 솜

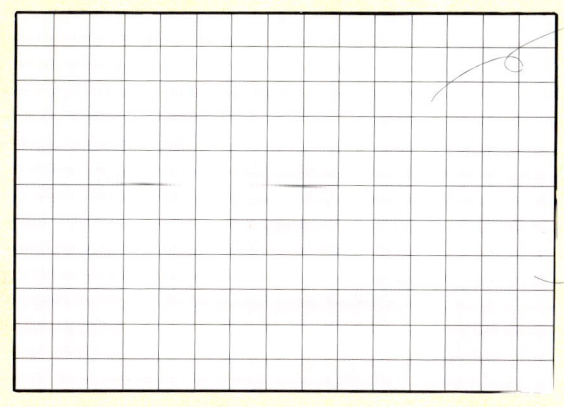

40수 솔리드원단 흰색(앞면)
13cm×13cm 48장

40수 솔리드원단 보라색(앞면)
13cm×13cm 117장

40수 솔리드원단 보라색(뒷면)
9cm×9cm 165장

108cm

80cm

40수 솔리드원단(뒤판)
108cm×80cm 1장

♥ 시접이 포함된 재단치수입니다.
♥ 완성 치수 : 100cm×70cm

조각천 연결하기

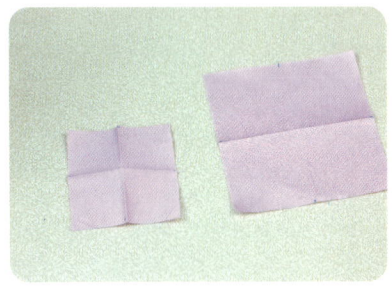

1 40수 솔리드원단 앞면과 뒷면을 4면의 중심을 표시합니다.

2 뒷면 위에 앞면의 중심을 맞춰 겹쳐 놓고,

3 4면을 맞주름 잡아가면서 박음질합니다.

4 동일한 방법으로 모든 조각원단의 앞면과 뒷면을 박음질합니다.

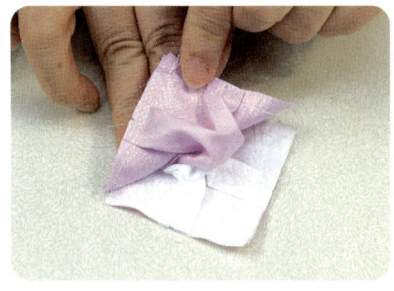

5 만들어놓은 조각을 겉과 겉이 마주보게 놓은 후, 시접 1cm로 박음질합니다.

6 동일한 방법으로 11개의 조각들을 이어줍니다.

7 11개씩 이어진 조각 2줄을 겉과 겉이 마주보게 놓고, 시접 1cm로 박음질해서 이어줍니다.

8 동일한 방법으로 15줄을 모두 연결해주세요.

how to make **2**

프릴 만들기

1 프릴 보라색 원단과 흰색원단의 한 쪽 면을 말아박기합니다.

2 프릴 보라색 원단 위에 프릴 흰색 원단을 올려놓고 말아박지 않은 쪽 으로 겹쳐서 박음질합니다.

3 말아박지 않은 쪽의 가장자리를 박 음질해 프릴을 만들어줍니다.

how to make **3**

프릴 부착하기

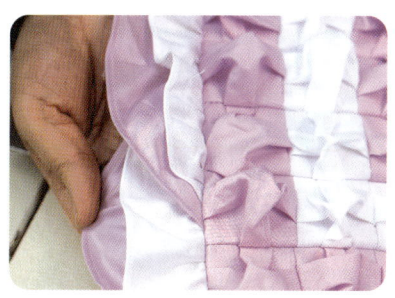

1 프릴을 몸판의 가장자리에 겉과 겉 이 마주보게 놓고, 프릴의 박음선에 맞춰서 전체를 박음질합니다.

2 깔끔한 마무리를 위해 프릴을 45° 위로 올려 박음질하는 것이 좋습니다.

앞면과 뒷면 합폭하기

1 뒤판 솔리드원단과 만들어놓은 몸판을 겉과 겉이 마주보게 놓고, 창구멍을 제외한 전체를 시접 1cm로 박음질합니다.

2 뒷면의 조각들을 십자 모양으로 가위집을 내줍니다.

3 가위집을 내준 부분을 통해 적당량의 솜을 넣어줍니다.

4 가위집을 내준 부분을 감침질해 막아줍니다.

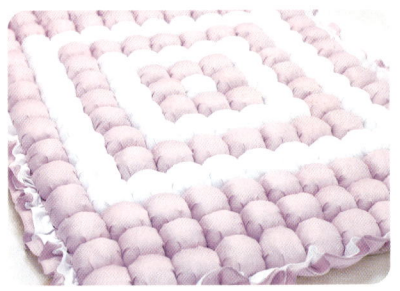

5 남겨둔 창구멍을 통해 뒤집은 후 공그르기 하면, 올록볼록 러그가 완성됩니다.

 **Object 33** | # 캔디 베개

어른들에게 죽부인이 있다면, 아이들에게는 캔디 베개가 있다?
아이들이 끌어안고 자기에 좋은 캔디 베개를 소개합니다. 크기를 작게 만들면
신생아의 동글동글한 두상을 위한 캔디 베개로도 사용할 수 있답니다.
아이들이 사용하는 용품이니만큼 소재 선택에 신경을 써주세요. 순면원단과 같은
저자극원단을 사용하면 아이들 피부에도 자극적이지 않아 좋답니다.

재료

- 트윌원단 (몸판)
- 무지 트윌원단 (날개)
- 패딩 솜
- 끈 통로
- 끈

트월원단 (몸판)
110cm×80cm 1장

무지 트월원단 (날개)
25cm×80cm 2장

패딩 솜
112cm×82cm 1장

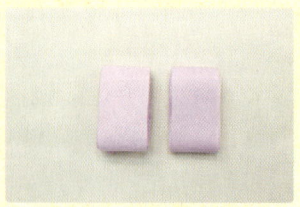

끈 통로
폭 4.5cm, 길이 80cm 2장

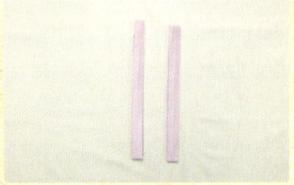

끈 폭 3.2cm 길이 130cm 2장

원통 솜
지름 25mm, 100cm×80cm

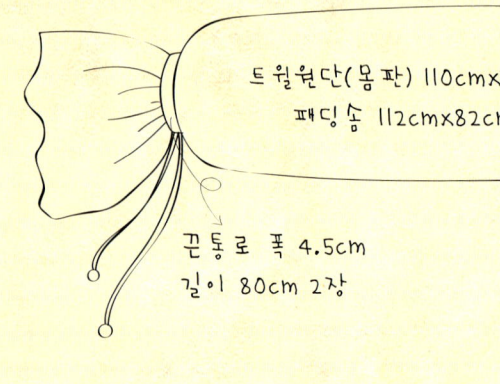
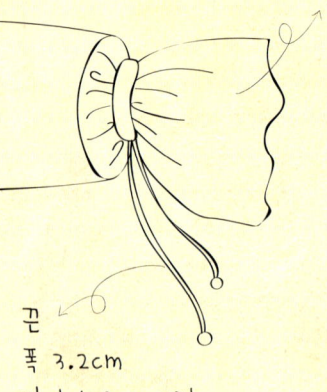

무지 트월원단(날개)
25cmx80cm 2장

트월원단(몸판) 110cmx80cm 1장
패딩솜 112cmx82cm 1장

끈통로 폭 4.5cm
길이 80cm 2장

끈
폭 3.2cm
길이 130cm 2장

♥ 시접이 포함된 재단치수입니다.
♥ 완성 치수 : 100cm×80cm

오버로크 처리하기

1 몸판 트윌원단을 패딩 솜 위에 올려 놓고, 가장자리 전체를 오버로크 처리합니다.

2 날개 무지 트윌원단 2장을 긴 면의 한쪽을 제외한 3면을 오버로크 처리합니다.

날개만들기

두번접어박기

3면 오버로크처리하기

1 날개의 오버로크 처리하지 않은 긴 쪽을 1cm씩 두 번 접어박습니다.

2 끈 통로 트윌원단을 위아래 1cm씩 접어서 다림질합니다.

3 끈 통로의 양 끝도 1.5cm씩 접어 다림질합니다.

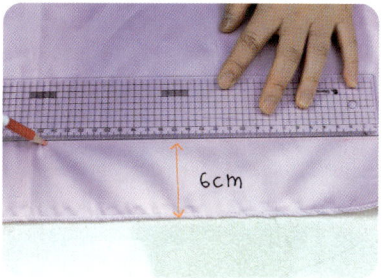

6cm

4 날개의 오버로크 처리한 긴 쪽에서 6cm 지점을 표시합니다.

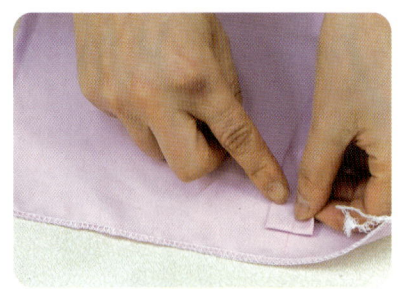

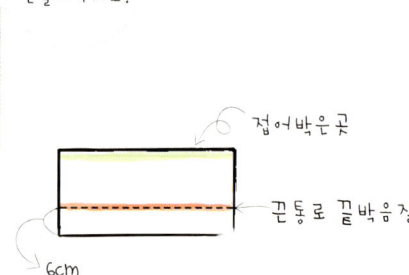

날개는 두 장을
만들어 주세요!

5 만든 끈 통로를 양 옆 1.5cm씩
남기고 표시해놓은 선 끝에 맞춰

6 양쪽 모두 끝박음질합니다.

접어박은곳

끈통로 끝박음질

6cm

how to make 3

몸판에 날개 부착하기

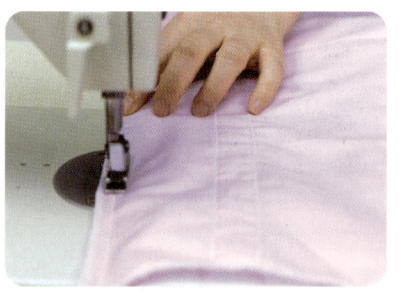

1 만들어놓은 몸판에 날개를 겉과 겉
이 마주보게 놓고,

2 시접 1cm로 박음질합니다.

반대쪽 날개도 동일한
방법으로 몸판에
연결해주세요!

3 시접을 안쪽으로 하여, 겉에서 0.5cm 간격으로 눌러 박습니다.

208

끈 만들기

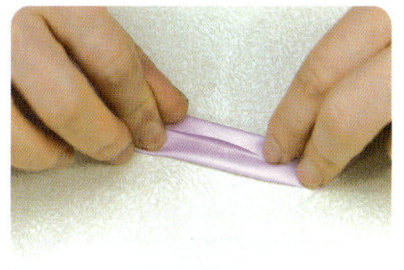

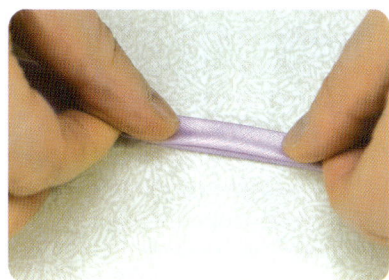

1 끈을 바이어스 접기 한 후,

2 다림질하고 끝박음질합니다.

몸판박음질해서
완성하기

1 몸판을 겉끼리 마주보게 반으로 접은 후,

2 가장자리를 시접 1cm로 박음질합니다.

3 뒤집어서 솜을 집어넣고, 바이어스 끈에 옷핀을 끼워 날개 끈 통로에 넣어서 잡아당겨주면 완성됩니다.

Part 6

우리아이를위한
신생아용품만들기

Be grow up to pretty.

아주 특별한 선물

아이가 태어나 처음으로 입는 배냇저고리와 손과 보호하기 위한 손발싸개,
그리고 엄마를 위한 수유 쿠션에서 회음부 쿠션까지,
신생아와 출산 후의 엄마를 위한 세상에서 하나뿐인 선물을 만들어보세요.
용품 하나하나에 아이의 이니셜을 새겨놓는다면 훗날에도 아주 의미 있는 추억으로 남을 거예요.
원단을 선택할 때에는 연약한 아이의 피부를 부드럽게 감싸주는
천연소재의 오가닉 원단이나 20번 이상 세탁하여 나오는 워싱면을 사용하는 것이 좋습니다.

Object 34 |

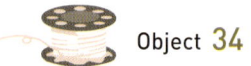

배냇저고리

이제 막 세상으로 나온 우리 아이를 위한 엄마의 첫 선물.
배냇저고리는 아이가 태어나서 처음으로 입는 옷이기 때문에 큰 의미가 담겨있어요.
그래서 많은 사람들은 배냇저고리를 오래도록 간직하곤 합니다. 요즘은 배냇저고리를
직접 만들어주려는 엄마들이 많아졌답니다. 아이의 첫 번째 옷을 직접 만들어준다면
더 큰 의미가 담겨 오랫동안 소중하게 간직하게 될 거예요.

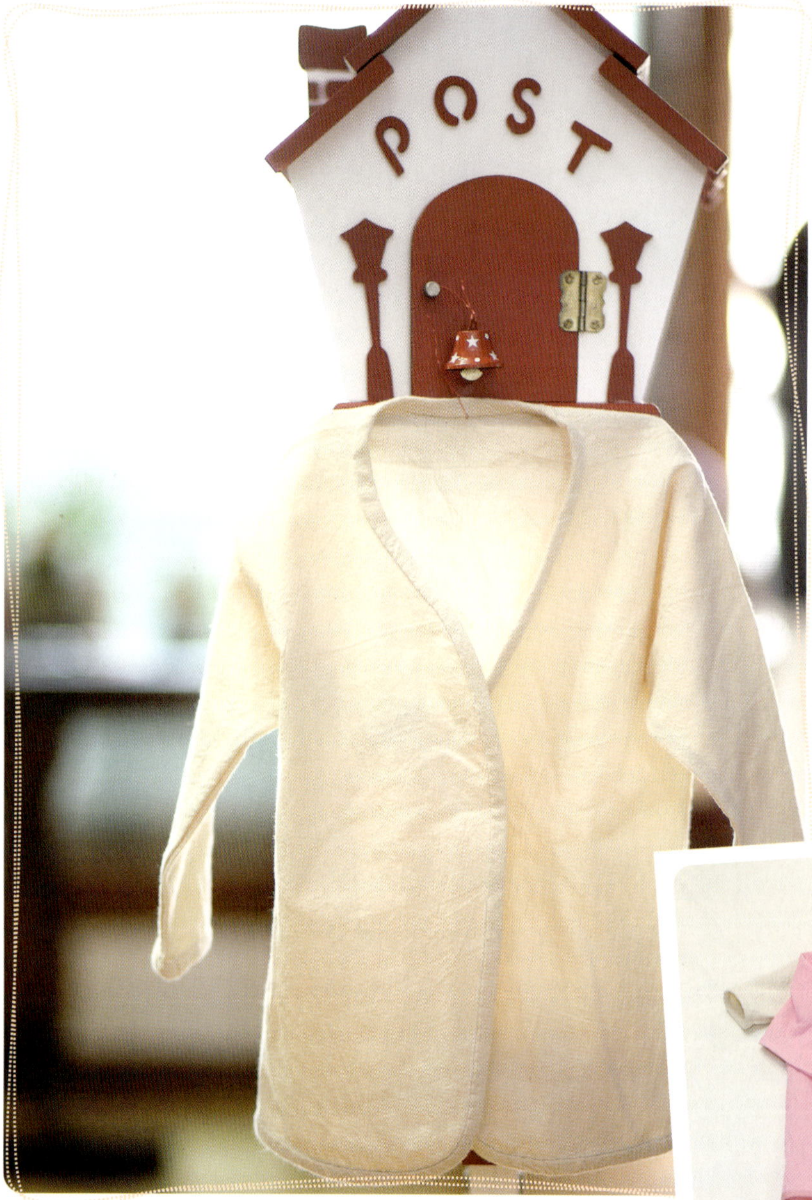

재료

- 20수 워싱면
- 면 바이어스

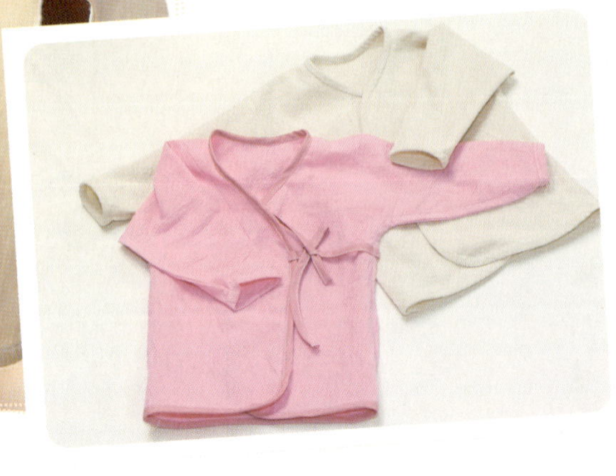

20수 워싱면

면 바이어스 230cm

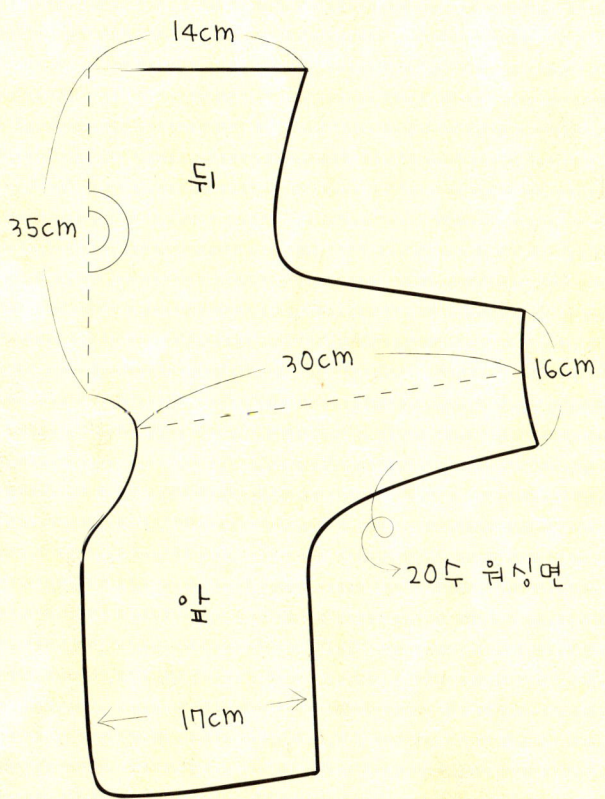

14cm

35cm

뒤

30cm

16cm

20수 워싱면

앞

17cm

♥ 시접이 포함된 재단치수입니다.
♥ 일러스트와 실물본은 배냇저고리의 반쪽만 그려져 있습니다.
♥ 실물본을 활용하여 양쪽을 그려준 후 재단해주세요.

몸판박음질하기

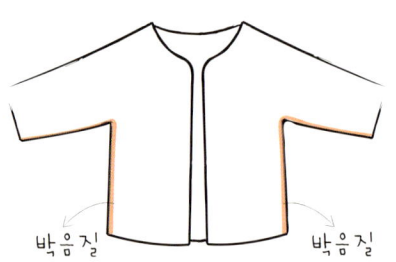

1 재단한 원단을 어깨선에 맞추어 접고,

2 팔 안쪽 선을 시접 0.5cm로 박음질합니다.

3 뒤집은 후 겉에서 팔 안쪽 선을 시접 1cm로 눌러박기합니다.

4 안쪽 면의 하단에 바이어스를 놓고,

5 가장자리 전체를 시접 1cm로 돌려박습니다.

6 바이어스를 앞쪽으로 넘기고,

7 두 번 접어 박음질합니다.

8 시접은 뒤쪽으로 젖혀주세요.

9 손목 부분은 겉으로 두 번 접어서 감침질합니다.

how to make 2

끈 만들어 부착하기

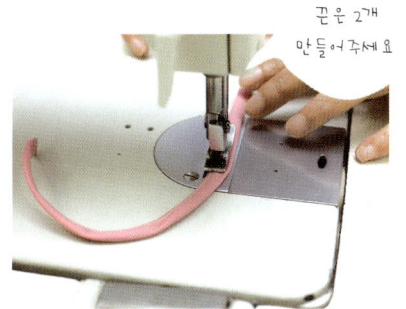

끈은 2개 만들어주세요

1 면 바이어스를 바이어스 접기해서 끝박음질합니다.

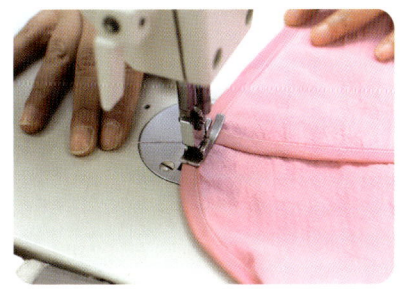

2 만들어 놓은 두 개의 끈을 몸판의 겉면에 사진과 같이 놓고,

3 바이어스 박음선에 맞춰 박음질합니다.

4 끈을 바깥쪽으로 넘기고 바이어스 선에 맞춰 한번 더 박음질합니다.

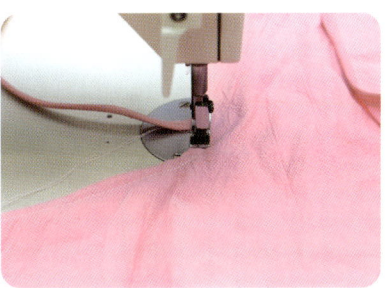

5 바깥쪽 끈 역시 동일한 방법으로 박음질합니다.

6 끈을 묶어주면 완성입니다.

손 · 발싸개

신생아들은 피부가 약해서 손과 발을 꼼지락거리다가 얇은 손톱과 발톱에 의해
상처가 나곤 한답니다. 때문에 아기의 피부를 보호하고 체온유지를 위한
손 · 발싸개는 꼭 필요하다고 할 수 있어요. 아기의 약한 피부를 위해 원단 선택에
특히 더 신경을 써주셔야 하는 것, 잊지 않으셨죠?

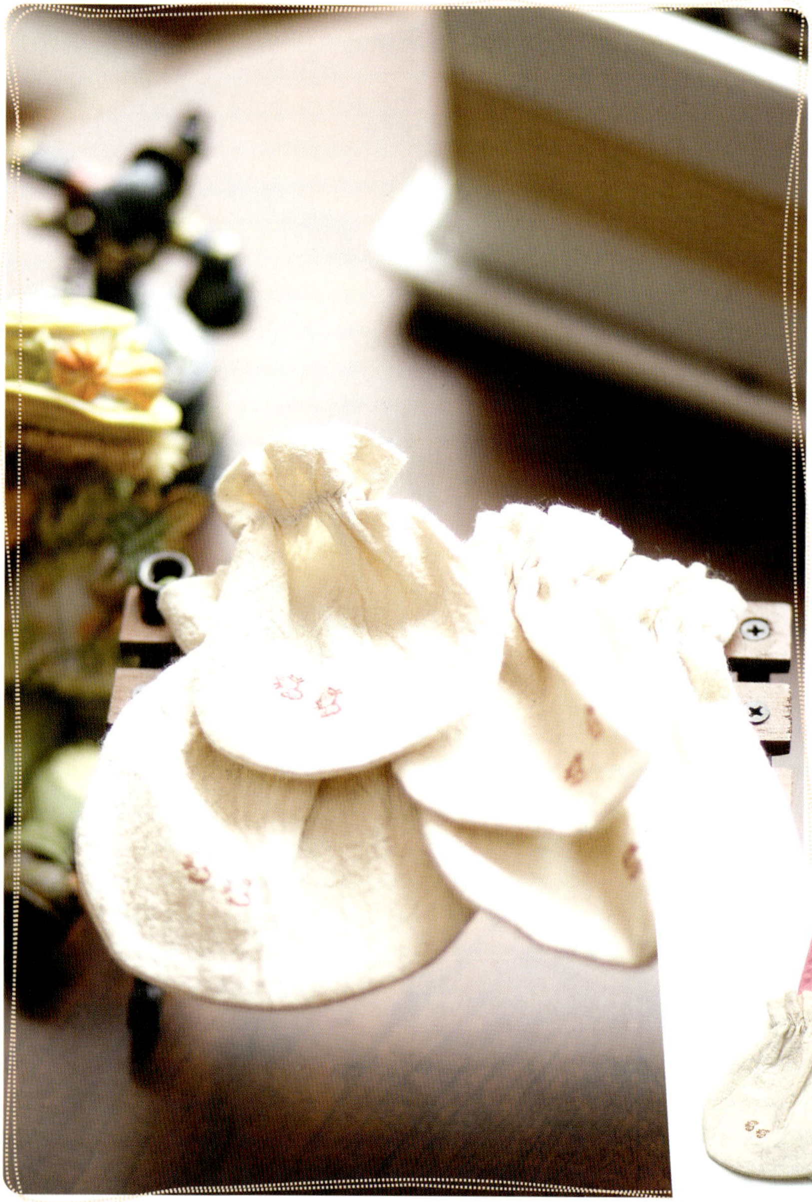

재료

- 20수 워싱면
- 고무줄

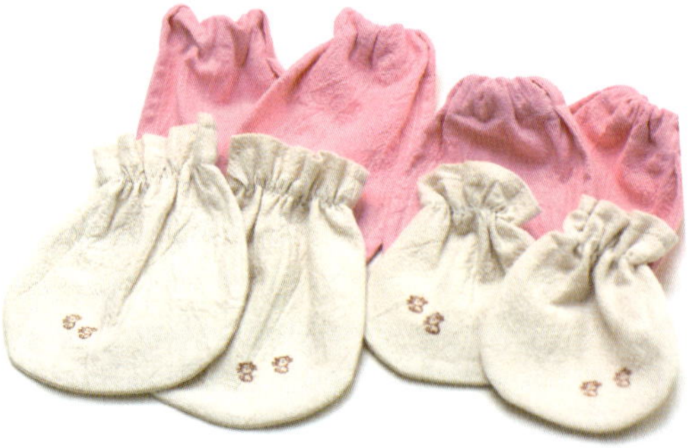

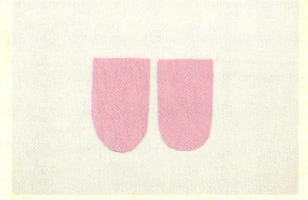

20수 워싱면

고무줄 약간

★ 손 싸개

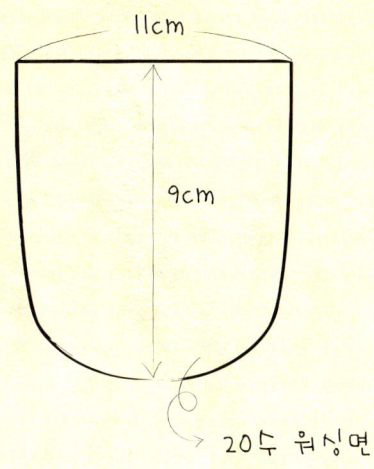

11cm

9cm

20수 워싱면

★ 발싸개

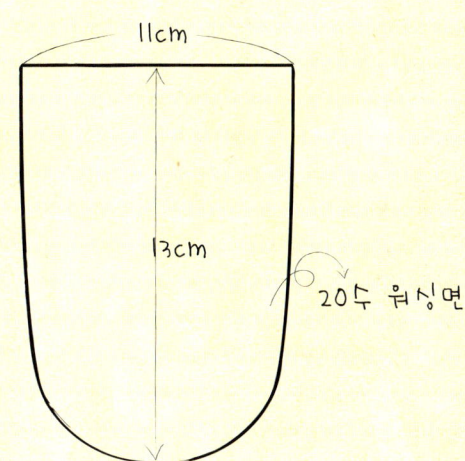

11cm

13cm

20수 워싱면

♥ 시접이 포함된 재단치수입니다.
♥ 손싸개는 발싸개보다 조금 작게 만들어 주세요.
♥ 실물본을 활용하세요.

how to make **1**

손·발싸개 만들기

1 20수 워싱면을 겉과 겉이 마주보게 놓고,

2 상단을 제외한 나머지 부분을 시접 0.5cm로 박음질한 후,

3 뒤집어줍니다.

4 겉에서 시접 1cm로 눌러 박습니다.

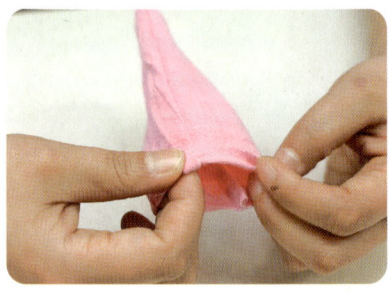

5 상단을 겉으로 1cm 접고, 다시 2cm 를 접습니다.

6 창구멍 1cm 가량을 남기고 감침질합니다.

7 남긴 창구멍으로 옷핀에 고무줄을 끼워 넣어주고,

8 손가락 2개정도 들어갈 수 있도록 고무줄을 당겨서 묶어줍니다.

손싸개는 발싸개와 동일한 방법으로 만들어주세요!

218

 **Object 36** | 턱받이

아기는 6개월 정도 되면 이유식을 먹기 시작하는데요. 이유식을 먹을 때
옷에 흘리기도 하고, 침을 흘리기도 한답니다. 이때부터 필요한 것이 바로 턱받이에요.
턱받이로 아기의 옷을 보호해주세요. 턱받이가 없다면 엄마는 하루 종일 빨래에
시달려야 할지도 몰라요!

재료

• 20수 워싱면
(몸판 2장, 눈 모양, 입 모양, 끈)

20수 워싱면
(몸판 2장, 눈, 입)

20수 워싱면 (끈)
폭 4cm, 길이 28cm 2장

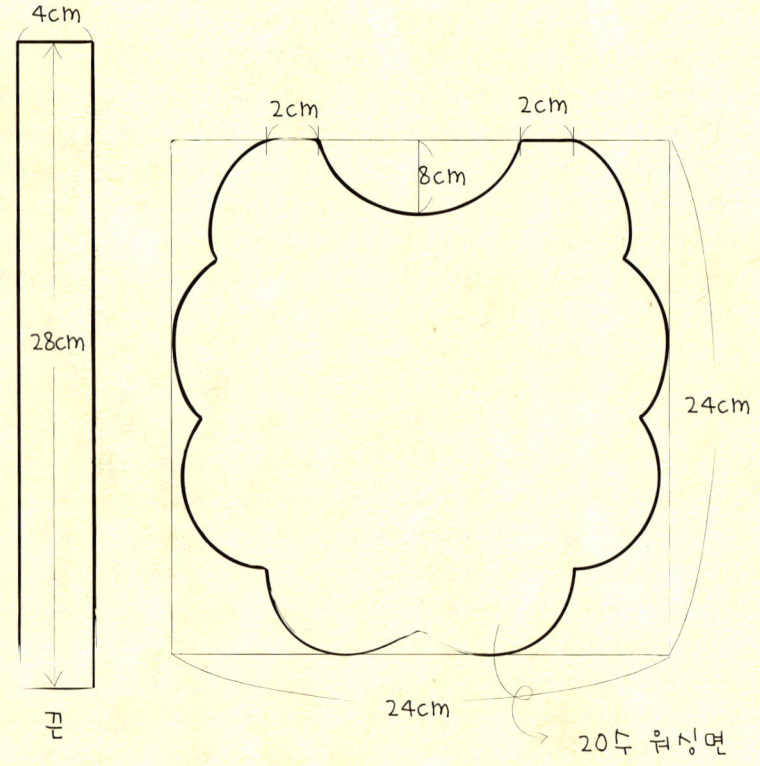

4cm

28cm

끈

2cm   2cm

8cm

24cm

24cm

20수 워싱면

how to make **1**

몸판에 눈 코 입 달기

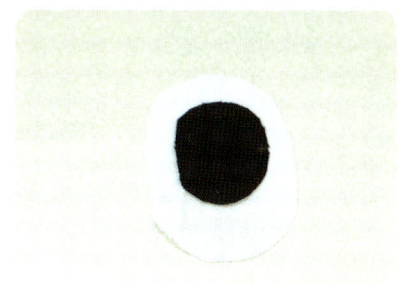

1 눈을 만들어 줄 흰색 천 위에 검은 천을 놓고,

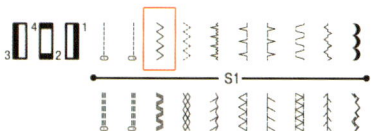

2 재봉틀의 패턴을 지그재그모양으로 맞춰놓고,

3 검은 가장자리에 맞춰 박음질합니다.

4 속눈썹은 눈 모양의 흰색 천 안에 놓고 박음질하고, 눈과 입을 봄판 워싱면에 박음질합니다.

how to make **2**

끈 만들어 부착하기

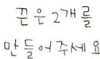
끈은 2개를 만들어주세요

1 끈 워싱면을 바이어스 접기해서 상단을 제외한 3면을 끝박음질합니다.

2 만든 끈을 몸판의 어깨부분에 사진처럼 놓고, 노루발 간격으로 박음질해 연결합니다.

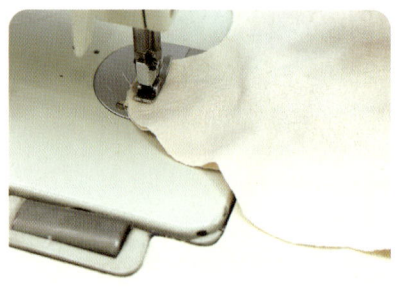

3 끈을 부착한 몸판과 몸판 워싱면을 겉과 겉이 마주보게 놓고,

4 창구멍을 남겨두고 가장자리 전체를 시접 1cm로 박음질합니다.

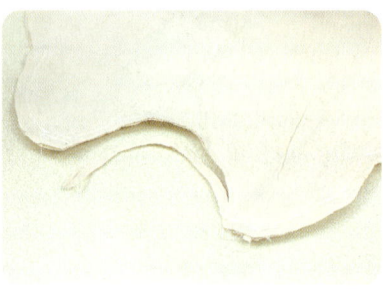

5 전체 시접을 0.5cm만 남도록 가장자리를 잘라냅니다.

6 창구멍을 이용해서 뒤집은 후 공그르기 하면 턱받이가 완성됩니다.

Object 37 |

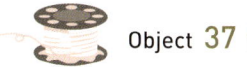

겉싸개

사랑스런 아기를 포근하게 감싸줄 겉싸개에요.
겉싸개는 외출 시 아기의 보온역할과 함께 외부의 충격에서 보호해주는
역할을 하기 때문에 아기들에게 꼭 필요한 물건 중 하나랍니다.
외출 시에는 물론이고 집안에서도 차렵이불로 사용할 수 있습니다.

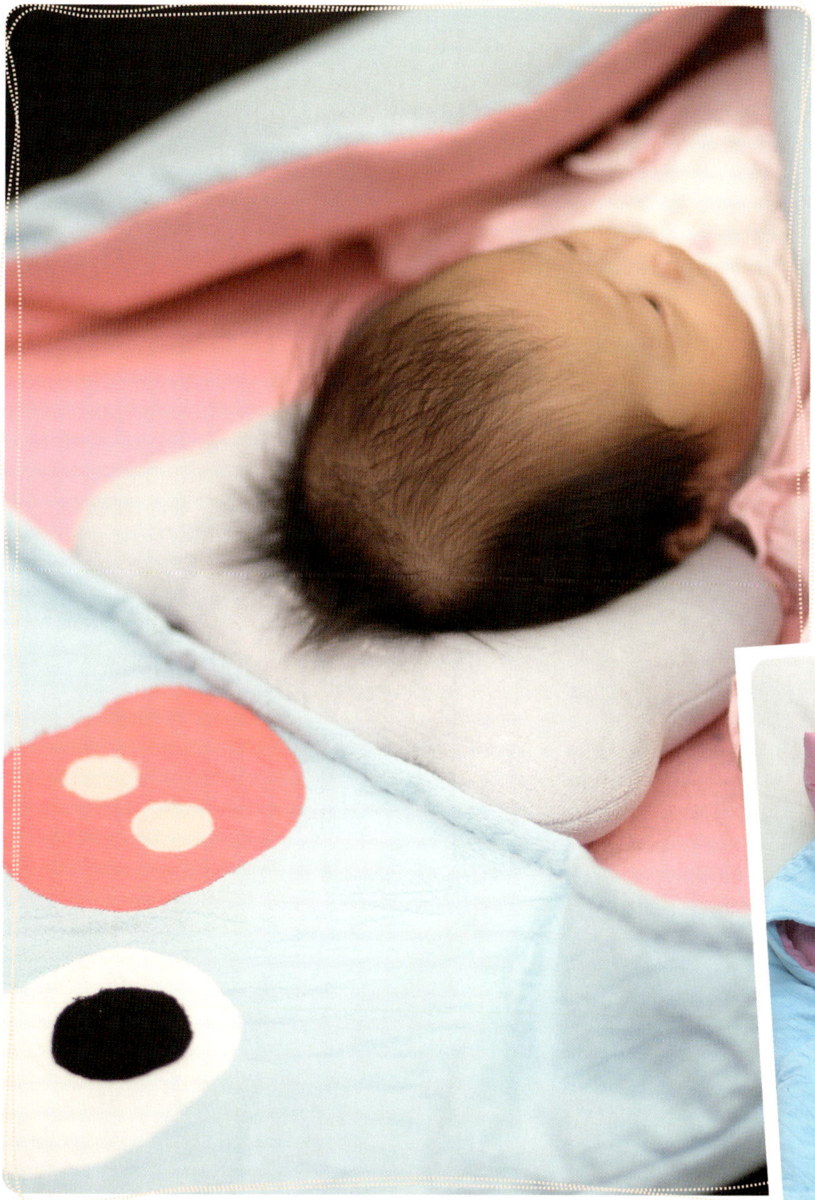

재료

- 20수 워싱면 (몸판, 머리, 귀, 눈 모양, 코 모양)
- 패딩 솜 (몸판, 머리)
- 구름 솜

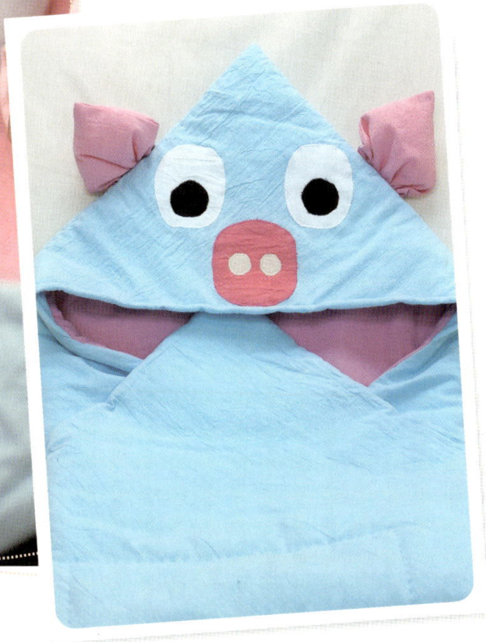

20수 워싱면
(몸판) 90cm×90cm 2장
(머리) 30cm×30cm 1장
(귀) 12cm×12cm 4장
눈과 코에 쓰일 워싱면 약간

패딩 솜
(몸판) 90cm×90cm
(머리) 30cm×30cm

구름솜 약간

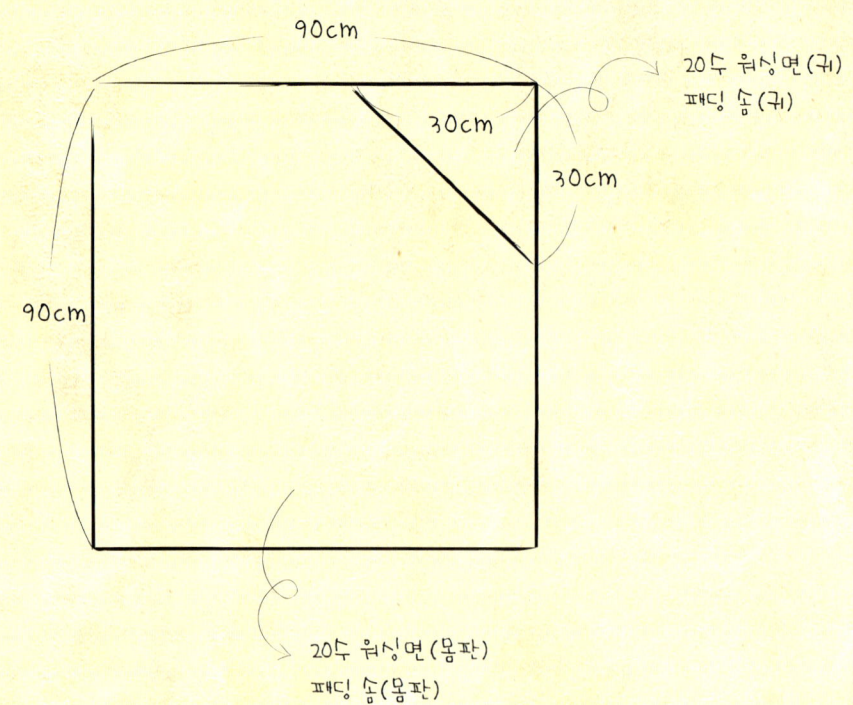

90cm

30cm

30cm

90cm

20수 워싱면(귀)
패딩 솜(귀)

20수 워싱면(몸판)
패딩 솜(몸판)

♥ 시접이 포함된 재단치수입니다.
♥ 완성 치수 : 90cm×90cm

머리 부분에 눈 코 달기

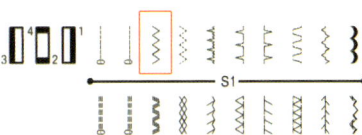

1 재봉틀의 패턴을 지그재그모양으로 맞춰놓고.,

2 눈과 코 모양의 천들을 머리 부분의 적당한 위치에 올려놓고 박음질합니다.

how to make 2

귀 부분 만들기

1 귀 모양에 쓰일 원단 두 장을 겉과 겉이 마주보게 놓고,

2 하단(사선부분)을 제외한 양 옆을 시접 1cm로 박음질합니다.

3 뒤집어서 적당량의 솜을 넣고,

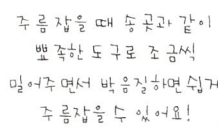

주름잡을 때 송곳과 같이 뾰족한 도구로 조금씩 밀어주면서 박음질하면 쉽게 주름잡을 수 있어요!

4 박음질하지 않은 하단을 약간씩 주름잡아 박음질합니다.

5 귀는 두 장을 만들어주세요.

귀 몸판에 붙이기

  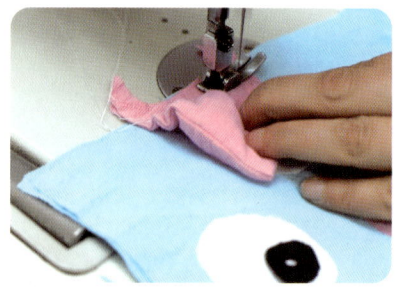

1 작은 패딩 솜 위에 만들어 놓은 머리 부분을 올려놓고 삼각형 모양으로 반을 접습니다.

2 만들어 놓은 귀를 머리 부분의 적당한 위치에 올려놓고,

3 귀의 박음선에 맞춰 박음질합니다.

머리부분과 몸판 연결하기

1 몸판 20수 워싱면 위에 만들어놓은 머리 부분을 올려놓고,

2 머리 부분의 하단을 제외한 양 옆을 시접 1cm로 박음질합니다.

3 큰 패딩 솜 위에 몸판을 올려놓고,

4 가장자리 전체를 시접 1cm로 박음질합니다.

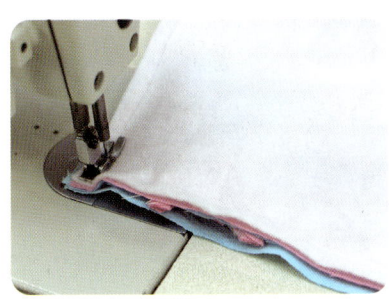

5 몸판 20수 워싱면과 만들어놓은 몸판을 겉과 겉이 마주보게 놓고,

6 하단에 창구멍을 남기고 가장자리 전체를 박음질합니다.

7 창구멍을 통해 뒤집은 후 공그르기 합니다.

8 아기를 포근하게 보호해줄 겉싸개가 완성됩니다.

Object **38** | # 수유쿠션

모유나 분유 수유를 할 때 아기와 엄마 모두 편안하고 안정된 자세를 취할 수 있도록
도와주는 수유 쿠션이에요. 수유할 때는 물론이고 아이를 안고 TV를 시청하거나
컴퓨터를 할 때도 유용하답니다. 아기가 조금 크면 가운데에 아기를 앉히고 등을
받쳐놓을 수도 있어 활용성이 큰 아이템이랍니다.

MUST HAVE ITEM!

재료

- 20수 워싱면 (앞판, 뒤판 상단, 뒤판)
- 패딩 솜
- 프릴
- 20수 워싱면 (코르사주) 꽃잎 10장,
  봉우리 1장
- 지퍼
- 구름 솜

20수 워싱면
(앞판)
(뒤판 상단)
(뒤판 하단)
(프릴) 폭 10cm, 길이 약 300cm

패딩 솜

20수 워싱면 워싱면(코르사주) 꽃잎
10장, 봉우리 1장

지퍼 약 80cm

구름 솜

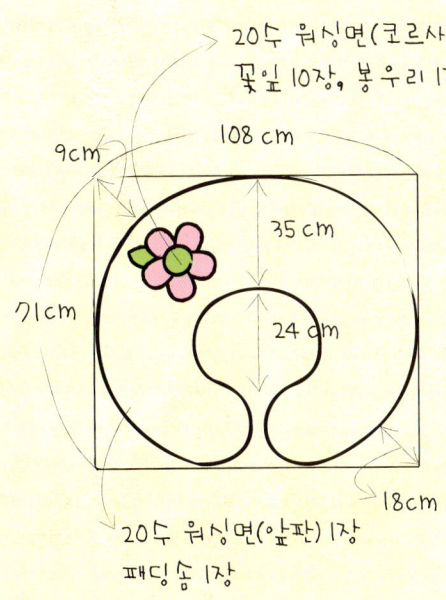

20수 워싱면(코르사주)
꽃잎 10장, 봉우리 1장

9cm

108 cm

35 cm

24 cm

71cm

18cm

20수 워싱면(앞판) 1장
패딩 솜 1장

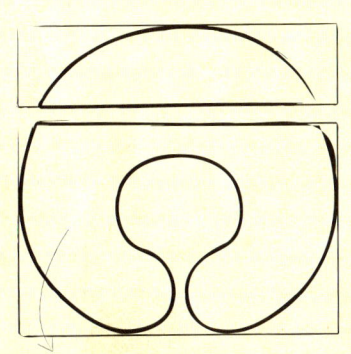

뒤판은 앞판과 동일하게 재단한 뒤
늑 지점을 잘라놓습니다

♥ 시접이 포함된 재단치수입니다.
♥ 완성 치수 : 90cm×90cm
♥ 실물본을 활용하세요.

how to make **1**

앞판 만들기

1 패딩 솜과 앞판 워싱면을 안과 안이 마주보게 놓고,

2 가장자리 전체를 시접 1cm로 박음 질합니다.

주름 노루발 교체

3 프릴을 반으로 접어

4 가장자리를 박음질해 프릴을 만들 어줍니다.

펑 노루발 교체

처음과 마무리시, 프릴을 반대쪽으로 살짝 돌려서 박아주세요.

5 만들어 놓은 앞판의 가장자리에 프릴을 안쪽으로 해서 달아줍니다.

how to make **2**

뒤판 만들기

1 뒤판 상단 워싱면과 하단 워싱면의 가로 부분을 오버로크 처리합니다.

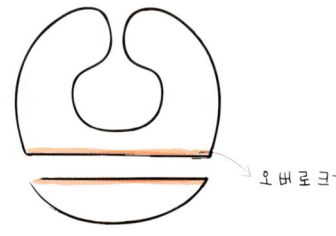

오버로크처리

230

2 뒤판 하단의 오버로크 처리한 부분을 1cm 접은 후,

3 지퍼 위에 올려 시접 1cm로 박음질합니다.

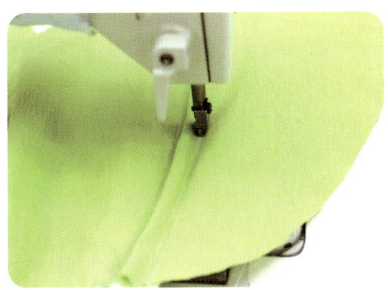

4 뒤판 상단의 오버로크 처리한 부분도 2cm를 접어,

5 뒤판 하단에 박음질한 지퍼를 가리도록 덮은 후, 지퍼의 끝에 맞춰 박음질합니다.

how to make **3**

앞판과 뒤판 합폭하기

뒤집어서 솜을
집어넣으면
몸판이 완성됩니다

1 앞판과 뒤판을 겉과 겉이 마주보게 놓고,

2 가장자리 전체를 시접 1cm로 박음질합니다.

3 완성된 코르사주를 몸판에 달아주면 수유쿠션이 완성됩니다.

① 꽃잎 원단 2장을 겉과 겉이 마주보게 놓고,

② 상단을 제외한 나머지 전체를 노루발 간격으로 박음질합니다.

③ 뒤집어서 구름 솜을 약간 넣어 볼륨감을 줍니다.

④ 박음질하지 않은 상단의 중심을 살짝 접어 주름을 주고,

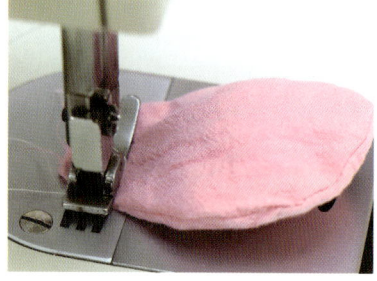

⑤ 박음질해 고정시킵니다.

⑥ 동일한 방법으로 꽃잎을 5장 만들고, 만들어진 5장의 꽃잎을 모양대로 놓고 박음질해 이어줍니다.

⑦ 봉우리 원단을 1cm 안쪽에서 홈질 후,

⑧ 구름 솜을 약간 넣어 볼륨감을 준 후, 실을 잡아당겨서 봉우리를 만듭니다.

⑨ 만든 봉우리를 꽃잎과 공그르기해서 이어주면 코르사주가 완성됩니다.

Object 39

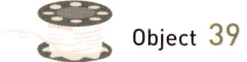

회음부 쿠션/수유 목베개

출산 후 엄마의 몸은 작은 충격에도 큰 손상을 받을 수 있어요.
회음부 쿠션과 수유 목베개는 출산 후 엄마의 몸을 보호해주는 용품이랍니다.
회음부 쿠션은 산모의 회음부위가 땅에 닿지 않아 올바른 자세로 앉을 수 있게 해주어 골반이 틀어지지 않도록 도와준답니다. 수유 목베개는 수유 시 엄마의 팔목을 보호해주는 역할과 함께 아기의 머리도 편안하게 받쳐준답니다.

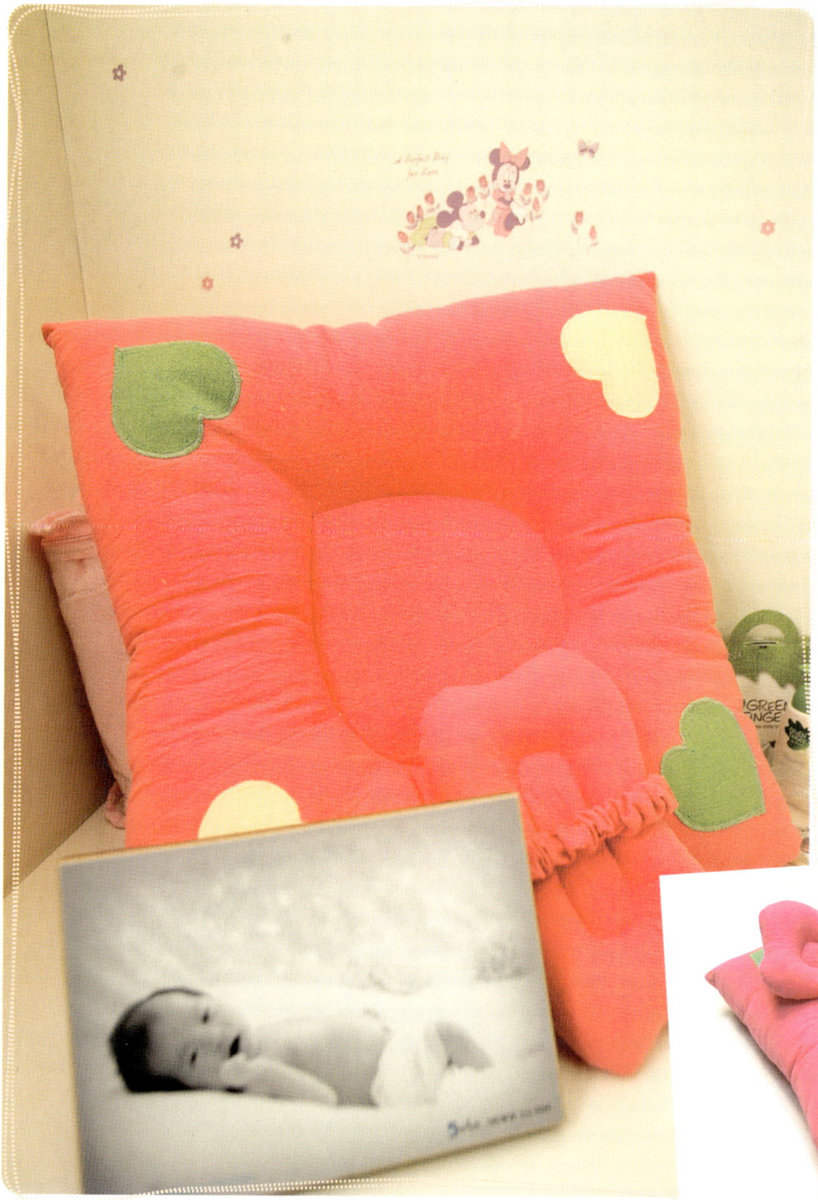

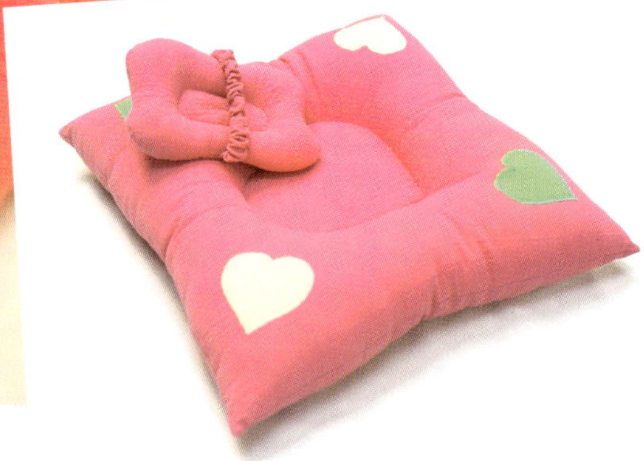

재료

〈회음부 쿠션〉

- 20수 워싱면 (몸판, 하트 포인트)
- 구름솜 약간

〈수유 목베개〉

- 20수 워싱면 (몸판)
- 고무줄 통로
- 고무줄

★ 회음부쿠션

20수 워싱면 (몸판)
40cm×40cm 2장

하트 포인트 4장

구름솜 약간

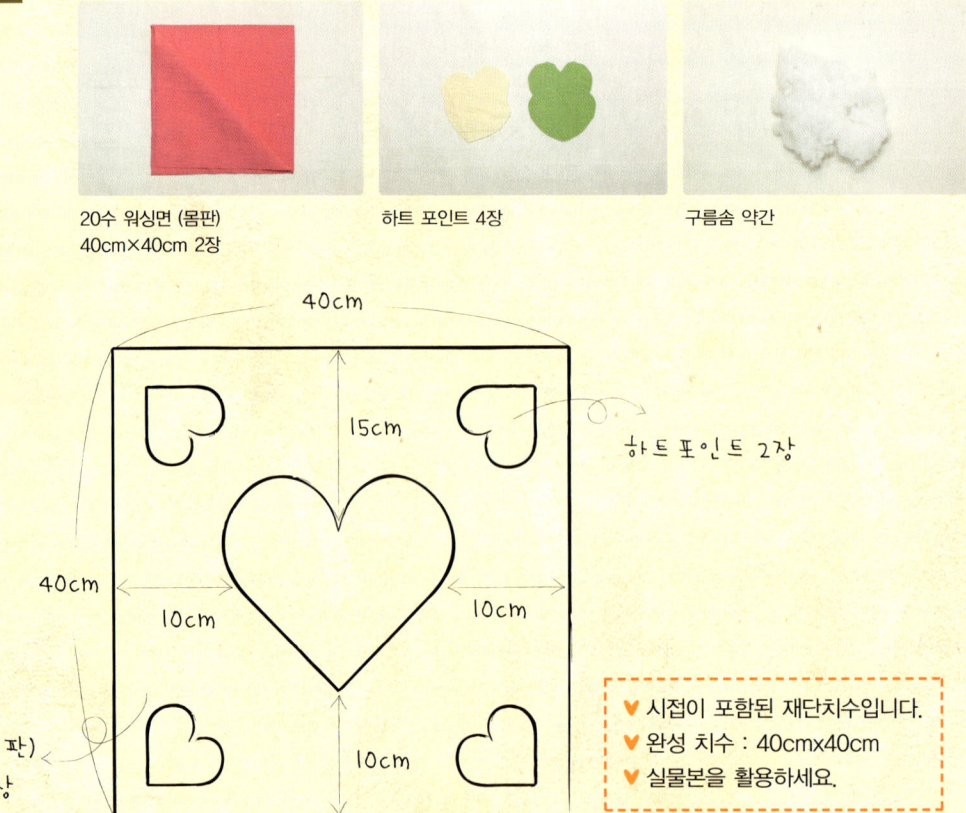

40cm

15cm

하트 포인트 2장

40cm

10cm   10cm

10cm

20수 워싱면(몸판)
40cm×40cm 2장

♥ 시접이 포함된 재단치수입니다.
♥ 완성 치수 : 40cmx40cm
♥ 실물본을 활용하세요.

★ 수유목베개

20수 워싱면 (몸판)
40cm×40cm 2장

고무줄 통로
폭 5cm, 길이 약 20cm

20수 워싱면(몸판)
20cmx15cm 2장

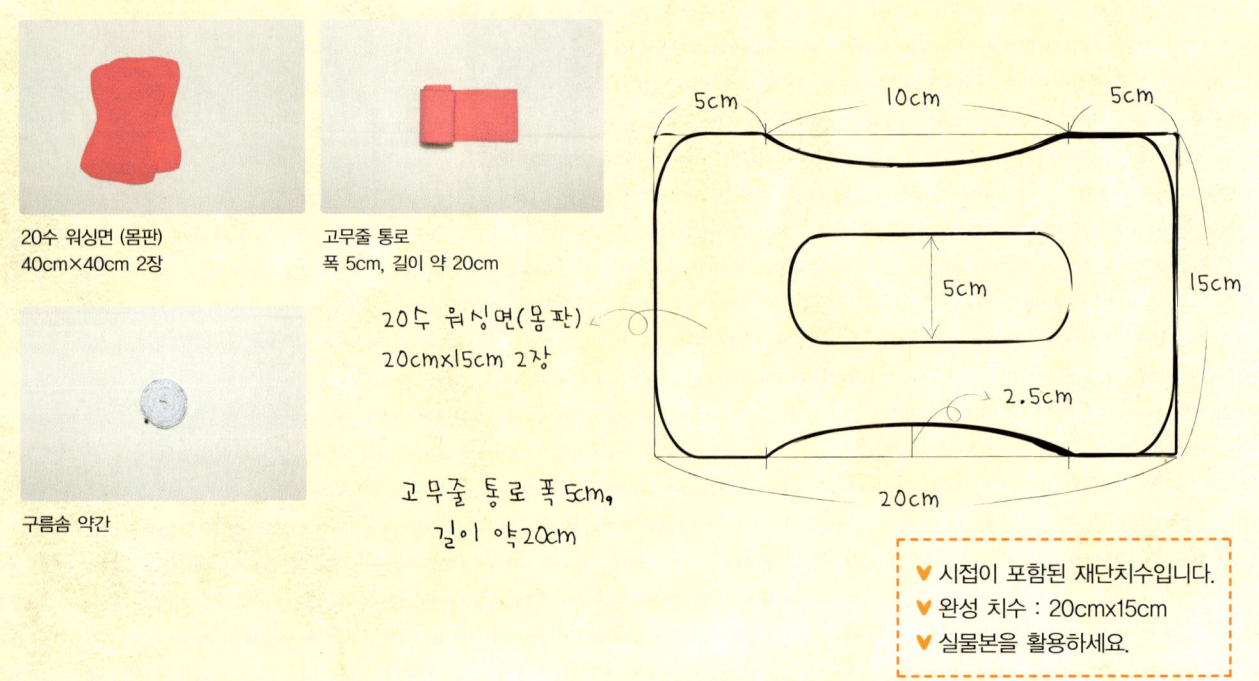

5cm   10cm   5cm

5cm

15cm

2.5cm

20cm

고무줄 통로 폭 5cm,
길이 약 20cm

구름솜 약간

♥ 시접이 포함된 재단치수입니다.
♥ 완성 치수 : 20cmx15cm
♥ 실물본을 활용하세요.

회음부 쿠션

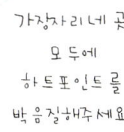

가장자리 네 곳
모두에
하트포인트를
박음질해주세요.

1 몸판 워싱면의 가장자리에 하트 포인트를 올려놓고 재봉틀 패턴을 지그재그모양으로 맞춰 박음질합니다.

2 몸판 두 장을 겉과 겉이 마주보게 놓고,

3 창구멍 4cm 정도를 남긴 후 가장자리 전체를 박음질합니다.

4 뒤집어서 몸판 중간에 하트 모양을 그리고, 보앙내로 박음질합니다.

5 창구멍을 이용해서 적당량의 구름솜을 넣고 창구멍을 공그르기하면 완성됩니다.

수유 목베개만들기

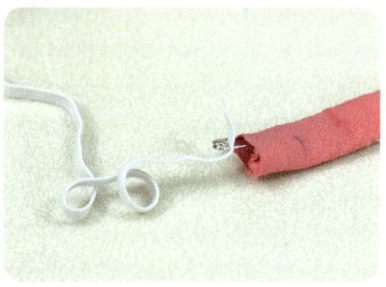

1 고무줄 감쌀 워싱면을 반을 접어 노루발 간격으로 박음질합니다.

2 기다란 도구를 이용해 끈을 뒤집은 후, 고무줄을 옷핀에 연결해 끈에 넣어줍니다.

3 한쪽 구멍을 박음질하고,

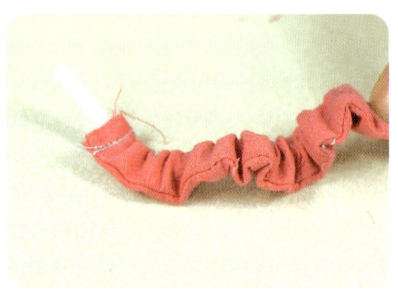

4 고무줄을 살짝 당겨 주름을 만들어 준 후,

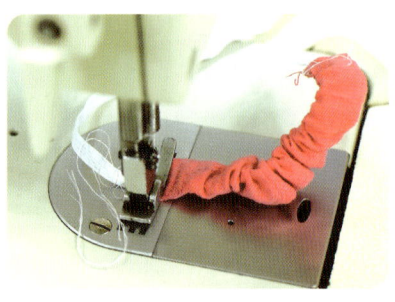

5 반대쪽 구멍도 박음질합니다.

6 만든 고무줄을 몸판의 가운데에 올려놓고,

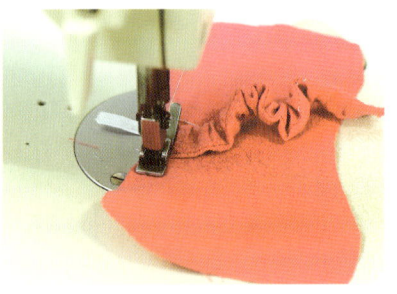

7 양 끝을 박음질해 연결합니다.

8 몸판 워싱면과 만들어놓은 몸판을 겉과 겉이 마주보게 놓고,

9 창구멍을 남기고 가장자리 전체를 박음질합니다.

10 뒤집어서 겉면 가운데에 모양을 그린 후,

11 모양을 따라 박음질합니다.

12 창구멍을 통해 적당량의 구름 솜을 넣고 창구멍을 공그르기하면,

13 엄마와 아기를 위한 회음부 방석과 수유 목베개가 완성됩니다.

세상에서 **단 하나뿐**인
나만의 새로운 작품을 만들어 낼 수가 있어서
매력적인 홈패션은 하면 할수록
그 재미가 더한답니다.

홈패션은 주로 가정주부가 많기도 하지만
창업이나 홈스쿨, 강사 활동을 하기 위해 오는 분들도 많답니다.
큰 비용을 들이지 않고도 예쁘게 집을 꾸밀 수 있고,
또 내가 원하는 디자인으로 가족들에게 실용적인 물건도 만들어 줄 수
있어 더욱 매력적인 홈패션! 같이 한번 만들어보실래요!

Part 7

포근한 느낌이 있는
안방 꾸미기

A Morning With Full
Of Sunshine

지친 몸과 마음을 편안하게 해주는 공간은 바로 침실이지요.
이것저것 다양한 소품으로 꾸미는 것도 좋지만 침구류와 커튼에 포인트를 주어
심플하면서도 단정한 느낌을 주는 것은 어떨까요?

보송보송한 침구류와 적절하게 햇빛을 차단해주는 따뜻한 색감의 커튼,
잠시만 누워있어도 금방 잠이 들 것만 같은 안방을 꾸며보세요!

Object 40 | 사계절 패치 이불

우리 가족의 수면 건강은 어떨까요? 침구류만 바뀌어도 수면의 질이 달라진다는 사실을
여러분은 알고 계신가요? 자연과 가장 가까운 광목원단을 이용하여 개운한 잠자리를
만들어보세요. 부드러운 느낌이 가득한 광목원단에 체크원단과 프릴로 포인트를 준
이불은 안방을 따뜻하고 포근한 분위기로 만들어 줄 거예요!

재료

- 광목원단
  (머리장, 좌우 기둥, 밑면, 중심기둥, 뒤판)
- 선염 체크원단 (패치)
- 패딩 솜
- 지퍼
- 토숀 레이스
- 프릴
- 끈

240

광목원단
(머릿장) 210cm×55cm 1장
(좌우 기둥) 35cm×180cm 2장
(밑면) 140cm×30cm 1장
(중심기둥/가로) 10cm×40cm 6장
(중심기둥/세로) 10cm×140cm 2장
(뒤판) 215cm×235cm 1장

선염 체크원단
(패치) 40cm×40cm 9장

패딩 솜 220cm×240cm

지퍼 약 200cm

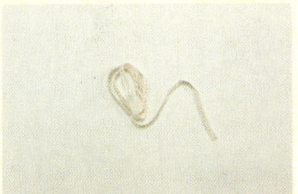

토숀 레이스 약 600cm

프릴
폭 10cm, 길이 약 670cm

끈 폭 3.5cm, 길이 약 20cm 8장

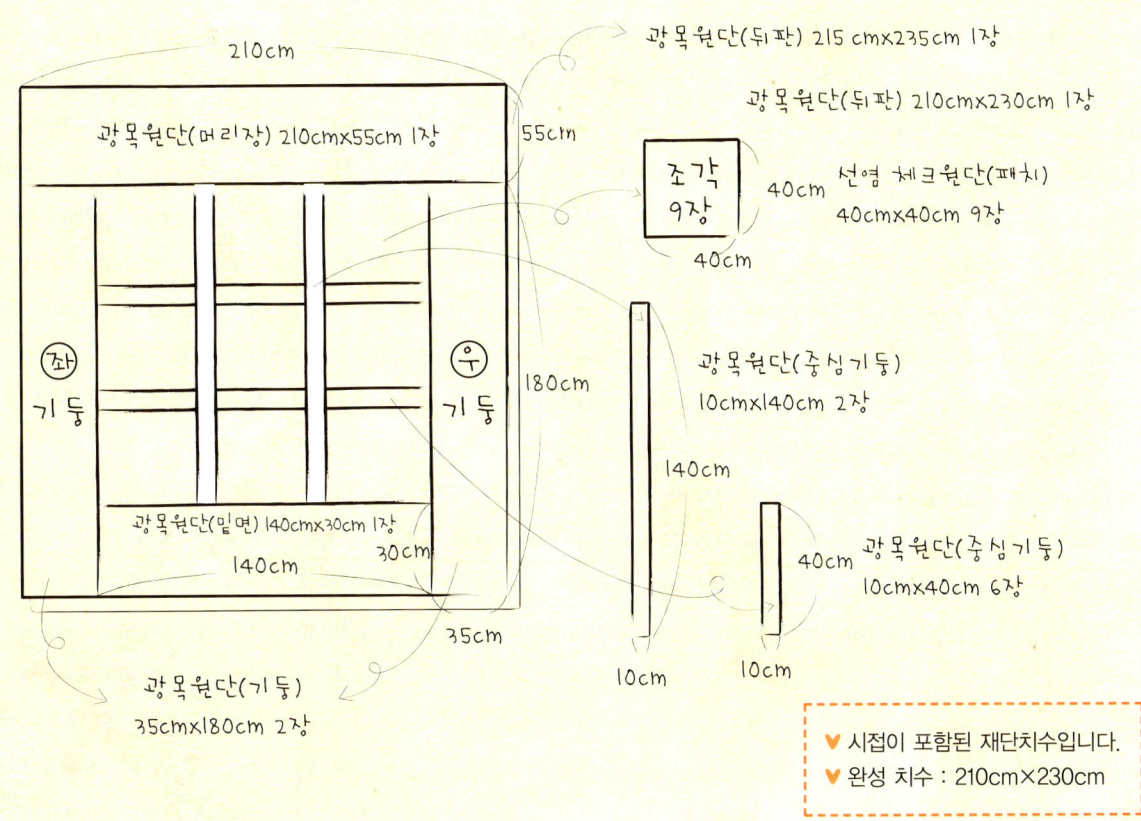

광목원단(뒤판) 215 cm×235cm 1장

광목원단(뒤판) 210cm×230cm 1장

조각 9장

선염 체크원단(패치)
40cm×40cm 9장
40cm

광목원단(머리장) 210cm×55cm 1장

210cm
55cm

좌 기둥
우 기둥

180cm

광목원단(중심기둥)
10cm×140cm 2장
140cm

광목원단(밑면) 140cm×30cm 1장
140cm
30cm

35cm

10cm
10cm
40cm

광목원단(중심기둥)
10cm×40cm 6장

광목원단(기둥)
35cm×180cm 2장

▼ 시접이 포함된 재단치수입니다.
▼ 완성 치수 : 210cm×230cm

조각천 연결하기

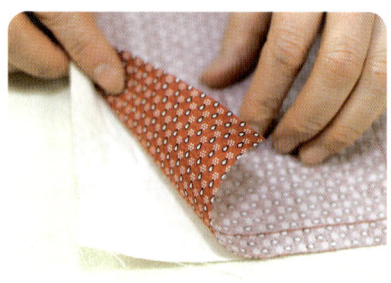

1 패치 조각원단과 중심기둥 가로원단을 겉과 겉이 마주보게 놓고,

2 시접 1cm로 박음질합니다.

3 3개의 체크원단과 중심기둥 가로원단을 연결합니다.

4 조각원단과 중심기둥 세로원단 역시 겉과 겉이 마주보게 놓고,

5 시접 1cm로 박음질합니다.

6 만들어 놓은 체크원단에 밑면, 양 옆면, 윗면의 광목원단을 겉과 겉이 마주보게 놓고,

7 박음질로 연결한 후 오버로크 처리합니다.

레이스 달기

1 체크 패치와 광목원단의 박음선에 토숀 레이스를 박음질해 장식합니다.

프릴 만들어 달기

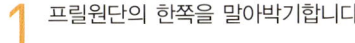

말아박기
노루발
교체

주름 노루발
교체

1 프릴원단의 한쪽을 말아박기합니다.

2 말아박지 않은 가장자리에서 박음질해 프릴을 만들어줍니다.

펑 노루발
교체

3 앞판의 뒷면에 만들어 놓은 프릴을 올려놓고,

4 상단을 제외한 나머지 3면의 가장자리에 시접 1cm로 박음질하고 오버로크 처리합니다.

뒤판만들기

1 광목원단 위에 패딩솜을 올려놓고,

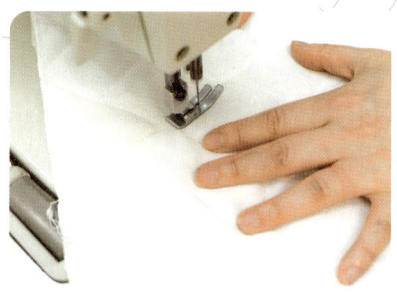

2 누빔처리를 한 후 가장자리 전체를 오버로크 처리합니다.

앞,뒤판합폭하기

1 만들어 놓은 앞판과 뒤판을 겉과 겉이 마주보게 놓고 상단을 제외한 3면을 시접 1cm로 박음질합니다.

2 하단의 뒤판에 지퍼를 올려놓고,

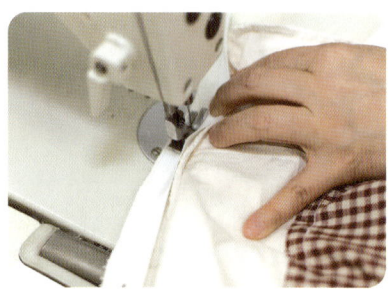

3 지퍼의 한쪽 면을 노루발 간격으로 박음질합니다.

4 남은 한쪽 지퍼를 하단의 앞 판에 박음질합니다.

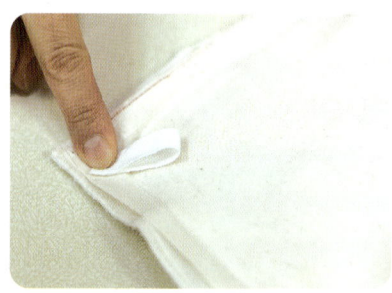

5 솜과 커버를 연결시킬 끈을 모서리 4군데에 달아줍니다.

6 2cm 두께의 완제품 목화 솜을 넣어 이불 속과 겉 연결고리를 잘 묶고,

7 뒤집어주면 완성됩니다.

Object 41

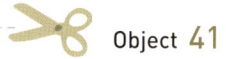

끈 베개

일반 베개 솜보다는 다른 종류의 솜이나 폼 등을 넣어 사용할 수 있어 베개 솜이 맞지 않는 분들에게 좋은 끈 베개입니다. 부드러운 광목원단에 체크원단으로 포인트를 주어 어른들 뿐만 아니라 아이들에게도 편안한 느낌을 준답니다.

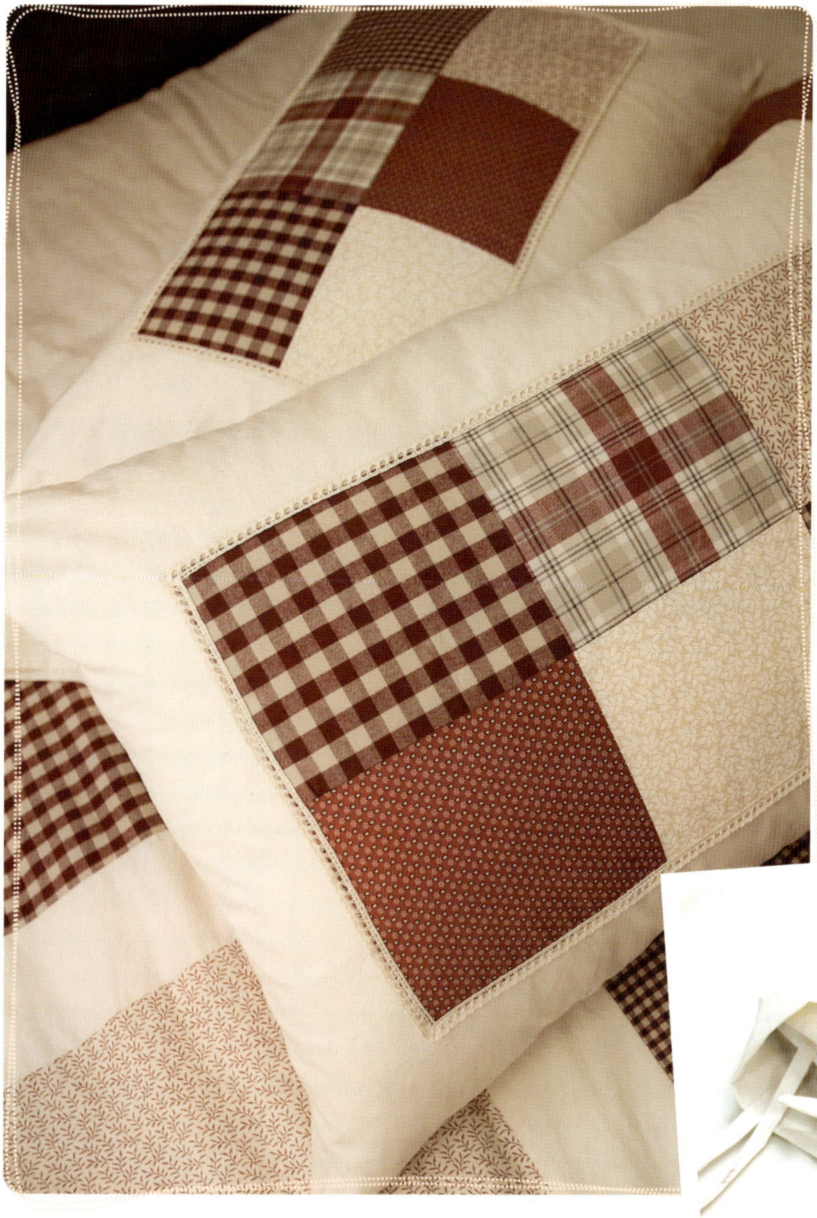

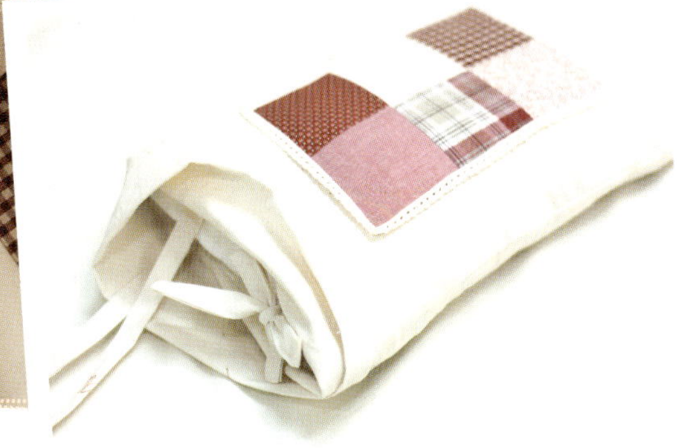

재료

- 광목원단 (몸판, 날개)
- 선염 체크원단 (패치)
- 끈
- 토숀 레이스

광목원단
(몸판) 140cm×50cm 1장
(날개) 100cm×30cm 1장

선염 체크원단
(패치) 15cm×13cm 6장

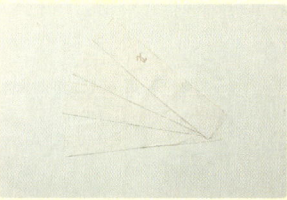

끈 폭 8cm, 길이 50cm 4장

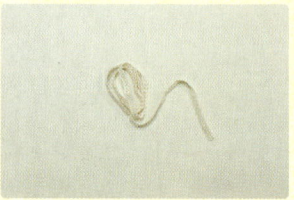

토숀 레이스 약 145cm

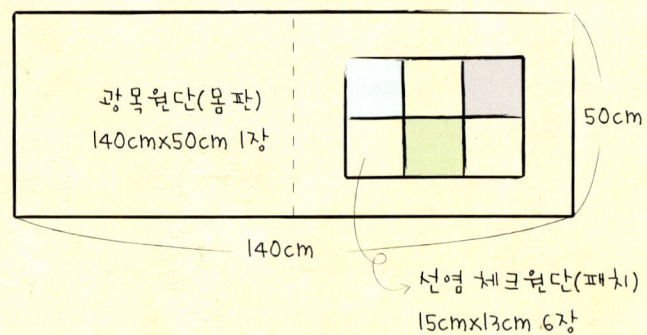

광목원단(몸판)
140cm×50cm 1장

50cm

140cm

선염 체크원단(패치)
15cm×13cm 6장

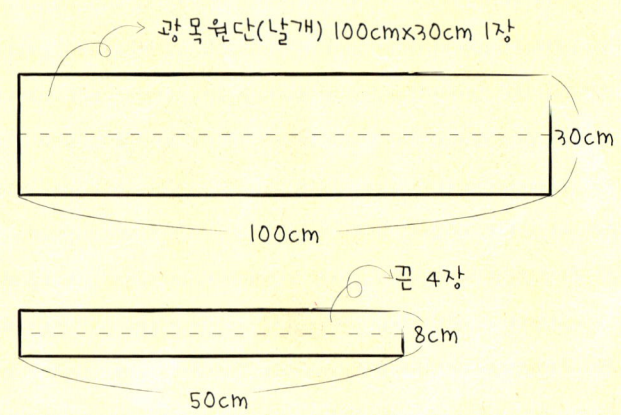

광목원단(날개) 100cm×30cm 1장

30cm

100cm

끈 4장

8cm

50cm

♥ 시접이 포함된 재단치수입니다.
♥ 완성 치수 : 140cm×50cm

how to make

조각천 연결하기

뒷면이 바람개비
모양이 되도록 시접선을 잡고
다림질한 후 박음질하면
쉽게 할 수 있어요!

1 패치 체크원단을 겉과 겉이 마주보게 놓고 시접 1cm로 한쪽 면을 박음질합니다.

2 패치원단 6개를 동일한 방법으로 박음질해 이어줍니다.

 how to make **2**

패치를 몸판에 연결하고 레이스 달기

1 연결한 패치원단의 가장자리를 0.5cm를 접어 다림질한 후, 몸판 오른쪽 중심에 놓고 가장자리 전체를 끝박음질합니다.

2 패치원단의 가장자리 박음선에 레이스를 박음질해 포인트를 줍니다.

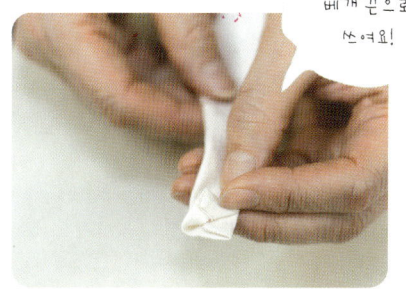

베개 끈으로
쓰여요!

3 재단해 둔 끈을 바이어스 접기해서 다림질한 후 박음질합니다.

날개만들어
몸판에 부착하기

1 몸판 광목원단을 겉과 겉이 마주보게 반으로 접고,

2 양 옆을 시접 1cm로 박음질한 후 오버로크 처리합니다.

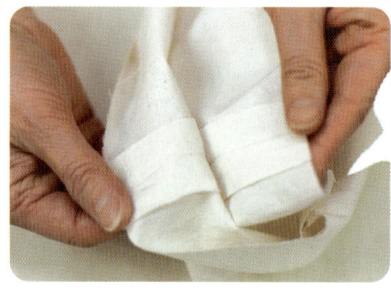

시접은 가름솔 해주세요!

3 날개 광목원단 역시 겉과 겉이 마주보게 반으로 접어 가장자리를 시접 1cm로 박음질한 후 다시 가로로 반을 접어줍니다.

시접 1cm로 박음질

날개

몸판

4 몸판을 뒤집은 후, 반을 접은 날개에 몸판의 상단 부분을 집어넣은 후 상단을 시접 1cm로 박음질합니다.

5 만들어둔 날개 위에 끈을 적당한 위치에 달아주고,

6 날개를 뒤로 젖히면, 지퍼 없이 편리한 자루식 베개가 완성됩니다.

로만셰이드

심플한 광목원단과 체크의 조화!
주로 큰 창문에 사용하는 로만셰이드지만,
폭을 좁게 만들어서 작은 창에 걸면 또 다른 분위기를 낼 수가 있어요.
화사한 햇살을 담은 아이보리 톤과 여러 가지 체크를 매치하여 따스하면서도
부드러움을 담은 로만셰이드를 만들어보세요.

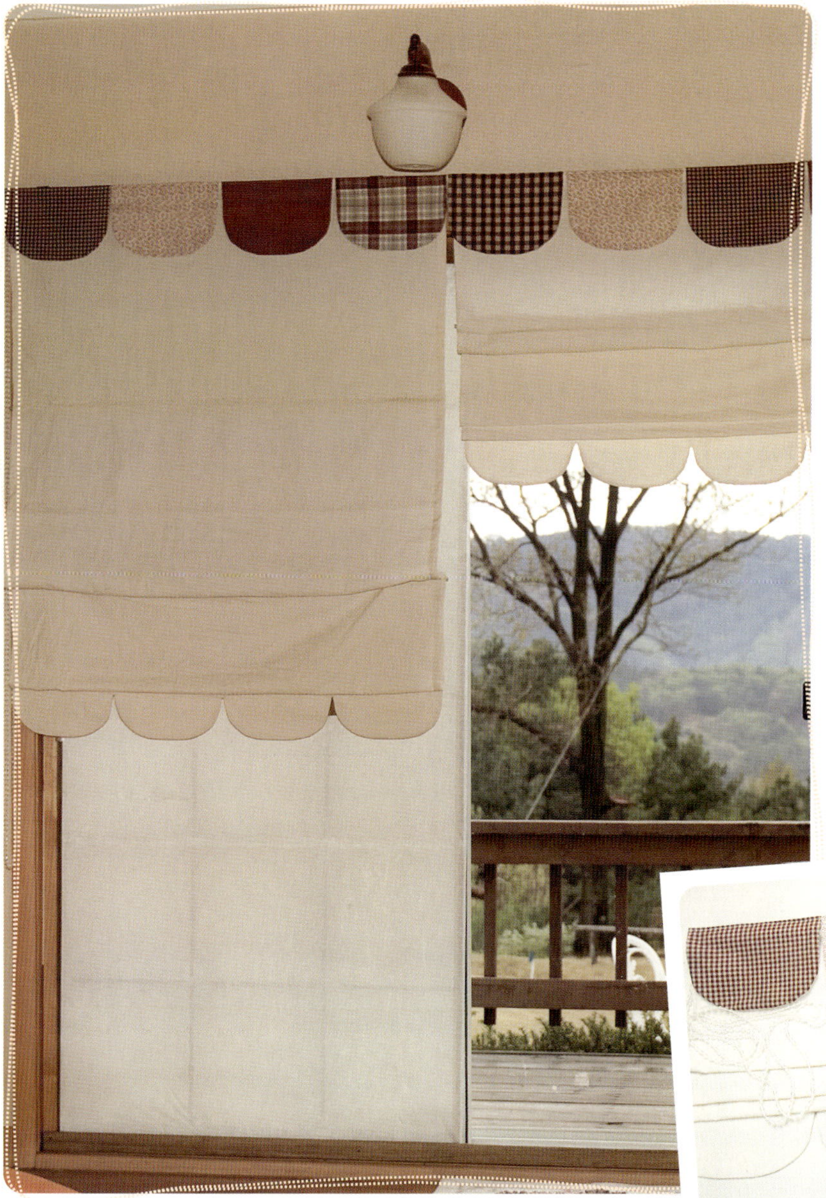

재료

- 광목 무지원단 (몸판, 하단 밸런스, 은봉 집)
- 패브릭원단, 광목원단 (상단 밸런스)
- 공단 테이프
- 링 고리
- 벨크로 테이프
- 은봉
- 로만샤시

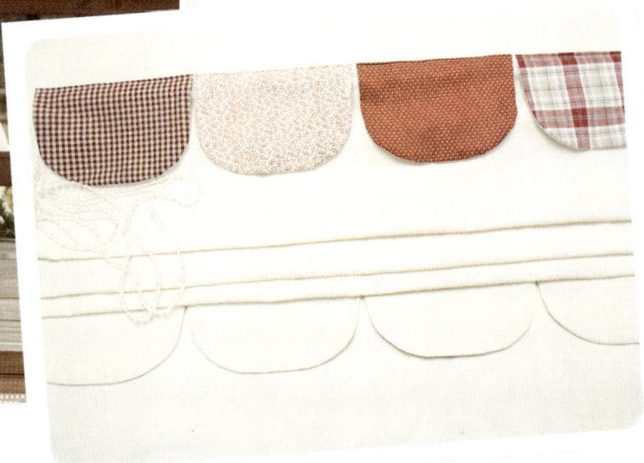

광목 무지원단
(몸판) 103cm×183cm 1장
(하단 밸런스) 103cm×18cm 1장
(은봉 집) 103cm×5cm 3장

패브릭원단, 광목원단
(상단 밸런스) 26cm×15cm 각 4장

공단 테이프 30cm

링 고리 지름 1cm 6개

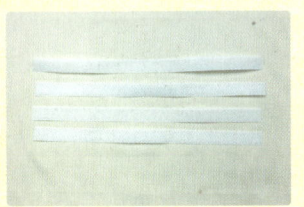

벨크로 테이프 100cm

은봉 98cm 3개
로만섀시 100cm 1개

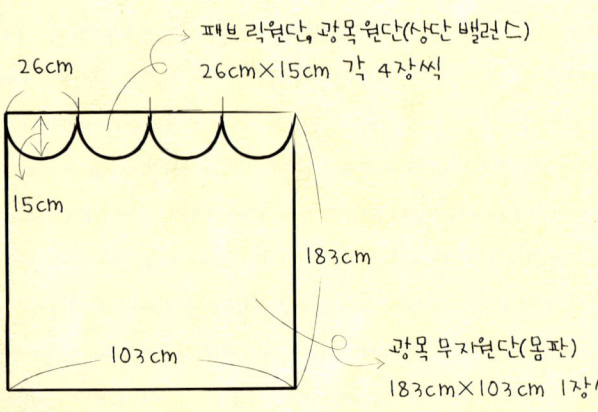

패브 릭원단, 광목원단(상단 밸런스)
26cm×15cm 각 4장씩

26cm

15cm

183cm

103cm

광목 무자원단(몸판)
183cm×103cm 1장씩

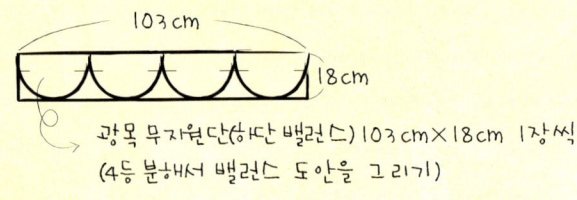

103cm

18cm

광목 무자원단(하단 밸런스) 103cm×18cm 1장씩
(4등 분해서 밸런스 도안을 그리기)

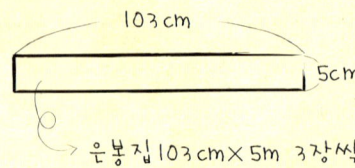

103cm

5cm

은봉집 103cm×5m 3장씩

♥ 시접이 포함된 재단치수입니다.
♥ 완성 치수 : 100cm×180cm

하단 밸런스 만들기

1 하단 밸런스 광목원단의 가로를 두 번 접어 박음질한 후 다림질합니다.

2 몸판 광목원단과 하단 밸런스 광목 원단을 겉과 겉이 마주보게 놓고,

3 하단 밸런스에 그려놓은 밸런스 도안을 따라 박음질합니다.

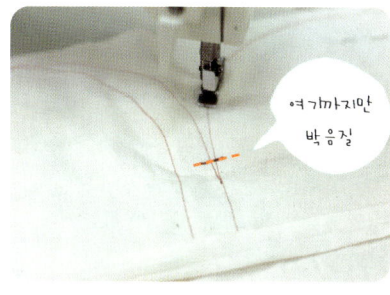

여기까지만 박음질

4 가운데에 표시한 곳까지만 박음질 합니다.

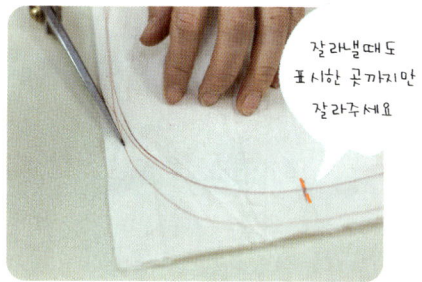

잘라낼때도 표시한 곳까지만 잘라주세요

5 밸런스 도안을 따라 시접 1cm를 남겨두고 잘라냅니다.

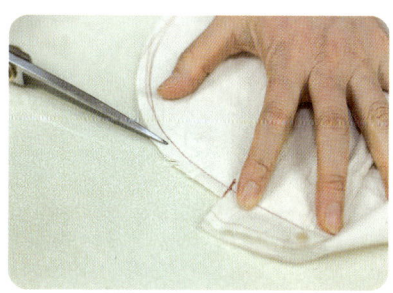

6 라운드 부분에 가위집을 줍니다.

7 가위집을 낸 하단 밸런스를 뒤집어서 다림질합니다.

8 하단 밸런스와 몸판의 연결부분(가로부분)을 박음질합니다.

9 양 옆면을 1.5cm씩 두 번 접어 박음질합니다.

은봉 집 만들기

1 은봉 집 광목원단의 세로를 양쪽 모두 두 번 접어 박습니다.

링 박음질할 자리예요

2 양쪽 끝에서 10cm 위치를 표시합니다.

3 세로로 반을 접은 후,

4 시접 0.5cm로 박음질합니다.

5 공단 테이프를 5cm로 6장을 자른 후, 링 고리에 끼워 박음질하고.

6 원단에 표시해둔 10cm 부분에 링을 달아줍니다.

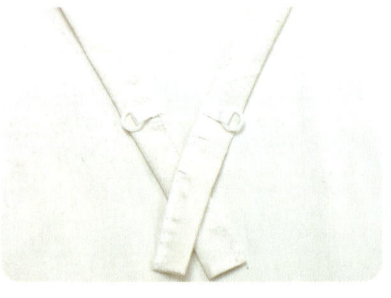

7 3개의 은봉 집에 총 6개의 링을 달고, 바깥쪽은 오버로크 처리합니다.

8 만들어 놓은 은봉 집을 몸판 하단에서 35cm, 55cm, 47cm 지점에 놓고 박음질합니다.

상단 밸런스 만들기

1 상단 밸런스 패브릭원단과 광목원단을 겉과 겉이 마주보게 놓고

2 라운드 부분을 시접 1cm로 박음질합니다.

3 라운드 부분에 가위집을 주고,

4 뒤집어서 다림질합니다.

5 가로 부분을 박음질하고, 오버로크 처리합니다.

6 남은 상단 밸런스 원단들도 동일한 방법으로 만들어줍니다.

7 만들어 놓은 상단 밸런스 4장을 몸판 상단에 박음질해 이어줍니다.

8 밸런스의 상단에 벨크로 테이프를 박음질하고

9 뒤로 접어 한 번 더 박음질합니다.

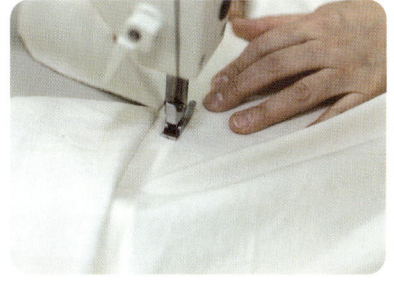

10 상단 밸런스를 올려서 벨크로 테이프의 하단을 박음질합니다.

마무리하기

1 은봉 집에 은봉을 넣고,

2 벨크로 테이프를 로만 섀시에 부착합니다.

묶을 때 끈을 잡아당겨 일자로 평평해진 상태에서 묶습니다. 느슨하게 묶으면 올릴때 모양이 흐트러져요!

3 링에 끈을 묶어주어 마무리합니다.

Object 43 | # 매트리스 커버

침대 매트리스를 보호하기 위해 꼭 필요한 커버!
세균을 방지하고 매트리스의 오염을 막는 매트리스 커버는 푹신함까지 더해져
잠자리를 더욱 편안하고 포근하고 만들어줍니다.

재료

- 누비원단 (몸판)
- 40수 트윌원단 (옆면)
- 바이어스
- 고무줄
- 파이핑 줄

누비원단 (몸판)
153cm×203cm

40수 트윌원단 (옆면)
폭 40cm, 길이 710cm

바이어스
폭 4cm, 길이 710cm

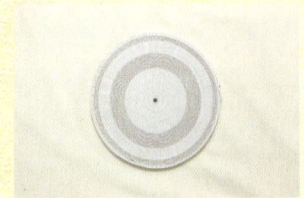

고무줄 약 500cm

파이핑 줄 약 710cm

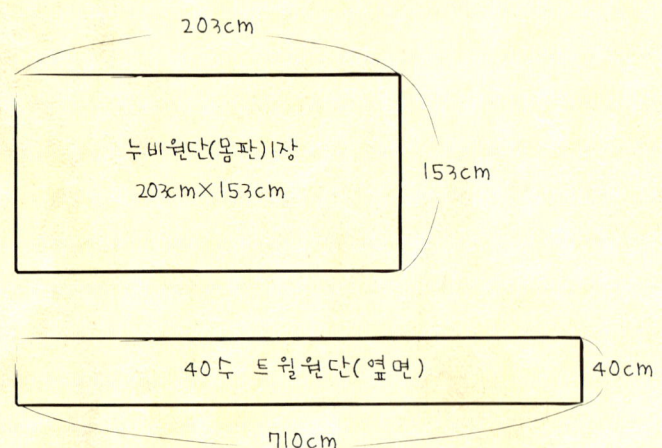

203cm

누비원단(몸판)1장
203cm×153cm

153cm

40수 트윌원단(옆면)

40cm

710cm

♥ 시접이 포함된 재단치수입니다.
♥ 재료의 사이즈는 침대의 크기에 맞춰 제작하세요.
♥ 예제에 사용된 매트리스 커버는 퀸 사이즈 기준입니다.

몸판 파이핑 두르기

1 몸판 누비원단의 가장자리 전체를 오버로크 처리합니다.

파이핑 노루발 교체

2 바이어스로 파이핑 줄을 감싸 박음 질하고,

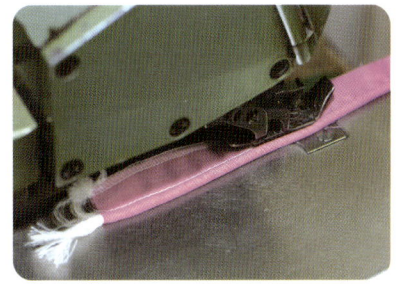

3 가장자리를 오버로크 처리합니다.

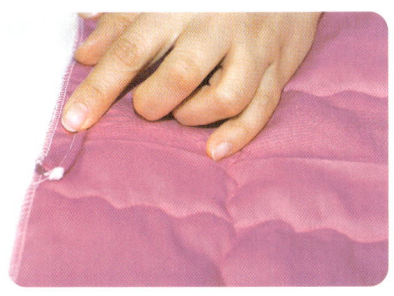

4 반늘어놓은 파이핑을 누비원단의 중앙 가장자리에 놓고 전체를 돌려 박음질합니다.

5 모서리는 피이핑의 시접부분에 가 위집을 깊숙히 넣어줍니다.

6 마무리할 때 파이핑을 ×자로 놓고 박음질합니다.

⎮ 매트리스 옆면 원단 잇기 ⎮

매트리스 옆면 원단은 길이가 710cm나 되기 때문에 원단을 길게 연결해야 합니다.
쌈솔로 원단을 길게 연결한 후 사용하세요!

❶ 매트리스 옆면 트윌원단을 1cm 떨어 뜨려서 박음질해 이어줍니다.

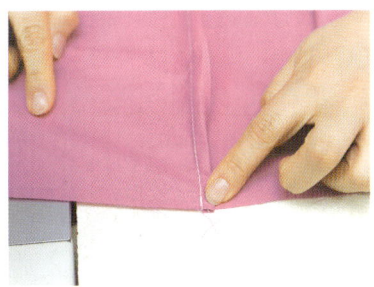

❷ 1cm 남겨둔 시접을 두 번 접기해서 박음질합니다.

몸판에 옆면 연결하기

1 옆면 트윌원단과 몸판을 겉과 겉이 마주보게 놓고,

파이핑 노루발 교체

2 앞 10cm, 뒤 20cm를 남겨두고 가장자리 전체를 파이핑 선에 맞추어 박음질합니다.

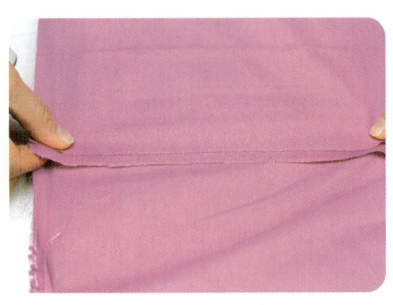

3 박음질 후 남는 옆면 원단을 아랫면이 윗면보다 1cm 더 길도록 남겨두고 나머지는 잘라냅니다.

평 노루발 교체

4 옆면 원단의 끝과 끝을 연결하여 박음질합니다.

5 시접 부분은 두 번 접기해서 박음질합니다.

파이핑 노루발 교체

6 20cm 남겨둔 부분을 박음질합니다.

옆면에 고무줄 연결하기

평 노루발 교체

1 옆면 원단 끝에 고무줄 끝을 맞춰,

2 옆면으로 고무줄을 감싸듯이 두 번 접어,

3 고무줄을 당겨주면서 끝부분을 박음질합니다.

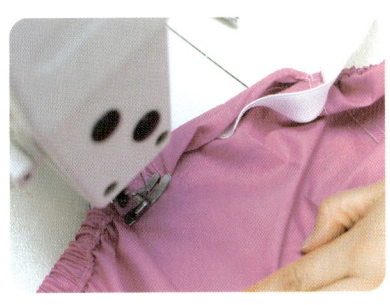

4 끝부분이 10cm정도를 남겨둔 후 박음질을 멈추고,

5 적당한 길이로 고무줄을 잘라 이어 박은 후,

6 남겨둔 10cm를 마저 박음질합니다.

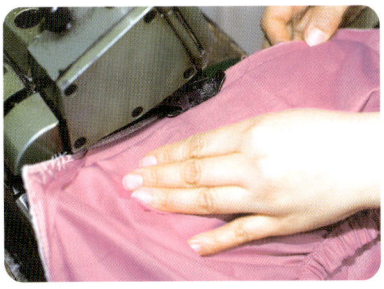

7 몸판과 옆면이 이어진 가장자리 부분을 오버로크 처리한 후,

8 뒤집으면 완성됩니다.

Object 44

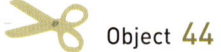

꽃무늬 패치 베개

우리 집 안방의 화사함을 더해주는 꽃무늬 패치 베개!
트윌원단은 마찰력이 강하고 구김이 가지 않아 베개로 사용하기에는 안성맞춤인 원단입니다. 꽃무늬 이외에도 다양한 포인트 원단을 사용해 자신만의 편안한 베개를 만들어 사용하세요.

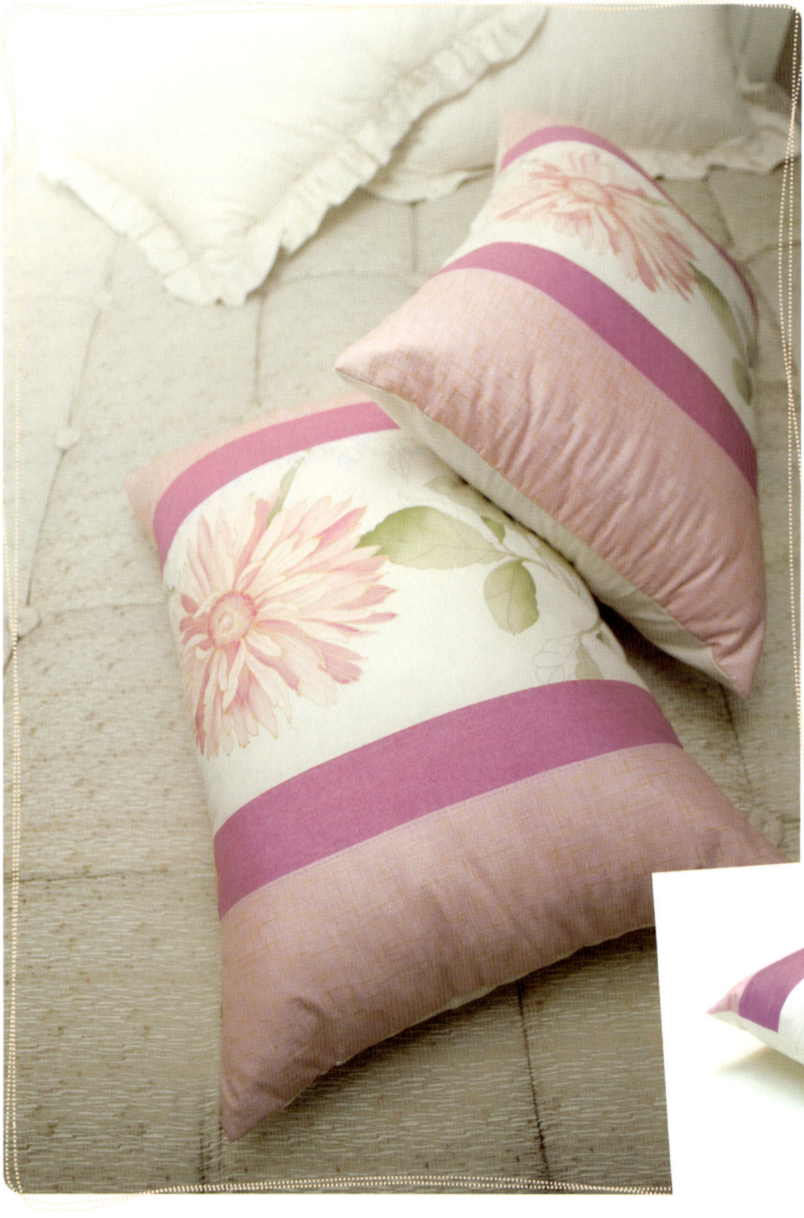

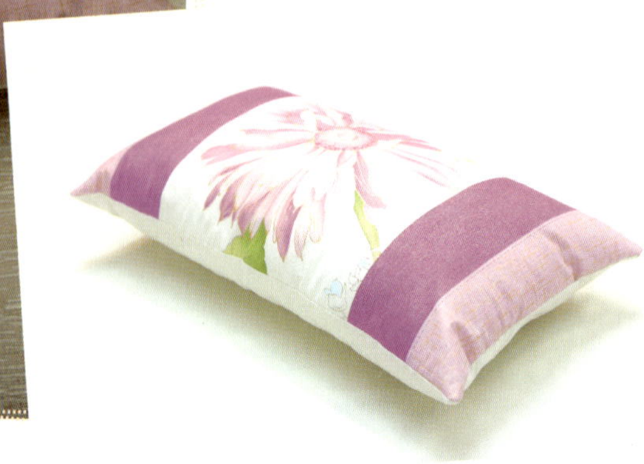

재료

- 20수 평직원단 (앞판)
- 40수 트윌원단 (앞판)
- 광목원단 (뒤판 상단, 뒤판 하단)
- 패딩 솜
- 지퍼

20수 평직원단 (앞판)
32cm×52cm 2장

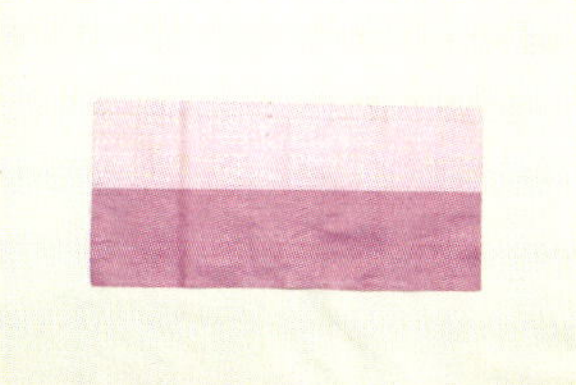

40수 트윌원단 (앞판)
52cm×22cm 4장

광목원단
(뒤판 상단) 72cm×19cm 2장
(뒤판 하단) 72cm×38cm 2장

패딩 솜 52cm×32cm 2장

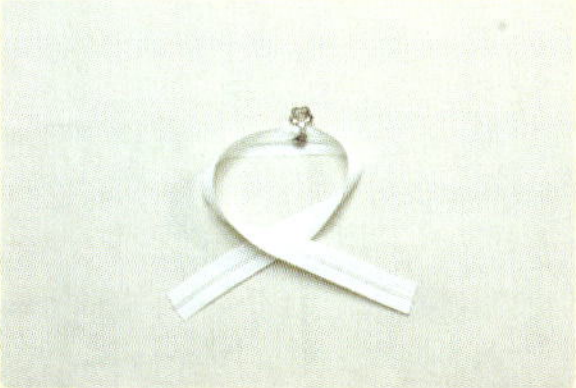

지퍼 75cm 2개

베개 솜 50cm×70cm

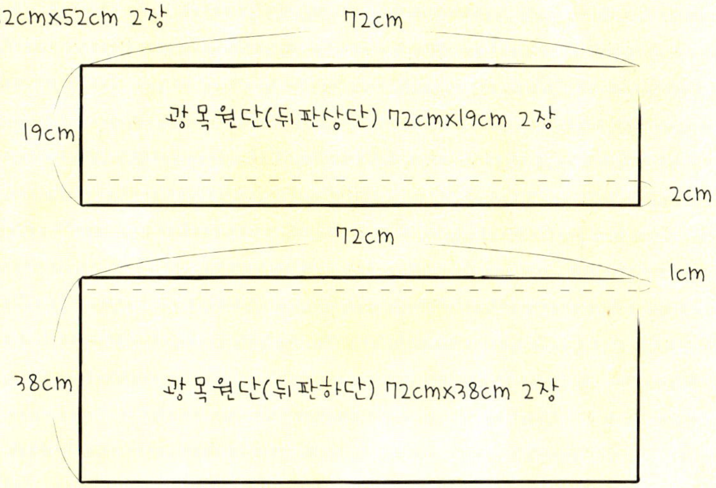

40수 트윌원단(앞판)

22cm×52cm 4장

32cm 22cm

52cm

패딩솜 52cm×32cm 2장

20수 평직원단(앞판) 32cm×52cm 2장

72cm

19cm

광목원단(뒤판상단) 72cm×19cm 2장

2cm

72cm

1cm

38cm

광목원단(뒤판하단) 72cm×38cm 2장

♥ 시접이 포함된 재단치수입니다.
♥ 완성 치수 : 50cm×20cm

앞판만들기

1 베개 앞판의 평직원단과 트윌원단을 겉과 겉이 마주보게 놓고,

2 시접 1cm로 박음질합니다.

3 패딩 솜과 만들어놓은 앞판을 겹쳐 놓고,

4 노루발 간격으로 전체를 박음질한 후,

5 가장자리를 오버로크 처리합니다.

뒤판만들기

지퍼 노루발 교체

1 뒤판 상단 광목원단의 가로를 2cm 접어 다림질하고, 뒤판 하단 광목원단 역시 가로를 1cm 접어 다림질합니다.

2 지퍼 하단 광목원단의 1cm 접은 부분과 지퍼의 한쪽을 겹쳐서 박음질하고 지퍼고리를 넣은 후,

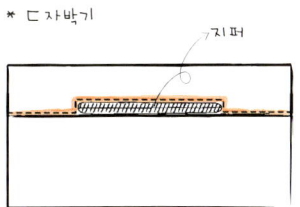

* ㄷ자박기

지퍼

3 지퍼 상단 광목원단 2cm 접은 부분으로 지퍼 전체를 덮어

4 지퍼가 가려지도록 ㄷ자 모양으로 박음질합니다.

how to make **3**

앞판과 뒤판 합폭하기

평 노루발 교체

1 만들어 놓은 앞판과 뒤판을 겉과 겉이 마주보게 놓고,

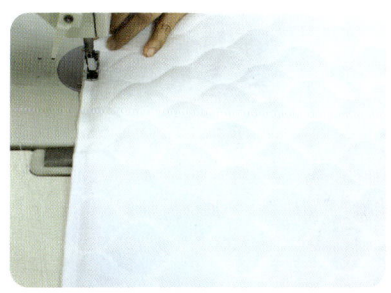

2 시접 1cm로 전체를 박음질합니다.

3 가장자리를 오버로크 처리한 후,

4 뒤집어서 솜을 넣으면 완성됩니다.

 **Object 45** | # 안방커튼

안방의 편안함과 따스함을 더해줄 커튼!

사라락거리는 바람에 흩날리는 아이보리색 커튼. 강렬한 아침 햇살을 적절하게 가려주어 기분 좋게 눈 뜨는 아침. 상상해보세요. 생각만 해도 포근한 느낌이 전해지지 않나요?

커튼은 거실과 안방에서 빠질 수 없는 중요한 인테리어 요소랍니다. 심플하면서도 편안함을 더해주는 광목원단은 안방을 차분하고 따뜻한 느낌으로 만들어줄 거예요

재료

- 광목원단 (상단 봉 통로, 하단 프릴)
- 광목 트윌원단
- 커텐 봉

광목원단
(상단 봉 통로) 300cm×54cm 2장
(하단 프릴) 600cm×105cm 2장

광목 트윌원단
110cm×90cm 4장

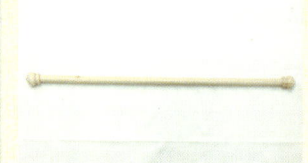

커튼 봉 350~400cm

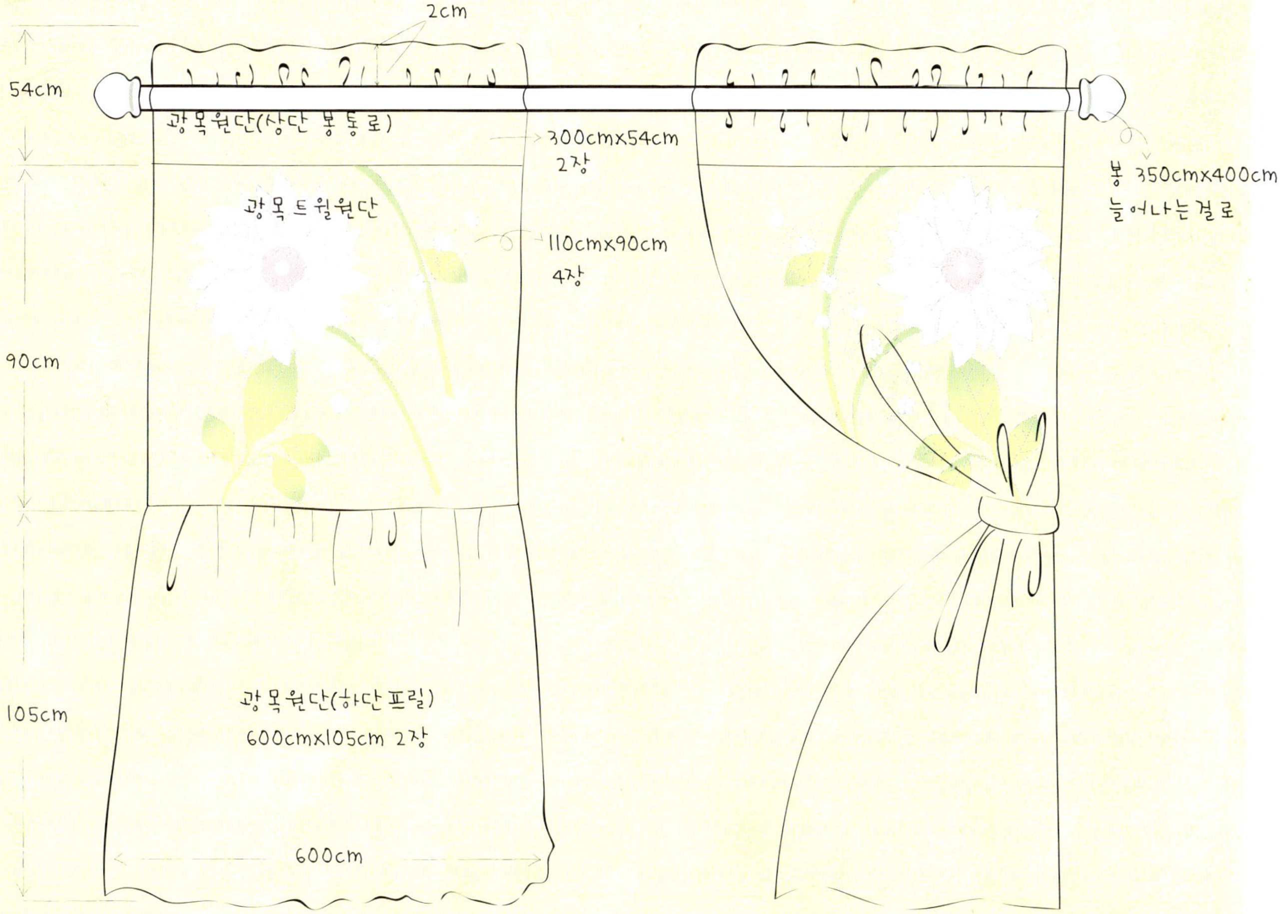

2cm

54cm

광목원단(상단 봉통로)

광목 트윌원단

300cmx54cm
2장

110cmx90cm
4장

봉 350cmx400cm
늘어나는걸로

90cm

105cm

광목원단(하단프릴)
600cmx105cm 2장

600cm

♥ 시접이 포함된 재단치수입니다.
♥ 커튼은 집 창문의 크기에 따라 재료의 크기가 달라집니다.
♥ 창문이 있는 천장부터 바닥까지의 크기를 재고,
   가로는 14cm, 세로는 30cm를 더해 재단하세요.
♥ 예제에 사용된 커튼은 200cm×230cm의 창 크기에
   맞춰 제작되었습니다.

원단 연결하기

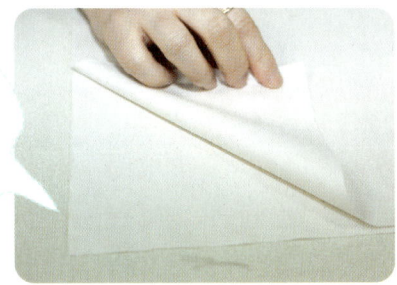

커튼은 크기가
크기 때문에
원단을 이어서
길게 만들어
주어야 합니다.

1 프릴 광목원단의 겉과 겉이 마주보게 놓고 박음질해서 길게 연결해줍니다.

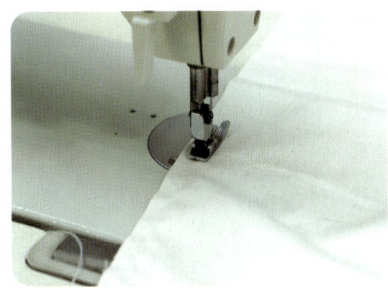

2 연결한 시접과 상단 부분을 오버로크 처리합니다.

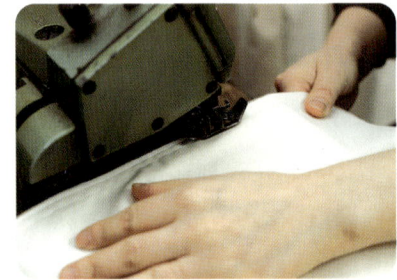 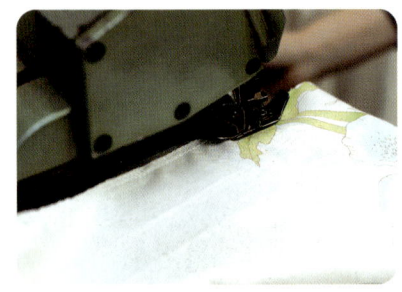

3 광목 트월원단 역시 2장을 겉과 겉이 마주보게 놓고 박음질한 후 연결한 시접을 오버로크 처리합니다.

how to make **2**

하단 프릴 만들기

처음 귀퉁이를 세모로
잘라주면 말아박기
노루발이 부드럽게
잘 들어가요.

말아박기
노루발
교체

 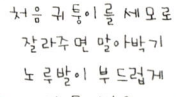 

1 프릴 광목원단의 오버로크 처리하지 않은 쪽을 뒤쪽(시접 쪽)에서 말아박기합니다.

주름을 박을 때는
땀수를 최대로 넓히고
윗실 압력조절기를
풀어주세요

주름 노루발
교체

땀수,
압력조절기를
원상복구하세요!

평노루발
교체

2 오버로크 처리한 부분의 위쪽(시접 없는 쪽)에서 박음질해 프릴을 만들어줍니다.

3 좌우 옆선 1cm씩을 두 번 접어 박습니다.

how to make **3**

몸판만들기

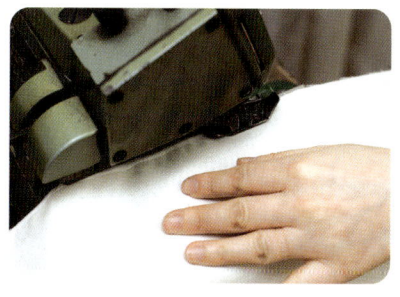

1 상단 봉 통로 광목원단 하단을 오버로크 처리합니다.

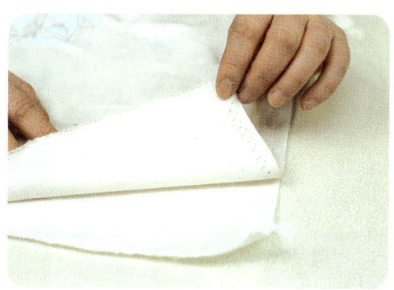

2 봉 통로와 무늬원단을 겉과 겉이 마주보게 놓고, 오버로크 처리한 부분끼리 맞댄 후,

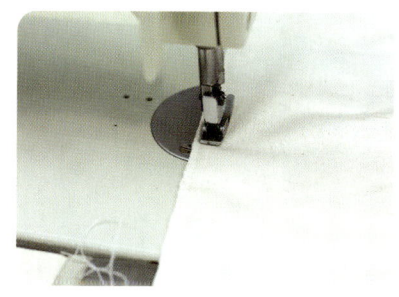

3 시접 1cm로 박음질합니다.

4 시접을 하단으로 젖히고 겉에서 0.5cm 간격으로 눌러박습니다.

5 옆선을 1cm 접고.

6 다시 4cm를 접어서 다림질합니다.

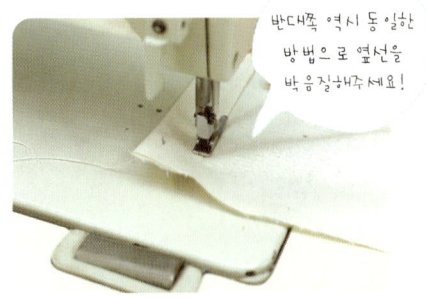

7 다림질한 옆선을 끝박음질 합니다.

8 몸판 위쪽의 봉 통로원단을 뒷면에서 13cm 접은 후 다림질하고,

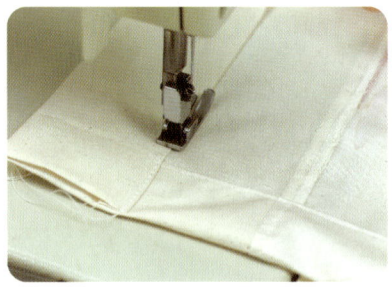

9 끝 부분을 다시 1cm 접어서 다림질합니다.

10 1cm를 접은 부분을 끝박음질합니다.

11 끝박음질한 지점에서 밑으로 약 2.5cm 지점을 표시한 후, 표시한 선에 맞춰 박음질합니다.

how to make **4**

프릴과 몸판합폭하기

1 만들어놓은 프릴과 몸판을 겉과 겉이 마주보게 놓고,

2 시접 1cm로 박음질합니다.

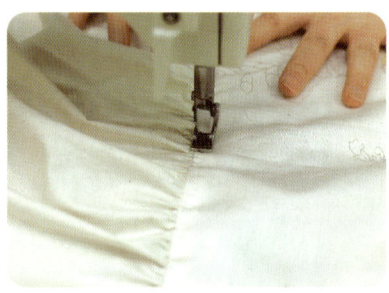

 동일한 방법으로 양쪽 커튼을 만들어주세요!

3 시접이 위로 가게 한 후 겉에서 시접 0.5cm로 눌러박기합니다.

바느질은 끈기가 있어야 할 수 있고,
정성과 **노력**을 하다 보면 비로써
하나의 **작품**이 **탄생**되는 결실을 얻을 수
있다고 생각하며 재봉틀과 함께 함께 해온 수많은 시간들.

어느덧 친정엄마의 손길이 되어
손수 만든 이불과 베개를 만들어서 가져다주니
이국땅의 엄마를 만나듯 눈시울을 적시는
딸아이를 보게 되었습니다.

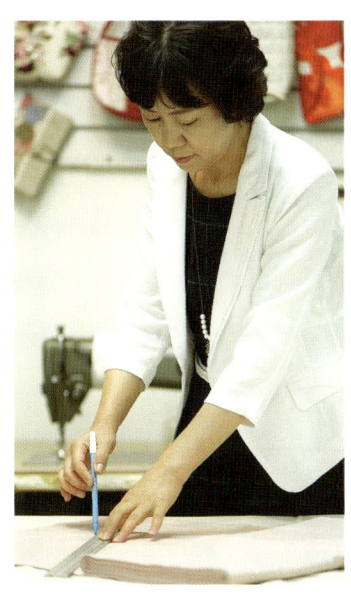

Part 8

차한잔의 여유
한실 꾸미기

beautiful rest space

차분히 앉아 차를 마시며 여유를 느낄 수 있는 아늑한 공간!

사용빈도가 낮은 방 한편을 한실로 꾸며보세요. 전통적인 느낌이 살아있는 한실은
조용하고 편안한 분위기를 내준답니다. 한실을 꾸밀 때는 너무 튀는 색감의 원단보다는
부드럽고 온화한 느낌을 주는 원단을 사용해서 꾸미는 것이 더 좋습니다.

| # 좌식 테이블보

좌식 테이블에 다기세트만 올려놓아도 한실의 분위기는 모락모락 피어오른답니다. 그렇다고 좌식 테이블을 맨 몸 그대로 놔둘 수는 없잖아요. 좌식 테이블에 한지의 느낌을 준 테이블보를 사용한다면 좀 더 쉽게 차분한 한실의 분위기를 낼 수 있지 않을까요?
자연 그대로의 느낌을 살린 광목원단이 한실의 분위기를 더 단아하게 만들어줄 거예요.

재료

- 광목원단 (몸판)
- 배색원단 노랑 (밑단)
- 배색원단 녹색 (밑단)

272

광목원단 (몸판) 110cm×165cm 1장
배색원단 노랑 (밑단) 137cm×25cm 2장
배색원단 녹색 (밑단) 82cm×25cm 2장

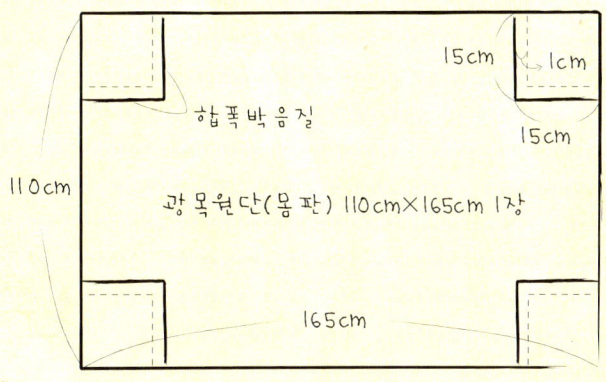

15cm 　 1cm
15cm

몸판 모서리 15cm
시접 1cm

합폭박음질

광목원단(몸판) 110cm×165cm 1장

110cm

165cm

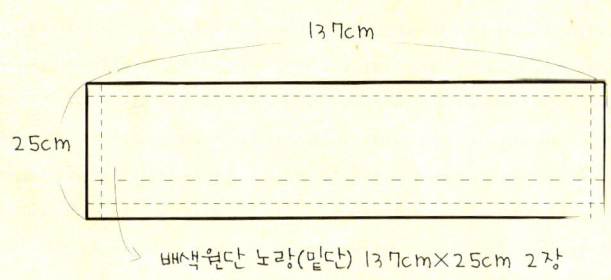

137cm
25cm

배색원단 노랑(밑단) 137cm×25cm 2장

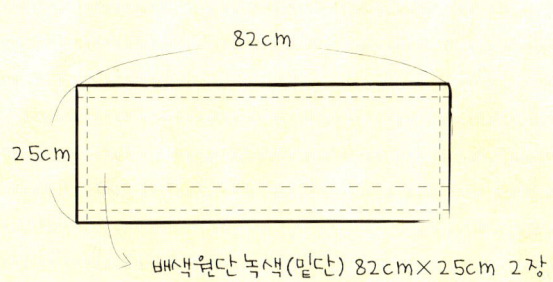

82cm
25cm

배색원단 녹색(밑단) 82cm×25cm 2장

♥ 시접이 포함된 재단치수입니다.
♥ 완성 치수 : 80cm×135cm

몸판 모서리 자르기

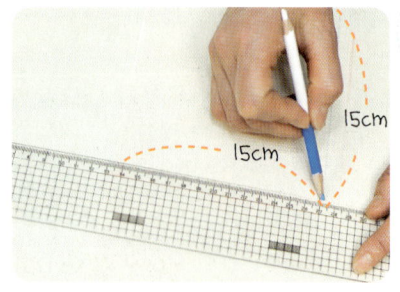

1 몸판의 모서리마다 박음선 15cm ×15cm를 표시한 후 다시 바깥으로 1cm 시접선을 표시합니다.

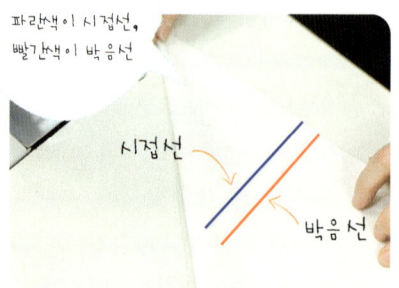

파란색이 시접선, 빨간색이 박음선

시접선

박음선

2 몸판의 모서리끼리 마주보게 겹치고,

3 표시해 놓은 박음선을 따라 박음질 합니다.

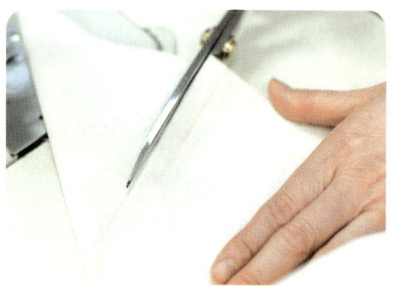

4 시접선을 따라 잘라주고,

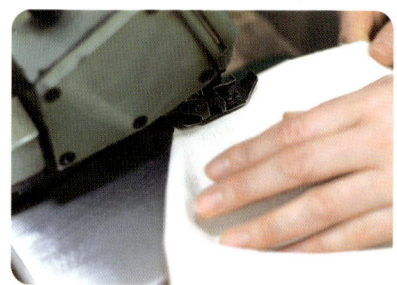

5 오버로크 처리합니다.

밑단과 몸판 합폭하기

1 밑단 배색원단 두 장을 겉과 겉이 마주보게 놓고,

2 세로 부분(25cm부분)을 시접 1cm로 박음질합니다.

3 밑단과 몸판을 겉과 겉이 마주보게 놓고,

4 가로 부분(긴 쪽)을 시접 1cm로 박음질합니다.

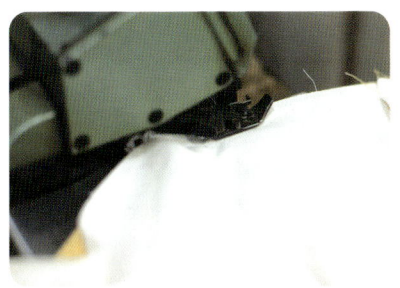

5 가장자리를 오버로크 처리합니다.

6 뒤집어서 보면 시접선이 바람개비 모양이 됩니다.

7 시접선을 다림질하고, 겉면도 다림질해줍니다.

8 밑단의 가장자리를 1cm정도 접어 다림질하고,

9 2cm 정도 한 번 더 접어 다림질한 후,

10 끝박음질합니다.

11 완성 식탁보에 포인트를 위해 0.5cm의 홈질을 해주면 완성됩니다.

| # 좌식 방석

한실이라면 방석 정도는 기본!
바닥에 앉을 때 배기지 않도록 적당량의 솜을 두어 부드러움과 포근함을
겸비한 좌식 방석이랍니다. 일상생활에 편안함과 고풍스러움을 주어 공간 활용도를
높일 수 있는 소품이에요.

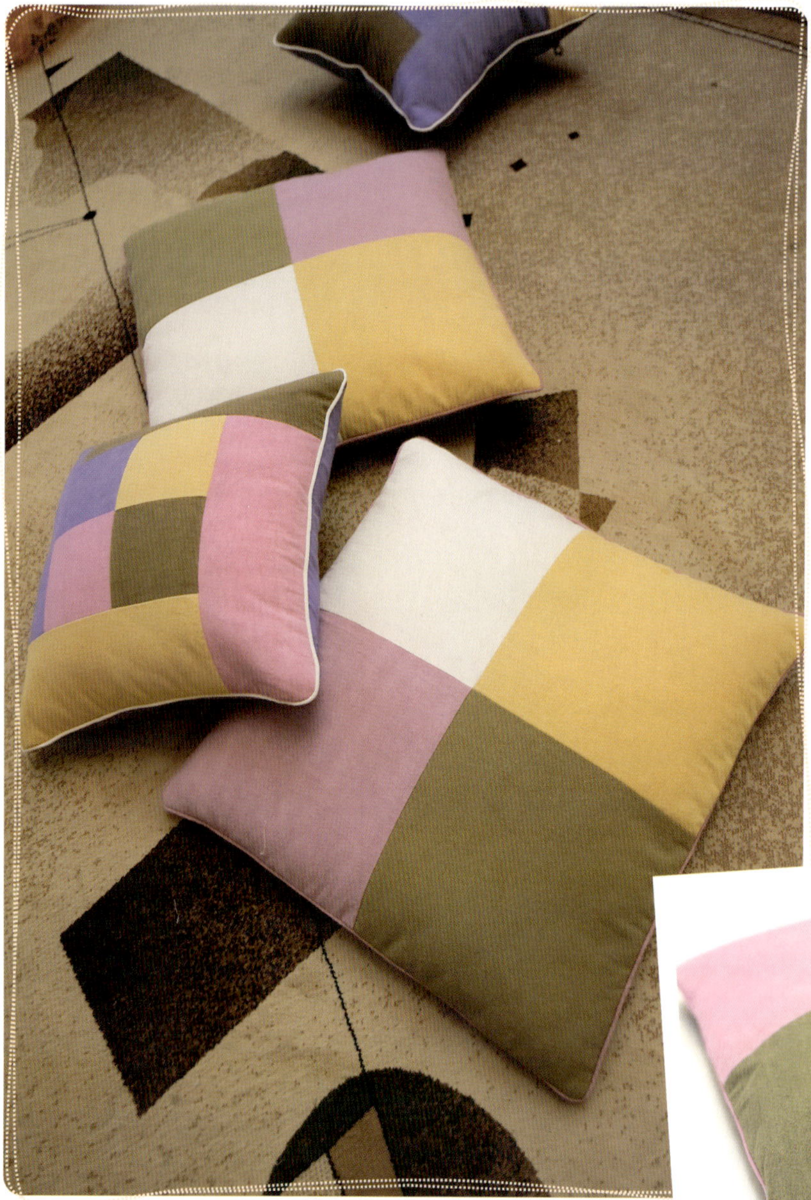

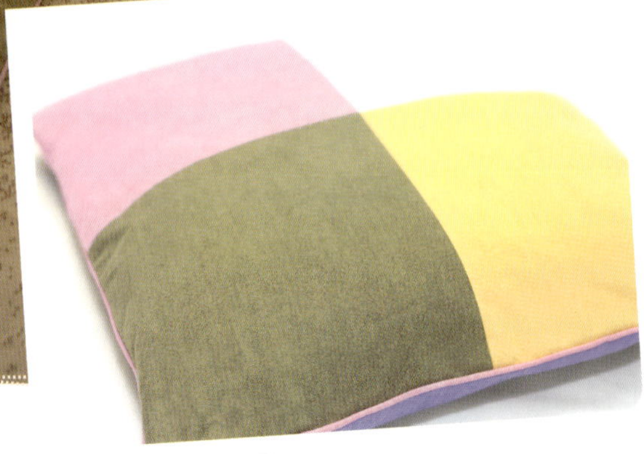

재료

- 배색 광목원단 (앞판 패치)
- 보라 광목원단 (뒤판 상단, 뒤판 하단)
- 누비 솜
- 파이핑
- 파이핑 줄
- 지퍼

배색 광목원단 (앞판 패치)
(무지, 핑크, 노랑, 그린)
27cm×27cm 각 1장씩

보라 광목원단
(뒤판 상단) 52cm×15cm 1장
(뒤판 하단) 52cm×42cm 1장

누비 솜 56cm×56cm 1장

파이핑 폭40cm, 길이 약 210cm

파이핑 줄 210cm

지퍼 약 52cm

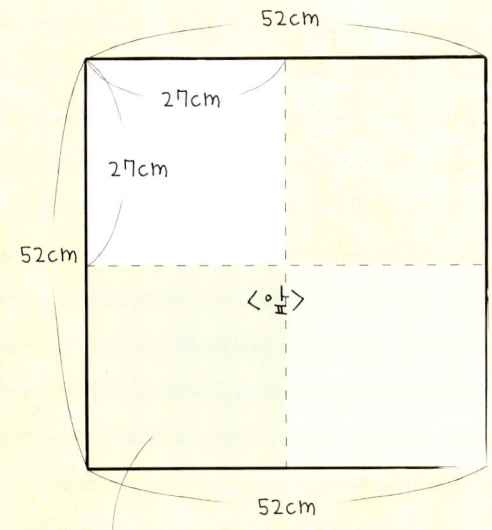

52cm

27cm

27cm

52cm

〈앞〉

52cm

배색 광목원단(앞판패치)
27cm×27cm 4장

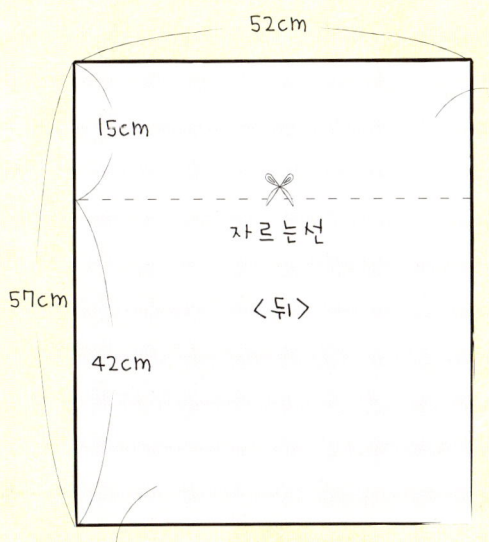

52cm

15cm

자르는선

〈뒤〉

57cm

42cm

보라 광목원단(뒤판상단)
52cm×l5cm 1장

보라 광목원단(뒤판하단)
52cm×42cm 1장
누비원단 56cm×56cm 1장

♥ 시접이 포함된 재단치수입니다.
♥ 완성 치수 : 50cm×50cm

앞판 조각천 연결하기

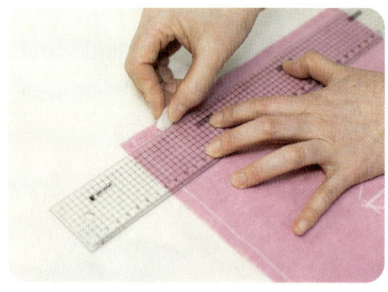

1 앞판 패치 원단 가장자리에 1cm씩 시접선을 그려줍니다.

2 패치 원단을 겉과 겉이 마주보게 놓고 시접 1cm로 박음질합니다.

3 두 장씩 합폭한 패치원단을 겉과 겉이 마주보게 놓고,

4 시접 1cm로 박음질합니다.

5 뒤판은 바람개비 모양이 되도록 시접선을 접어줍니다.

6 바람개비 모양이 됩니다.

7 시접선과 앞판을 다림질합니다.

8 누비 솜 위에 앞판을 올려놓고,

9 가장자리 전체를 시접 1cm로 박음질합니다.

❶ 파이핑으로 줄을 감싸 박음질하고,

❷ 파이핑을 앞판의 가장자리에 올려놓고 박음질합니다.

❸ 모서리 부분은 파이핑의 시접에 가위집을 넣어 돌려박고,

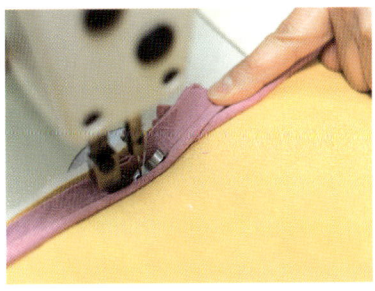

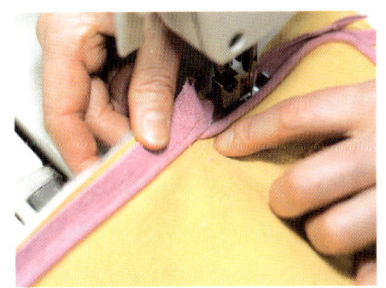

❹ 끝부분은 ×자로 겹쳐서 박음질합니다.

how to make

지퍼달기

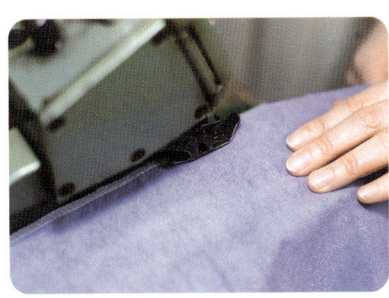

1 뒤판 보라원단 2장 모두 긴 면의 한 쪽씩을 오버로크 처리합니다.

2 오버로크 처리한 부분을 1cm씩 접 어 다림질합니다.

3 뒤판 하단 원단의 오버로크 처리한 부분에 지퍼를 뒤집어서 올려놓고 박음질합니다.

4 원단을 뒤집어서 겉에서도 눌러박기하고, 지퍼고리를 끼워줍니다.

5 뒤판 하단 원단을 반대쪽 지퍼에 박음질합니다.

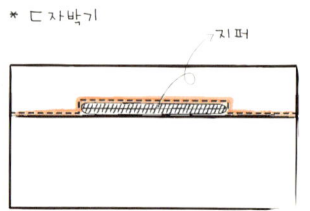

6 뒤판 상단 원단을 1cm 정도 접어 지퍼를 숨길 수 있도록 지퍼 쪽으로 내려줍니다.

7 ㄷ자 모양으로 지퍼를 숨겨주면서 박음질합니다.

how to make 3

앞판과 뒤판 합폭하기

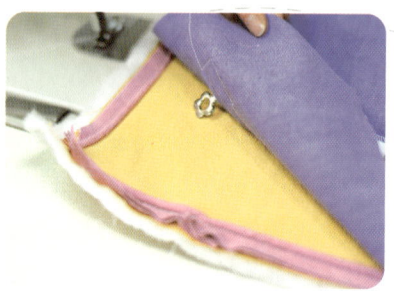

1 만들어놓은 앞판과 뒤판을 겉과 겉이 마주보게 놓고,

2 전체를 박음질합니다.

3 가장자리 전체를 오버로크 처리합니다.

4 완성된 지퍼를 열어서 뒤집은 후 솜을 넣어주면 완성됩니다.

좌식 의자커버

앉아있을 때 자세는 참 중요하지요.
잘못된 자세는 우리의 허리와 몸 전체에 불균형을 가져온답니다. 좀 더 편안하고 올바른
좌식 생활을 위해 좌식 의자와 커버를 만들어 사용해보세요. 좌식 생활이 즐거워질 거예요!

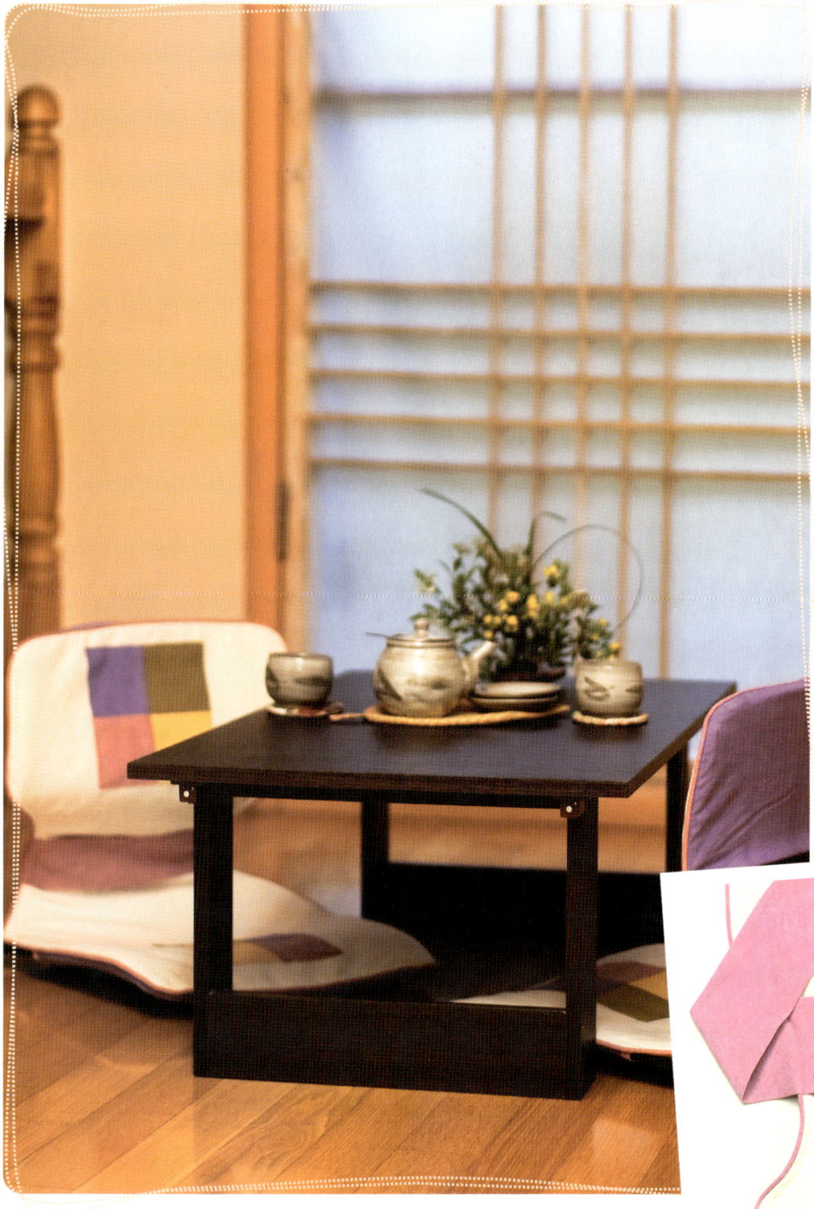

재료

- 광목원단 (몸판)
- 광목 배색원단
  (패치, 뒤판 상단, 뒤판 하단, 리본 감)
- 누비 솜
- 바이어스
- 파이핑
- 파이핑 줄

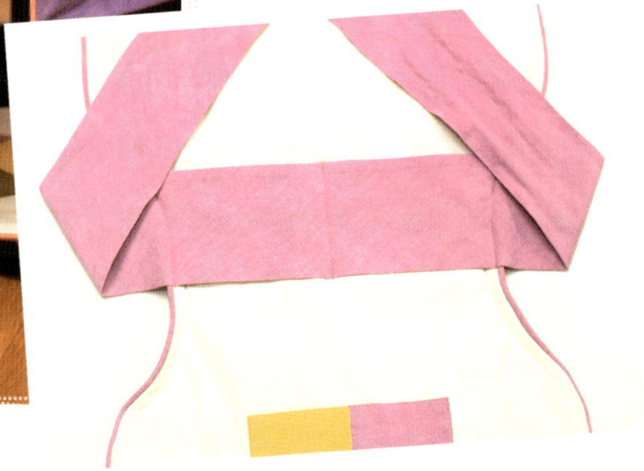

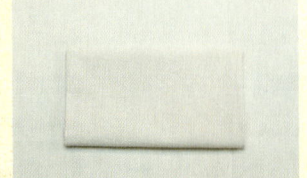

광목원단 (몸판)
44cm×83cm 1장

광목 배색원단 (패치)
(보라, 핑크, 노랑, 그린)
10cm×10cm 각 2장씩

광목 배색원단
(뒤판 상단) 44cm×21cm 1장
(뒤판 하단) 44cm×27cm 1장

광목 배색원단 (리본)
20cm×110cm

누비 솜 46cm×85cm 1장

파이핑 줄 270cm

파이핑 폭 4cm 길이 약 90cm
바이어스 길이 약 100cm

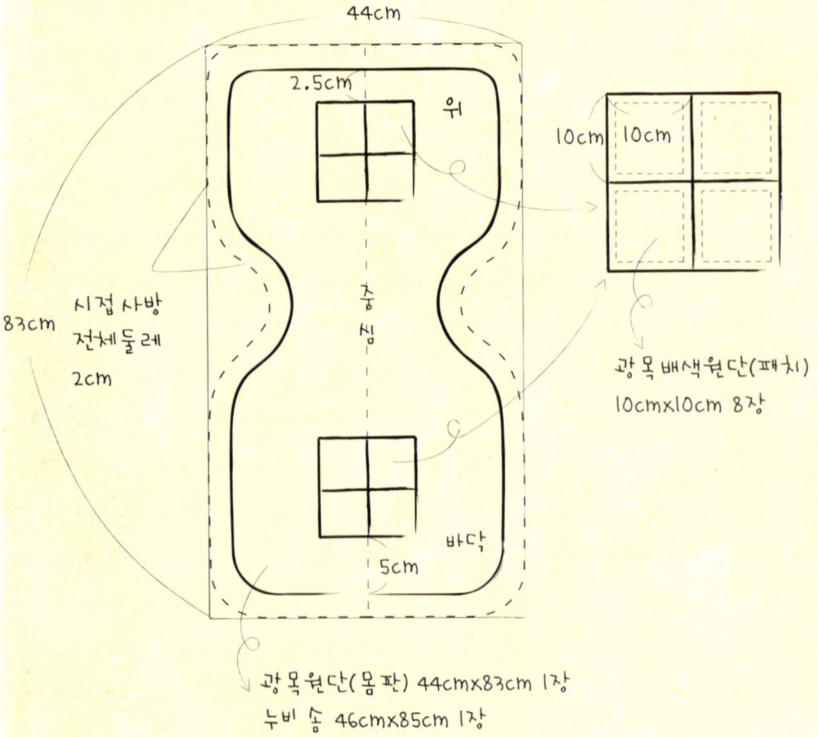

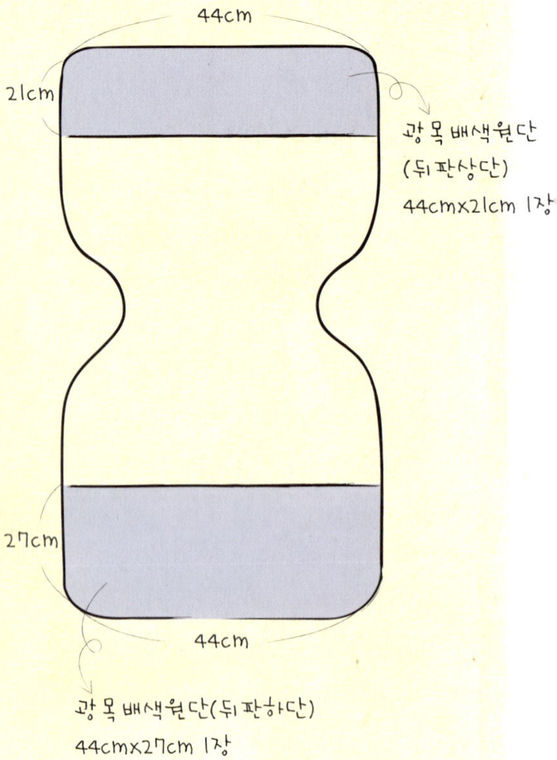

44cm

2.5cm

위

83cm

시접 사방
전체둘레
2cm

중심

바닥

5cm

광목원단(몸판) 44cm×83cm 1장
누비 솜 46cm×85cm 1장

10cm 10cm

광목 배색원단(패치)
10cm×10cm 8장

44cm

21cm

광목 배색원단
(뒤판상단)
44cm×21cm 1장

27cm

44cm

광목 배색원단(뒤판하단)
44cm×27cm 1장

♥ 실물본을 활용하세요
♥ 시접이 포함된 재단치수입니다.

282

패치원단 연결하기

1 패치 광목원단 두 장을 겉과 겉이 마주보게 놓고,

2 시접 1cm로 박음질합니다.

3 두 장씩 합폭한 조각원단을 겉과 겉이 마주보게 합폭하고,

4 시접 1cm로 박음질합니다.

5 시접선을 바람개비 모양이 되도록 하고 다림질합니다.

동일한 방법으로 패치 두 개를 만들어주세요.

6 바깥쪽도 1cm로 시접선을 접어 다림질합니다.

몸판에 패치원단 박음질하기

1 몸판 광목원단의 등받이 부분과 바닥 부분에 만들어놓은 패치원단을 올려놓고,

2 패치원단의 가장자리를 끝박음질 합니다.

3 누비 솜 위에 몸판을 얹고,

4 가장자리 전체를 박음질합니다.

5 여분의 솜은 가위로 잘라내주세요.

▮ 앞판에 파이핑 두르기 ▮

파이핑 노루발 교체

1 파이핑으로 줄을 감싸 박음질하고,

2 앞판의 가장자리에 올려놓은 후, 박음질합니다.

3 모서리 부분은 파이핑의 시접 부분에 가위집을 넣어 돌려박고, 끝부분은 ×자로 겹쳐서 박음질합니다.

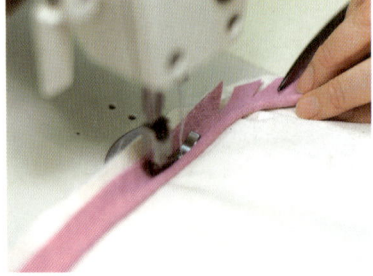

how to make **3**

바이어스로 감싸기

평 노루발 교체

1 뒤판 상단에 바이어스를 놓고 시접 1cm로 박음질합니다.

2 바이어스를 앞으로 넘겨 두 번 접은 후,

3 끝박음질합니다.

4 동일한 방법으로 뒤판 하단에도 바이어스를 감싸줍니다.

how to make **4**

앞판과 뒤판 합폭하기

1 앞판의 상단과 뒤판의 상단을 겉과 겉이 마주보게 놓고,

2 가장자리를 시접 1cm로 박음질한 후,

3 옆면을 오버로크 처리합니다. 뒤판의 하단 역시 앞판의 상단과 겉과 겉이 마주보게 놓고 시접 1cm로 박음질 후 오버로크 처리합니다.

4 몸판을 뒤집은 후 겉에서 시접 1.5cm로 가장자리를 눌러박기합니다.

how to make **5**

리본 만들기

1 리본 원단을 가로로 반을 접은 후 창구멍을 제외한 전체를 박음질합니다.

나무젓가락과 같은 기다란 도구를 이용하세요.

2 모서리 네 곳 모두 사선으로 잘라줍니다.

3 창구멍으로 뒤집은 후 다림질합니다.

4 창구멍을 공그르기해 막아줍니다.

리본 몸판에 연결하기

1 몸판의 중간 부분에 리본 원단을 놓고 가운데를 박음질합니다.

2 몸판의 파이핑 선에 맞춰 리본 원단을 박음질하고,

3 좌식 의자커버를 좌식 의자에 씌운 후 리본을 예쁘게 묶어주면 완성됩니다.

테이블 러너

허전한 테이블을 위한 센스 있는 선택!

바로 러너가 정답입니다. 테이블을 러너로 살짝 덮어 밋밋했던 테이블에 포인트를 주세요.

계절에 따라 분위기에 따라 변하는 테이블의 느낌! 패브릭 소재에 신경을 써서 앞 뒤 모두를

사용할 수 있도록 만들어주세요. 러너의 실용성이 두 배로 높아진답니다.

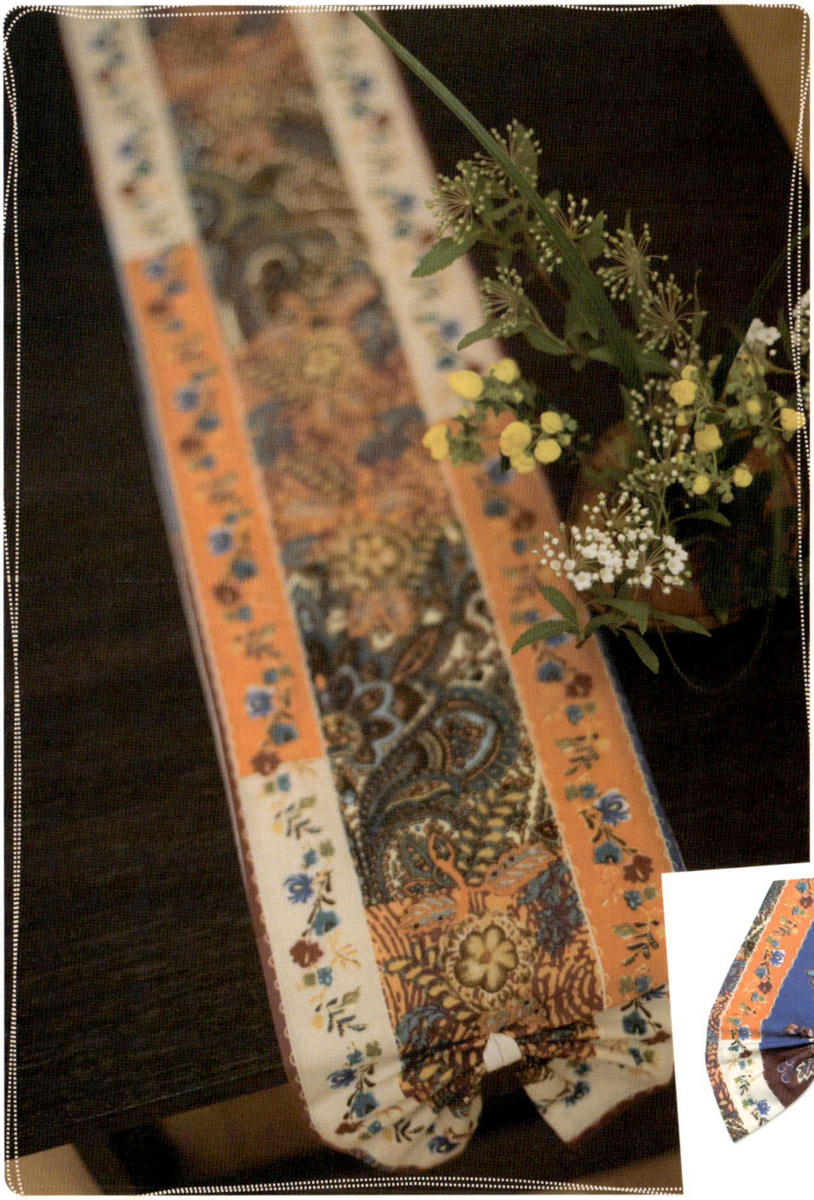

재료

- 광목원단
- 패브릭원단
- 무명 천(끈)

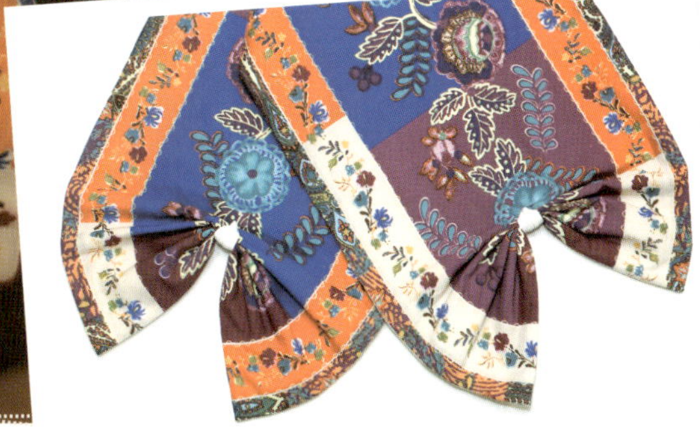

광목원단 110cm×28cm 1장
패브릭원단 110cm×28cm 1장
끈 폭 3cm, 길이 15cm 1장

28cm

110cm

광목원단 110cm×28cm 12장
패브릭원단 110cm×28cm 12장
무명천(끈) 폭 3cm, 길이 15cm 1장

♥ 시접이 포함된 재단치수입니다.
♥ 완성 치수 : 107cm×25cm

how to make **1**

겉감과 안감박음질하기

1 광목원단과 패브릭원단을 겉과 겉이 마주보게 놓고,

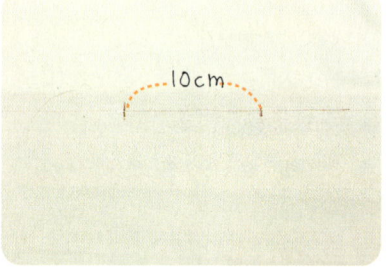

10cm

2 창구멍 10cm를 제외한 가장자리를 전체를 박음질합니다.

3 모서리 4곳을 잘라냅니다.

4 창구멍으로 뒤집은 후,

5 공그르기하고 다림질합니다.

how to make **2**
주름 접어 리본 만들기

주름개에
약 1cm정도를
접어 모아주세요

1 세로 부분을 약 5번정도 접어 주름을 만들어줍니다.

2 만든 주름을 바느질하여 고정시킵니다.

how to make **3**
끈 만들어 부착하기

1 폭 3cm, 길이 15cm의 무명 천을 바이어스 접기한 후,

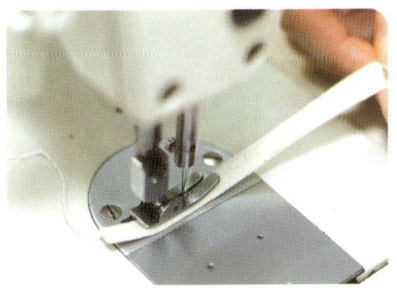

2 끝박음질해 끈을 만들어줍니다.

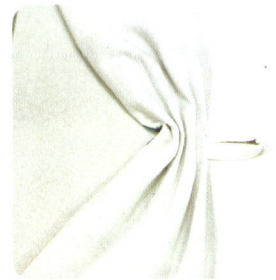

3 잡아놓은 주름 뒷면 끝부분 중심에 고리를 만들어 박습니다.

4 고정시킨 고리를 앞쪽으로 넘겨

5 시침질하여 수름을 감싸줍니다.

6 간편하고 만들기 쉬운 테이블 러너가 완성됩니다.

Object 50 | 앙견 식탁매트

식욕을 자극하고 식탁 위를 풍성하게 만드는 센스! 비법은 바로 식탁매트랍니다.
만드는 방법도 간단해서 누구나 손쉽게 만들 수 있어요.
작은 아이템 하나가 전체의 분위기를 바꿀 수 있다는 사실을 기억하세요.
자신의 계절감각을 활용하여 자주 사용하는 그릇의 색들을 고려해서 만들어보세요.

 재료

• 천연 무명원단 (앞판)
• 나염원단 (뒤판)
• 패딩 솜

천연 무명원단 (앞판) 38cm×28cm 2장
나염원단 (뒤판) 38cm×28cm 2장
패딩 솜 42cm×32cm 2장

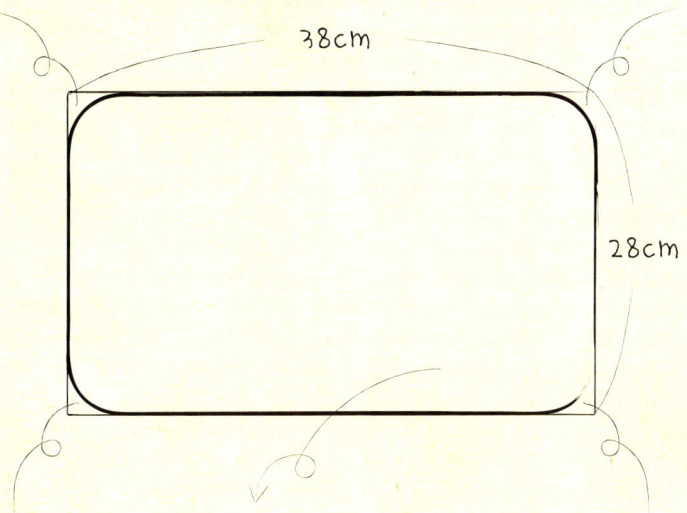

38cm

28cm

천연 무명원단(앞판) 38cm×28cm 2장
나염원단(뒤판) 38cm×28cm 2장
패딩 솜 42cm×32cm 2장

♥ 시접이 포함된 재단치수입니다.
♥ 완성 치수 : 35cm×25cm

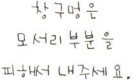

창구멍은
모서리부분을
피해서 내주세요.

1 패딩 솜 위에 뒤판 나염원단과 앞판
무명원단을 겉과 겉이 마주보게 올
려놓고,

2 창구멍을 제외한 가장자리 전체를
박음질합니다.

3 패딩 솜의 남는 부분을 잘라냅니다.

4 창구멍으로 뒤집은 후,

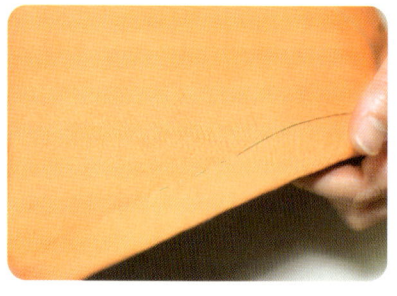

5 공그르기로 창구멍을 막아줍니다.

6 가장자리를 0.3cm 간격으로 홈질
해 포인트를 줍니다.

7 한 줄보다는 두 줄로 홈질하면 안정
감 있는 포인트가 됩니다.

홈패션을 통해 실생활 속의 주거 환경을 꾸미고 가꾸며

개선해 나아가는 좋은 기회로 삼았으면 해요.

겉으로 보이는 외적인 것보다
가족의 **쾌적한 생활**을 여러분의 솜씨와
자신이 만들어 유용하게 쓰이길 바랄게요.

157년 전통의 명품 싱거(SINGER)는
100% SINGER의 정품 부품만을 사용하여 제작되며, SINGER의 엄격한
품질관리 시시템에 의해 생산/검품되기 때문에
오랜시간이 흐른 뒤에도 만족스럽게 사용하실 수 있는 품질을 갖추고 있습니다.

제품의 라인을 살린
싱거 전통 미싱의 곡선미

싱 거전통 미싱의 **곡선미**를 반영하여 Tradition 이라
는 이름을 말해주며, 심플하고 깔끔한 순백으로 조화
가 이루어져 특별한 **디자인의 美**를 강조합니다.

2009 New Product!!
Singer I tradition 2259

좀더 고급스러운
명품미싱 다운 세심함

장 력다이얼에도 고급스러운 **광택 라인**을 넣어줌으로
고급스러움을 더하였으며 장력의 높낮이 조절을
하는데 쉽게끔 **가독성**을 높였습니다.

오버록 전용 미싱
2009 New Product!!
Singer I 14SH744

최상의 컴퓨터 공학적인
기술력을 갖춘 싱거 미싱

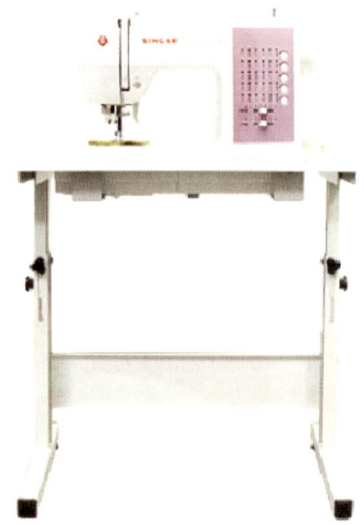

컴 퓨터 기술접목으로 손쉽게, **최상의 바느질**이 가능합니다.
SERIES는 **혁신적인** 특징과 SINGER만의 **기술력**으로 한
층 업그레이드한 창조적인 재봉기입니다.
새련된 **심플한 스타일**의 디자인과 컬러의 조화로 더욱 멋스러운
외관을 연출뿐만아니라 독창성을 가능하게 할 다양한 기능을
가진 Confidence SERIES만의 **다재다능**한 재봉기입니다.

2009 New Sinple!!
Singer I Confidence 7463

대양미싱총판
본사 및 공장 | 서울시 관악구 조원동 564-15 1층   E-mail | dyias@naver.com
TEL | 1588-8879 FAX | 02-830-6283 Wed Site | http://www.dymising.com, http://misingstory.com

이곳은 어디?

미싱 이야기 입니다.

입구전경

대양미싱총판, 미싱이야기?

대양미싱총판 으로(미싱이야기)를 설립 후
공업용 특수 미싱판매 및 공업용 특수미싱 임대 서비스로
국내 최초 공업용 특수미싱 임대기계 인터넷 쇼핑몰을 운영
하였고, 가정용 미싱 총판 및 컴퓨터자수기 사업을 확대하였
습니다.

현재 **가정용 미싱 총판**으로 알려져 있습니다.

서울 동대문 (주)패션센터(CFT) 컴퓨터 자수기 및 가정용 미싱
전시 싱거미싱 사업제휴 SBS 신진디자이너 컬렉션 장소 협찬.
KBS1 무엇이든 물어보세요? 에 출현.
삼성에서 주최하는 하하하 캠페인, 알뜰하게 하하하!
데코트리와 함께하는 하하하 리폼교실 장소 협찬 등등..

단 순 판매를 위한 컨텐츠 가 아니라 실제로 봉제에 관심 있는 이들이 미싱을 사용하기 위해서 필요한 기초 지식과 기기 사용법에 관한
방대한 자료를 제공하고 장소 협찬 및 전시회 등 많은 활동을 하고 있습니다.

"사업을 하면서 저 역시 꿈을 가지고 있지만 저희 제품을 찾는 소비자도 각자 그 장비를 가지고 어떤 일을 해야겠다는 희망을 가지고
있습니다.
그 희망과 꿈을 실현해 줄 수 있도록 하는것이 저희들의 역할이라고 봅니다.
고객이 구매한 제품에 뭔가 좀 더 높은 부가가치를 올릴 수 있는 방편을 제시해준다든지 사용과정에 불편함을 줄여 줄 수 있는
기술적인 서비스 제공 등 단순희판매만을 위한 것이 아니라 우리 제품을 구매한 고객과는 끝까지 함께 한다 는 생각으로 앞으로도
임할 것입니다." 앞으로도 가격, 품질, 최고의 서비스를 선사함으로써 신뢰할 수 있는 브랜드로 자리잡기 위해 한걸음 더 노력하겠습니다.

서울 코엑스 [2009 국제게임
코스튬페스티벌] 협찬
컴퓨터 자수기 및 싱거미싱 전시

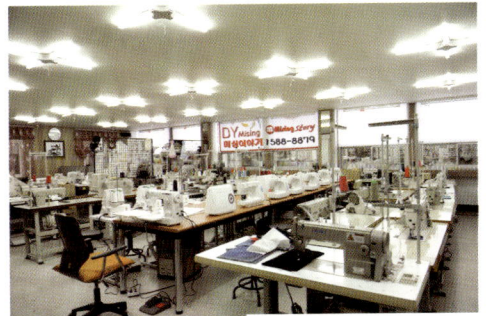

미싱기(재봉틀)전시공간 및 직접 만져
보실수 있게 되어있습니다.

카페 동아리 활동이나 리폼교실 또는
컬렉션 장소등 .. 협찬장소로도 쓰이며
직접 재봉할 수 있게 사용법등을 가르
쳐 드리고 있습니다.

백화점 내 고객님들께 구정맞이 보자기에 자수 서비스
롯데 백화점 협찬

싱글니들 자동 자수기 IB-RSC1201
실이 자동으로 꿰어지는 자수기!
실 구멍에 실만 놓아 두면 자동으로 실이 체워지고,
실 색상을 바꾸거나 자수 무늬 놓다가
실 끊어질 시에 실을 자수기 혼자 꿥니다.

삼성 하하하 캠페인
데코트리와 함께하는 하하하 리폼 교실

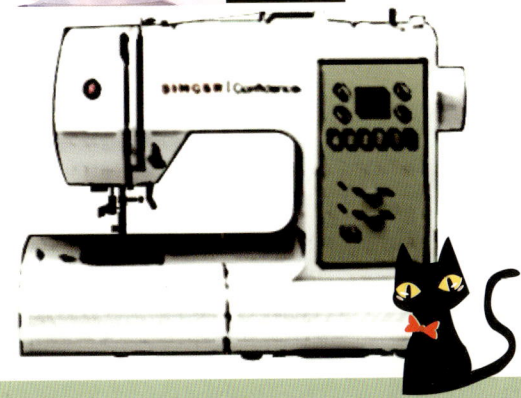